U0147303

HERMES

在古希腊神话中，赫耳墨斯是宙斯和迈亚的儿子，奥林波斯神们的信使，道路与边界之神，睡眠与梦想之神，亡灵的引导者，演说者、商人、小偷、旅者和牧人的保护神……

西方传统　经典与解释 **HERMES**
Classici et Commentarii

政治史学丛编
Library of Political History

刘小枫 ◉ 主编

驳马基雅维利

Antimachiavel

[德]弗里德里希二世 Friedrich II ｜ 著

温玉伟 ｜ 译

华夏出版社

古典教育基金·蒲衣子资助项目

"政治史学丛编"出版说明

　　古老的文明政治体都有自己的史书，但史书不等于如今的"史学"。无论《史记》《史通》还是《文史通义》，都不是现代意义上的史学。严格来讲，史学是现代学科，即基于现代西方实证知识原则的考据性学科。现代的史学分工很细，甚至人文—社会科学的种种主题都可以形成自己的专门史。所谓的各类通史，实际上也是一种专门史。

　　普鲁士王国的史学家兰克（1795—1886）有现代史学奠基人的美誉，但他并非以考索史实或考订文献为尚，反倒认为"史学根本不能提供任何人都不会怀疑其真实性的可靠处方"。史学固然需要探究史实、考订史料，但这仅仅是史学的基础。史学的目的是，通过探究历史事件的起因、前提、形成过程和演变方向，各种人世力量与事件过程的复杂交织，以及事件的结果和影响，像探究自然界奥秘的自然科学一样"寻求生命最深层、最秘密的涌动"。

　　兰克的这一观点并不新颖，不过是在重复修昔底德的政治科学观。换言之，兰克的史学观带有古典色彩，即认为史学是一种政治科学，或者说，政治科学应该基于史学。因为，"没有对过去时代所发生的事情的认知"，政治科学就不可能。

　　亚里士多德已经说过："涉及人的行为的纪事"，"对于了解政治事务"有益（《修辞术》1360a36）。施特劳斯在谈到修昔底德的政治史学的意义时说：

> 政治史学的主题是重大的公众性主题。政治史学要求这一重大的公众性主题唤起一种重大的公众性回应。政治史学属于一种许多人参与其中的政治生活。它属于一种共和式政治生活，属于城邦。

兰克开创的现代史学本质上仍然是政治史学，与19世纪后期以来受实证主义思想以及人类学、社会学等学科影响而形成的专门化史学在品质上截然不同。在古代，史书与国家的政治生活维系在一起。现代史学主流虽然是实证式的，然政治史学的脉动并未止息，其基本品格是关切人世生活中的各种重大政治问题，无论这些问题出现在古代还是现代。

本丛编聚焦于16世纪以来的西方政治史学传统，译介20世纪以来的研究成果与迻译近代以来的历代原典并重，为我国学界深入认识西方尽绵薄之力。

刘小枫

2017年春

古典文明研究工作坊

目 录

中译本说明

1739年，27岁的普鲁士王国太子弗里德里希二世（1712—1786）在驳斥马基雅维利《君主论》的"邪恶教诲"时写道：

> 一位史家曾说，倘若世上再无尊严与德性，人们就必须在君主身上再次发现它们的痕迹。（见本书第18章）

凭借历史课堂的启发和自己对历代史书的研读，弗里德里希二世对上述说法深表赞同，因为他知道，这个未名史家的看法与其说来自史家本人，不如说来自历代史传尤其是普鲁塔克的《希腊罗马名人比较列传》培育出来的品德，即敬畏历史上杰出的伟大人物。

2012年是普鲁士国王弗里德里希二世诞辰三百周年。大量专著、文章、报道一时激增，着实令人眼花缭乱、目不暇接。[①]其中，德国大学教授欧弗霍夫（J. Overhoff）撰写的《弗里德里希二世与乔治·华盛顿》（*Friedrich der Große und George*

[①] 相关文献见Iwan-Michelangelo D'Aprile, Friedrich 300 (1712-2012). Eine Zwischenbilanz, in: *Zeitschrift für Germanistik, Neue Folge,* Vol. 22, No. 2 (2012), S. 388-392; H. Böning, Friedrich II. von Preußen und die Publizistik. Ein Literaturbericht zum Jubiläumsjahr 2012, in: *Jahrbuch für Kommunikationsgeschichte*, 15. Bd. (2013), S. 49-88。

Washington. Zwei Wege der Aufklärung. Klett-Cotta, 2011; 2. Auflage, 2012）脱颖而出。作者在第一章"弗里德里希二世与乔治·华盛顿——平行生平"中承认，以平行对比的方式展现历史人物的做法其实并不新奇，古人普鲁塔克在《希腊罗马名人比较列传》中早就践行过了（页20及以下）。

不过，接下来的阅读体验与我们所期望的不同：我们并没能看到作者尝试在弗里德里希二世这位"君主身上再次发现［尊严和德性］的痕迹"。普鲁塔克的史传形式也仅仅只是一个幌子，其下充溢的毋宁是"古今之争"中崇今派人士的品性。毕竟，对比列传式的写作也是崇今派极其拿手的，比如丰特奈尔（1657—1757）的《死人对话新编》《关于古人和现代人的离题话》，以及佩罗的《古人与今人对比》。

欧弗霍夫认为，对比二者生平之所以有意义，是因为这两个同时代的大人物分别代表了"两种启蒙之路"（Zwei Wege der Aufklärung），具体而言，是两种政治启蒙之路（页20）：一种是普鲁士王国"自上而下"的绝对王权－君主制式的启蒙，一种是美利坚"自下"的民主制－议会制式的启蒙。全书接近尾声时，作者诱导性地反问道：

> 弗里德里希二世和乔治·华盛顿踏上的两条启蒙道路中，哪一条才被证明前途无量？（页349）

其实，如我们所读到的那样，作者在全书开篇就已经遮遮掩掩给出了一半答案。作者借华盛顿之口——间接引语形式——告诉读者（页9-10）：不错，作为军事领袖和治理国家的政治家，弗里德里希二世无疑卓越而难以企及，但"着实遗憾的是"，他总体上"了不起的性格"中有一个不光彩的"污点/耻辱"（Schandfleck）。然后作者突然改换叙述方式，以直陈形式——读者稍不仔细还会以为是华盛顿的看法——说：

> 自从1776年美国革命以来，欧洲大地上的人们也愈发强烈地要求作为成熟公民（mündige Bürger）参与统治事务。（页10）

此处的mündig［成熟］一词特别显眼，似乎在暗示读者去联想康德的名篇《对这个问题的一个回答：什么是启蒙？》（1784）：启蒙就是人类脱离自我招致的不成熟（Unmündigkeit）。仿佛在作者看来，经英属北美土地上造反者的战火一烧，欧洲的人们——从上下文看作者的意思应该是所有人——已经得到启蒙，摆脱了政治上的不成熟，即不再需要家长式君主的监护。

在直陈式的分号之后，作者又立即改用间接引语的形式叙述道：

> 然而，弗里德里希二世终其一生拒绝给公民任何形式的政治参与权。即便以老病之躯，他也始终作为一位无人可以约束的独裁者，利用命令、敕令、指示、圣旨，自上而下地统治着普鲁士。只有他自己的意志才是政治行动的标准。然而，"一个人"随心所欲地指挥一个广大王国的居民，由此而使自己成为"万万人之上的暴君"，这真是可耻。这一点在他身上投下"一片阴影"，"永远"会在人们回首时给他一生留下不光彩的污点。（同上）

　　直至今日，英国的议会制在不少知识分子眼里仍然堪称典范。在《驳马基雅维利》中，身为太子的弗里德里希二世也曾称赞其为制度上的"模范"（参本书第19章）。不过，随着政治经验的增进和对人性认识的加深，弗里德里希二世逐渐认识到，

　　　　如图瓦拉（Rapin Thoyras）十分确切地说明的那样，由于政制中的一个错误，国王的权力总是与议会权力处于对立之中。两者都视对方为对立面，要么为了保留自己的权威，要么为了扩张自己的权力。这妨碍了国王和国族的代表恰当地维护司法。他还注意到，恰恰就像情形和事件所要求的那样，这个不安定和震荡的政府不停地通过议会修法。由此可以得出，比起其他任何一个王国，英国都更需要对其司法体系作出改革。（《论立法与废除法律的诸缘由》，见本书附录）

　　鉴于《论立法与废除法律的诸缘由》主要针对孟德斯鸠《论法的精神》而作，人们不能简单地认为，弗里德里希二世满脑子新派启蒙思想，以至于罔顾人性与政治的复杂，简单地把启蒙思想家的提议奉为圭臬。在一心为公民直接参政奔走呼号的作者欧弗霍夫看来，《论法的精神》所倡导的分权学说是"启蒙运动时期也许最为重要的法哲学洞见"，绝对君主制的普鲁士国王知道并读过《论法的精神》，却不"坚定和一贯地"遵守（页211-212），无疑是逆历史潮流，太过反动。

　　两次西里西亚战争（1740—1745）之后，普鲁士王国将西里西亚纳入版图。紧接着，弗里德里希二世在全国推行一系列改革。第一份《政治遗嘱》（1752）规定，普鲁士所有的政治领

域——"犹如奥利匹克运动会中马车前的马儿"——都应该由唯一一只理性之手来驾驭，从而可以使君主不受羁绊地"完成其决心做的一切"。针对弗里德里希二世在普鲁士全境统一司法的举措，作者不禁感叹：

> 随着改革的推行，不由国王委任、独立运作的州立法院事实上不再存在。（页213）

然而，熟悉美利坚历史的作者在这里选择性地无视了美国第28任总统威尔逊（1856—1924）就美国制度所表达的看法。后者认为，美西战争（1898）给美国政体的分权体制带来了严峻挑战，以至于美国不得不加强总统的君主式权力，

> 这次战争最显著和最重要的后果是：由于投入国际政治和边远属地的治理，总统的权力大大扩大了，发挥建设性的政治才能的机会也增多了。[①]

威尔逊本人不得不承认，"总统的抉择、品德和经验同未来一些极其重要的问题密切相关"（同上）。面对威尔逊总统的这一番教诲，这位德国的大牌教授难道也能挺直了腰板，借孟德斯鸠之口责备他是"有史以来最大的疯子"（页213）？

"七年战争"（1756—1763）爆发前夜，面对已经集结且两倍于己的奥法俄联军，普鲁士王国命运危在旦夕，弗里德里希二世

---

① 威尔逊，《国会政体：美国政治研究》，熊希龄、吕德本译，商务印书馆，1986，页5。

果断采取先发制人的策略，迅速占领萨克森，为接下来的战争取得主动权，从而令普鲁士王国在战后跻身欧洲大国之列，也为日后的德意志统一奠定了基础。事实上，若非如此，这位大牌教授又何以能坐在安静的书桌前，心安理得地责备弗里德里希二世"依照普鲁士宪法体系的独裁传统，又一次做出了一个一意孤行的决断"（页217）呢？

我们难道可以设想作者心中的每一位"成熟公民"，而非只有天生具有军事天才的君王或者军事统帅，在总司令部、在前线，面对瞬息万变的战况和耳边呼啸而过的炮弹，能够镇定自若地辨识局势并指挥战斗？

曾经在英属北美殖民地造反的华盛顿"告诉"作者，而作者又转述给21世纪仍然可能心仪弗里德里希二世这位具有超凡魅力的王者的德国人说：看到了吧，这个人沾有道德污点，更不用谈什么"尊严和德性"，你们还会心仪吗？今时今日的你们究竟是选择普鲁士式的启蒙道路，抑或美利坚式的启蒙之路？

在政治启蒙的道路选择问题上，径直让外人劝说，当然没有本国人尤其是历史上的大人物劝说来得有效，而且，后一种方式也可以让作者自己避免"德奸"之嫌。于是，欧弗霍夫抬出了大文豪歌德（1749—1832）。作者注意到，听闻弗里德里希二世去世的消息之后（1787年1月19日），正在意大利旅行的歌德在随笔中记下一段文字：

　　誉满全球的伟大国王——他的事功甚至可以使他配得进入天主教的天堂——也终于可以为了能和他那样的英雄们一起在幽冥中谈话而感激有限性。当为这样的人送葬时，人们多么愿意默哀。①

　　作者并不理会如今属于文学史领域的考证：弗里德里希二世于1786年8月17日去世，而歌德于9月3日动身前往意大利，其间歌德难道没有听闻国王去世的消息？为什么在罗马期间突然提到普鲁士国王，而且，恰恰是在台伯河边凭吊古人——罗马的奠基者罗穆卢斯和雷慕斯——的时候？这位受美利坚式启蒙理念启蒙的作者还完全不顾这样的史实：大诗人歌德对弗里德里希二世和拿破仑这样的优异之人有着毕生的好感，因为他们在政治上试图重塑欧洲，即便歌德的政治态度让后世学者感到有些捉摸不定。②

　　与上文的手段类似，引用过歌德游记之后，作者用间接引语的方式把一段文字强行塞到歌德嘴里：

　　　　歌德……现在也像许多德意志同胞那样醒悟到，面对自1776年以来改变的世界格局，"誉满全球的伟大国王"枉活了多年之后才离世。（页320）

　　面对后人罗织的如此"莫须有"立场，曾因受拿破仑接见而差点儿没有高呼"皇恩浩荡"的歌德本人一定会哭笑不得。为了向如今的德国青年推销美式道路，这位大学教授的为文手段竟然

---

　　①　歌德，《歌德文集》第十一卷，《游记》，杨武能、刘硕良主编，赵乾龙译，河北教育出版社，1999，页148，译文略有改动。

　　②　关于歌德与弗里德里希二世及拿破仑的关系，可参 *Goethe Handbuch*. Hg. von B. Witte; T. Buck etc. J. B. Metzler, 1998，卷4/1，页328-330；卷4/2，页745-748。

下作到如此地步，让我们大开眼界。作者一本正经地说瞎话，凭靠的是娴熟的历史撰述方法。作者在"致谢"（页352）中尤其感谢他留学剑桥读博期间的恩师——剑桥学派思想史大家斯金纳（Q. Skinner），笔者这才得知他是从哪里学来这一套的。

弗里德里希二世的名气在中国可谓不小。早在我国抗日战争期间，英国辉格派史学家、政治家麦考莱（Thomas Babington Macaulay，1800—1859）的《弗里德里希大王》（1842）就已被译成中文（傅勤家译，商务印书馆，1938）。不过，这个小册子不能算是真正意义上的传记，而是针对坎贝尔（Th. Campbell，1777—1844）所编四卷本《弗里德里希二世》前两卷的长篇书评。

近年来，在全球史研究热的带动下，弗里德里希二世的相关传记作品也被炒热。比如"华文全球史丛书"中的《腓特烈大帝与约瑟夫二世》（李芳泽译，华文出版社，2020），作者是剑桥大学近代史教授、剑桥大学彼得学院院长、《剑桥史学杂志》创办人坦珀利。"共感丛书"中素有才女传记作家之称、著有《恋爱中的伏尔泰》的南希·米特福德（Nancy Mitford）也写了一本《腓特烈大帝》（罗峰译，上海人民出版社，2021），对此坦珀利教授一定会说：常人心性是否能理解卓异之人的品性，恐怕是亘古不变的史学问题。

无论如何，对于今天的我们来说，若要认识和理解弗里德里希二世这样具有伟大政治德性和军事才干的王者，更为严肃的态度是多关注他所处的特殊且偶然的地缘政治处境，而不是用满脑子激进的政治意识形态去"肢解"和矮化这位德意志立国史上举足轻重的人物。

德、法两国学者合作新编的十二卷本《弗里德里希二世作品集》（又称"波茨坦版"）为德法对照版，文本后附有译注。第

六、七两卷分别于2007、2013年出版，之后迟迟未见其他卷问世。笔者所译的《驳马基雅维利》选自卷六，翻译过程中也参考了一战前德国学者福尔茨（G. B. Volz）所编十卷本《德译弗里德里希二世作品集》（*Die Werke Friedrichs des Grossen in deutscher Übersetzung*）卷七。弗里德里希二世生性倾向于安宁的哲学思考生活，命运却将他抛入政治，为了让中文读者了解这一点，译者还选译了他早年的一篇哲学对话（1738）、一篇论立法的文章（1750）以及晚年作品《论爱国书简》（1779）。

不容忽视的是《驳马基雅维利》中的政治史学视野，弗里德里希二世本人也著有多部史书，比如《本朝史》（*Histoire de mon temps*，1746）、《勃兰登堡家族史备忘录》（*Mémoires pour servir à l'histoire de la maison de Brandebourg*，1751）、《七年战争史》（*Histoire de la guerre de sept ans*，1764）。为了有助于理解政治史与王者教育的关系，译者选取了魏玛民国时期的著名史学家贝尔奈（A. Berney）的一篇旧文。

这部译作仅仅是阅读和理解《以美为鉴》中的一个脚注的副产品，依然献给刘小枫老师。

温玉伟
2021年5月
于西安鱼化寨

德文版编者说明

　　普罗伊斯（J. D. E. Preuss）编辑并在《弗里德里希二世全集》（*Œuvres de Frédéric le Grand*, Berlin 1848, t. VIII, 163-299）中出版的《驳马基雅维利》（*Antimachiavel ou Réfutation du Prince de Machiavel*）是终稿版，本编除了第2章和第26章之外，一仍其旧。弗里德里希二世对马基雅维利《君主论》的这篇"反驳"写于1739年初至1740年初，完稿于1740年2月1日。

　　1739年3月22日，弗里德里希二世致信伏尔泰，坦言自己想要反驳马基雅维利，并在接下来的几个月持续报告自己《驳马基雅维利》的写作进度，因此，我们可以从二人的书信往来（1739年3月至1740年10月）重构该作品的形成史。不过，伏尔泰于1740年编辑的两个《驳马基雅维利》版本与终稿版有极大不同。伏尔泰曾受弗里德里希二世委托修订手稿，做印行前的修改，并将其匿名出版（参1740年8月2日、8日信）。

　　《驳马基雅维利》问世（1740年9月版在Jean van Duren；1740年10月版在Pierre Paupie，两家出版社都在海牙）之后，弗里德里希二世对伏尔泰在手稿上做的修改和删节并不满意，希望悉数购买两个版本的全部印次，让该书在书市销声匿迹。1740年11月7日，弗里德里希二世致信伏尔泰：

　　　　我从头到尾读了您编的《驳马基雅维利》，说实话，我并不完全满意。我决定，改掉自己不是很喜欢的内容，由我本人监督，在柏林做一个新版本。……您的版本中有太多对我来说陌生的东西，以至于我的作品已经面目全非。如我所见，第 15、16 章与我所希望的完全不同。我会在冬季修订这部作品。

弗里德里希二世的计划并未完成，也没有成就他本人负责修订的新版本。因为，1740 年 12 月 16 日，弗里德里希二世挥师攻入西里西亚。但是，弗里德里希二世不想再毫无保留地将伏尔泰为了顾及同时代读者而在风格和内容上作了修改的版本视为己出。本编所引用的伏尔泰编本《驳马基雅维利》为：Voltaire, *Anti-Machiavel*, édition critique par Werner Bahner et Helga Bergmann, in: *Œuvres complètes de Voltaire/Complete Works of Voltaire*, vol. 19, Oxford 1996。该文本复杂的出版史已记录在 Voltaire, *Anti-Machiavel*（3-101）的导论中。

本编副标题根据马基雅维利《君主论》法译本副标题而拟，见 *Le Prince de Machiavel*, traduction par Amelot de la Houssaye, Amsterdam 1683, in: Voltaire, *Anti-Machiavel*, 407-488。［中译按：中译参马基雅维利，《君主论》（插图本），刘训练译，长春：吉林出版集团，2014。］

前　言

　　马基雅维利的《君主论》在道德领域的意义，近于斯宾诺莎
作品在信仰领域的意义。斯宾诺莎逐渐摧毁了信仰的根基，他试
图做的正在于要一股脑儿推翻宗教；马基雅维利败坏了政治学，
他所做的是消灭健康道德的规训。前者的错误仅仅是玄想的错误，
而后者的错误则涉及实践。如果说斯宾诺莎的作品已经在所有形
式上受到驳斥，而且面对这位不信神者的攻击，神性反而得到了
证明，那么，神学家已经敲响了针对斯宾诺莎旋风的警钟并提出
了警示。然而，提及马基雅维利的伦理学家只有寥寥数人，此外，
人们也罔顾他灾难性的道德学说，以至于迄今为止，马基雅维利仍
然霸占着政治学的讲习。①

────────────

　　①　在"斯宾诺莎"词条中，培尔批评了无神论代表人物斯宾诺莎及
其被视作"最为可怕的假说"的作品，说它有悖于人类理智的一切观念。
弗里德里希二世承接了这种批评。关于斯宾诺莎在 18 世纪的接受状况，
参 Paul Vernière, *Spinoza et la pensée française avant la Révolution*, Paris,
1954。培尔的《历史考订词典》也有一个关于马基雅维利的词条，该词
条详细给出《君主论》作者的有关信息，介绍了马基雅维利接受史的重
要节点，既提到批评马基雅维利作品的作者，也提到正面评价马基雅维
利作品的人，后者认为马基雅维利让人们看到君主应该如何行动。培
尔尤其提到 Innocent Gentillet 的作品 *Discours sur les moyens de bien gouverner
et maintenir en bonne paix un royaume ou autre principauté* [...] . *Contre Nicolas
Machiavel Florentin* (Genf 1576)，并通常以 *Anti-Machiavel* 之名来引用该作品（参
Innocent Gentillet, *Anti-Machiavel*, éd. C. E. Rathé, Genève, 1968 ）。培尔的这一提示也

笔者斗胆在此捍卫人性，反驳意图摧毁人性的那个怪物，[①]并且尝试逐章展示笔者对其作品的思考，从而给出针对其毒药的解药。

一直以来，笔者视马基雅维利的《君主论》是世界上所流传的最为危险的作品之一。该作品必然会落入君主及热心于政治学的人之手，此乃其本质使然。然而，由于心智还未成熟到足以辨别善恶，雄心勃勃的青年人很轻易就会被迎合自己激情的准则所败坏。所以，必须将每一本导致该结果的书视为全然有害的，视为有损于人们的福祉。

倘若误导无辜的个人——他对世俗事务的影响微乎其微——已经足够糟糕，那么，败坏君主则更加糟糕。君主施行统治、关心正义，并以此为臣子树立榜样；他们受命以自己灵魂的善、宽

许在弗里德里希二世提笔驳斥《君主论》并寻找一个对公众有影响力的题目时发挥了重要作用。弗里德里希二世在为《培尔历史考订词典选》选择词条时未收录"马基雅维利"词条，但是选入了"斯宾诺莎"词条。《弗里德里希二世藏书总目》中未见斯宾诺莎作品。相反，费讷隆和拉米（François Lami, *Réfutation des erreurs de Benoît de Spinosa avec la vie de Spinosa écrite par M. Jean Colerus*, Bruxelles 1731）对斯宾诺莎的反驳则见于弗里德里希二世藏书目录。

①　这句话见于伏尔泰的《哲学书简》（*Lettres philosophiques*）或《论英国人》。其中第二十五封信（《论帕斯卡的思想》）开头说："我斗胆，站在人性一方来反对这位巨大的人类之敌。"参 *Lettres philosophiques*, éd. G. Lanson et A.M. Rousseau, Paris 1964, t. 2, 185。弗里德里希二世手头有许多《哲学书简》的版本，尤其是1728年的初版 *Lettres sur les Anglois et les Fran□ois et sur d'autres sujets*。《哲学书简》被认为是伏尔泰的启蒙宣言，代表了思维、知识以及交流等诸种形式的范式转变。这种以对话形式写成的富含思想、言简意赅的书信体散文，取代了专业人士自说自话的论文形式，在短期内成为整个欧洲启蒙界的"神书"。弗里德里希二世是该书最初出版时的读者之一。因此，《驳马基雅维利》一书与《哲学书简》多次形成对照，可以理解为向伏尔泰的致敬。

宏大量以及温和成为鲜活的神性写照；他们之所以成为君王，更多的是因为个人的品质与德性，而非高高在上的地位与权力。

洪水可肆虐郊野，闪电可使城郭化为焦土，致命的瘟疫可使州府荒无人烟——相比所有这些，君王危险的道德和不受羁绊的激情对于世界而言更为致命。原因在于，当他们愿意为善时，便有为善的权力，而当他们意图作恶时，是否作恶也仅仅系于他们的一念之间。倘若民众的财产会变成君主贪欲的猎物，他们的自由得降服于君主喜怒无常的脾气，他们的安宁得仰仗君主的虚荣，他们的安全得出卖给君主的阴谋，他们的生命得成为君主暴行的牺牲品，那么，不得不忧惧统治者会滥用其权力的民众，处境何其凄惨！总之，此书描述的是这样一个王国，其中施行统治的——如马基雅维利妄加塑造的那样——是一个政治怪物。

即便作者的毒药不会散播到王者的宝座，笔者也认为，只要马基雅维利和博尔贾（Cesare Borgia）赢得了哪怕一个门徒，便足以促使我们满腔怒火地拒绝这样一部令人厌恶的作品。一些人认为，马基雅维利描写的更多是君主所做之事，而不是他们应做之事。①这样

---

① 培尔在"马基雅维利"词条中提到了弗里德里希二世在此暗示的作家，即 Abraham de Wicquefort（*L'Ambassadeur et ses fonctions*，1682）和《君主论》的译者 Amelot de La Houssaye（*Le Prince*, Amstrdam 1683）。卢梭后来在《社会契约论》（1754/1762）中提出激进的观点，即马基雅维利让人们看到的是君主做什么，而不是君主应该做什么。他说，马基雅维利假意教育王者，实际上却在教育民众，"马基雅维利的《君主论》是共和主义者之书"，而那位佛罗伦萨人是个"正派人"（honnête homme）和"好公民"（bon citoyen），一直以来只有"肤浅或败坏了的读者"，参 *Du contrat social*, 3.6。卢梭虽然没有提及作为《驳马基雅维利》作者和马基雅维利读者的弗里德里希二世，但也没有完全忽视他，后者一开始就认为《君主论》的作者是"不正派的人"（malhonnête homme）。参1738年3月31日致伏尔泰信。

的想法之所以引起共鸣，是因为它看似正确。人们只是满足于某个炫目的错误判断并且亦步亦趋，就因为有人曾经这样表述过。

请允许笔者为君主发言，并反对造谣中伤他们的人，以便保护他们免受最为卑鄙的控诉。他们唯一的使命，在于为了人类的福祉而劳作。

那些对君主发表过上述那类评价的人，无疑是受了坏君主榜样的误导，马基雅维利的作品中提到过其中几位；或者，误导他们的是马基雅维利时代一些意大利小国君主的生平，以及某些曾按照此类危险政治学说采取行动的暴君的生平。不过，笔者想要提醒的是，在任何国家都会有体面和不体面的人，正如在任何家庭里都可以看到除了形容优美的人之外，还有驼背、盲人甚或跛子。因此，在君主中间，任何时代都曾经存在并且仍将存在某些不配享有这个神圣名称的怪物。此外，王位上的诱惑无比巨大，要拒绝诱惑，必须有异乎常人的德性。因此，好君主少之又少便不足为奇。尽管如此，那些草率作出判断的人还应该想到，在卡里古拉（Caligula）和提比略（Tiberius）之外，还有提图斯（Titus）、图拉真（Trajan）以及诸位称为"安东尼"（Antonine）的皇帝。① 倘若将只适用于诸成员中寥寥数位的特点强加给整类人，会是多么有侮辱性的不公。

---

① 卡里古拉（12—41）、提比略（14—37）、提图斯（79—81）、图拉真（98—117）都是罗马皇帝。苏维托尼乌斯（Sueton）曾为卡里古拉（卷四）、提比略（卷三）、提图斯（卷八）作传。"安东尼氏族"之称是因为如下罗马皇帝的过继名（Adoptivname）皆为安东尼乌斯（Antonius）：Antonius Pius（138—161）、Lucius Verus（161—169，共治皇帝）、马可·奥勒琉（161—180）。后者是哲人王，启蒙者将他的皇权统治视为开明绝对君主制的榜样。在弗里德里希二世与伏尔泰的通信中，"马可·奥勒琉"之名一再出现。伏尔泰写信或者诗体书信时，喜欢用"我的马可·奥勒琉"称呼他的收信人。弗

历史应当只留存好君主的大名，而将其他君主的名字连同他们的不仁不义统统忘掉。虽然史书将会为此而大打折扣，但人性却会得以保存，于是，得以在记忆里长存的荣耀，便会是德性唯一的奖赏。但愿马基雅维利的作品不会再荼毒政治学的学堂，但愿人们学会鄙夷其中可怜的矛盾，并且辨识出，仅仅基于正义和善的真正的君王治国术，大大有别于充满恐怖和虚假的毫无条理的体系，而后者恰恰是马基雅维利厚颜无耻地向公众展示的。

里德里希二世藏书里有奥勒琉的 *Réflexions morales, Paris* 1691。他也参考奥勒琉来描述与马基雅维利《君主论》针锋相对的理想统治者的形象（参1738年4月25日、1739年1月18日、1739年7月20日书信）。此外，康茂德（Commodus，180—192）也属于安东尼氏族。

一 君主国有多少种类？获取它们的
方式有哪些？

谁若想在世上获得明晰的洞见，就必须先探究他想要谈论的对象的本质，并且追溯万物的本源，从而——倘若顺利的话——辨识出首要的原则。这样一来，就很容易推导出取得的进步以及由此而能够得出的结果。就笔者所见，马基雅维利的任务不是强调君主统治的国家有什么特征，而应是探究君主的起源，追问君主所享有的权力来自何处，并且解释使自由人能够接受统治的原因。①

如果在一本意图将作奸犯科和暴政奉为教义的书中大谈本应该消灭这一切的内容，似乎不很恰当。倘若马基雅维利在书里称，为了安宁和自我保存之故，民众认为有必要有调解争端的法官，有必要有确保财产不受敌人侵犯的护卫者，有必要有将各方利益整合为唯一共同利益的统治者，因此他们从自己的队伍里拣选了被视为最明智、正义、无私、人性、勇敢的人来施行统治，并承担所有事务带来的令人窒息的压力，那他本人一定会感到不舒服的。

---

① 这里是从启蒙者的视角出发来追问君主统治的来源和正当性，而马基雅维利在第一章先列出了不同政制的例子，继而进行了分析。

人们也许还会说：因此，正义必须是统治者最重要的关切；因此，他治下民众的福祉必须优先于其他一切利益，他必须根据民意来增进或者至少为他们创造幸福和安康。这样一来，自私、强盛、野心、暴政等等概念还有什么用？结果将是统治者远不会成为独裁的民众主宰，而只会是他们的第一仆人，①他应该成为民众安康的工具，正如民众是给他带来光荣的工具。马基雅维利也许可以感受到，详细审视这类观察将是对他的讽刺和嘲弄，相应的探究只会使他国家学说中可怜的矛盾愈发显多。

马基雅维利的原则与良善的道德学说处于一种矛盾关系，类似于笛卡尔体系与牛顿体系的关系。在马基雅维利这里，利益影响一切，就如笛卡尔的漩涡。②这位政治家的道德之败坏，就如

---

① 君主是"民众的第一仆人"，这是弗里德里希二世对现代统治者角色的著名表述，它让我们清晰地看到，他所理解的统治并不是特权，而是义务。伏尔泰在《驳马基雅维利》第二次修订版（1740年10月）中，用 le premier magistrat［最高执政官］替换掉了这个说法，参伏尔泰，*Anti-Machiavel*, 199。关于弗里德里希二世对君主角色的矛盾看法，参 Theodor Schieder, *Friedrich der Große. Ein Königtum der Widersprüche*, Berlin 1998, 107f.；Johannes Kunisch, *Friedrich der Große. Der König und seine Zeit*, München 2004, 128f.。

② 笛卡尔（1596—1650）在《哲学原理》（*Principia philosophiae*, 1644, III, 30-35）中提出了一种星体运动理论，在他看来，整个天体物质都处于环绕太阳的漩涡运动中，该运动由一个连续蔓延着的漩涡等级组成。牛顿（1643—1727）的重力理论替代了笛卡尔纯理论的宇宙起源论，为启蒙运动的现代世界观奠定了前提。牛顿主义者揶揄笛卡尔的"漩涡"论是可以代表一切的隐喻，在他们看来这种学说很荒谬，因为经不起事实的批判性检验。参伏尔泰致弗里德里希二世的信，1738年12月5日，以及《哲学书简》

那位哲人的观念之肤浅。这个卑鄙的国家学说教师，在他教授最为残暴的犯罪勾当时，其寡廉鲜耻无与伦比。这符合他的思维方式，即最不义、最恐怖的行为，若目的是自利或野心，就可以得到正当化。臣民即奴隶，他们的生死绝对依赖于君主的意志，几乎如同一群绵羊，奶和毛皆为羊倌所用，羊倌若喜欢，甚至会宰杀它们。

由于笔者打算逐一地反驳这些错误且有害的原则，因此，笔者保留如下权利：在相应位置去谈每个章节的主题预先确定的内容。

不过，总体而言，笔者不得不说，笔者就统治者起源所谈到的内容，使篡位者的行为显得无比糟糕，比他在人眼前实施暴行还要糟糕，因为它完全有悖于臣服于统治者的民众的意图——民众是为了统治者给他们提供保护且只在这一条件下才服从于统治者。他们如果向篡权者效忠，就会使自己连同自己的财富一起成为牺牲品，满足了常常极度残暴且总是被人憎恶的僭主的贪婪和喜怒无常。因此，要成为一国君主，有三条正当的道路：通过继

第14封信。弗里德里希二世手头有笛卡尔多部作品的多个版本，尤其是 *Les principes de la méthode philosophique*, Paris 1659, 1666; *Discours sur la méthode*, Paris 1658。弗里德里希二世于1738至1739年借助《牛顿哲学原理》（*Éléments de la philosophie de Newton*）研究了牛顿，他手头这本书是第二版（London，1738），有伏尔泰亲笔签名 A. S. A. R. Monseigneur le Prince Royal。《百科全书》，尤其是其中的"笛卡尔主义"（卷2，1751）、"光学"（卷11，1765）、"物理学"（卷12，1765）等词条明确认定了笛卡尔主义被取代。伏尔泰对笛卡尔主义的激烈反对也针对巴黎科学院，该机构监控着文化讨论并拒绝接纳《哲学书简》和《牛顿哲学原理》的作者。对于科学院这种机构，弗里德里希二世持另一种看法。在做太子期间，他心心念念普鲁士有一个极具威望的科学院，做国王期间，他热情地立即重组科学院，并任命牛顿主义者莫佩尔蒂（Maupertuis）为科学院院长。

承；通过有权进行选举的民众的选举；或者，通过合法的战争夺取敌人的某个行省。[①]

请读者不要忘掉这里对马基雅维利第一章所做的说明，因为它同时也是笔者接下来其余观察所围绕的轴心。

---

① 弗里德里希二世对君主统治来源的追问，牵涉到自然法有关人类起源的理论和自愿将统治让渡于共同体的某个成员，形式是原始契约，君主将该契约纳入自己的义务。自然法思想尤其在普芬道夫（S. Pufendorf, 1632—1694；*Vom Natur-und Völkerrecht, in acht Büchern*，1672，弗里德里希二世手头有 Jean Barbeyrac 的法译本，Amsterdam 1735/39）和莱布尼茨的学生沃尔夫（C. Wolff, 1679—1754）那里得到表达。正是数学家和早期启蒙者沃尔夫的德语作品，最先让弗里德里希二世找到通往哲学思考的门径。他的这一兴趣也因一个事件得以强化，即其父威廉一世于 1723 年以绞刑威胁这位正在哈勒大学任教的莱布尼茨弟子和教条理性主义的代表，将其逐出普鲁士。登基后不久，弗里德里希二世便为流亡于马尔堡的这位学者恢复名誉，并将其召回普鲁士。1736 年，由弗里德里希二世的友伴、萨克森外交官苏姆（U. F. von Suhm）翻译为法文的沃尔夫《形而上学》片段，以手稿形式呈送给弗里德里希二世，参《弗里德里希二世藏书总目》，133。自早期启蒙运动以来，有关统治者的自然法观念在法国的突出代表是费讷隆、波舒哀、伏尔泰以及孟德斯鸠。参 Hans Welzel, *Naturrecht und materielle Gerechtigkeit*, Göttingen 1951; Peter Baumgart, Naturrechtliche Vorstellungen in der Staatsauffassung Friedrichs des Großen, in: H. Thieme (Hg.), *Humanismus und Naturrecht in Berlin-Brandenburg*, Berlin, New York 1979, 143-154。

二　论世袭君主国 *

我们要么会猜想故去的人比在世的人更智慧，要么会爱上存在已久的事物，因为它似乎可以使我们更接近永恒；或者我们会假想，流传给我们的事物若非在所有时代都被认为是好的话，定不会存在这么久。一般而言，我们一定会对古代大加赞颂，倘若反对了古代流传下来的事物，或者摧毁了岁月还没有毁掉的事物，我们甚至会良心不安。

这也是继承而来的国家比其他类型的国家更容易统治的部分原因，前提是，如马基雅维利所说的，统治者应谨防直接和突然地革新已经采用的政制。

国王是由选举产生的王国或者新征服的国土不会始终不渝地

---

* *Antimachiavel ou Réfutation du Prince de Machiavel* 第二章在 *Œuvres de Frédéric le Grand* 版中缺失。第二章最终版手稿未流传下来（参 *Œuvres de Frédéric le Grand*, t. VIII, *Avertissement de L'Éditeur*, XV）。我们在这里采用的是 *Réfutation du Prince de Machiavel* 的第二章，它是伏尔泰修订并于 1740 年发表的 *Anti-Machiavel* 的编者 W. Bahner 和 H. Bergmann 在手稿缺失的情况下出版的（参 Voltaire, *Anti-Machiavel*, 273-274），至少以残篇断简的方式把弗里德里希二世对《君主论》第二章的立场介绍给读者。这些文字是伏尔泰的秘书 Wagnière 从一些文本残篇抄写而来的，也是伏尔泰从弗里德里希二世寄来的手稿的前三章和第五章删掉而未发表的部分。这个抄件是我们文本的基础，在书写和标点方面，我们谨慎地将其改为现代形式，并使之适应本编其余章节的语言水平。

敬重统治者，然而，在继承而来的国家，忠诚和敬畏就会像父辈的遗产一样转交给子孙，人们会尊敬统治的君主身上所有祖先的德性。风俗和习惯对人类精神的影响如此之巨，从而为继承而来的国家的安定贡献良多。习惯多么强大地影响着人们思想中的一切！它会令俄罗斯人怀念他的故土，令拉普兰人怀念冰雪和风霜。它令民众钟情于那种在他们的国土上习以为常的政制，无论好坏。或者，他们之所以思念，是因为他们形成了一种极其特别的偏见，即父辈的法律、他们的阶层以及祖国的生活方式都必须保持现状，所有这一切甚至是邻国也应该遵循的规则，倘若他们不想使自己变得愚蠢和可笑的话。或者，他们担心会用聊可承受的处境换来毫无希望的状态。这种担心使他们更倾向于接受业已习惯的——而不是外来的、更为严苛的——压迫。

简言之，好的君主政制是一切政制中至善的，因为君主若是良善的，就可以无止歇地为臣民行善，而在一个共和国里要成就某种值得称赞的事业，还需要等无穷无尽的意见表达互相竞争。因此，君主真正的利益在于为善，因为，比起通过给臣民带来的畏惧感，他可以用民众对他的爱戴，更好地宣示自己是民众的主人。而他的德性继而也会将自己的利益与民众的利益紧密结合起来。

三　论混合君主国[*]

公元15世纪同时也是艺术的童年时期。凭借洛伦佐·美第奇的庇护，^①诸艺术得以在意大利重新繁荣。不过，在马基雅维利的时代，艺术和科学仍旧十分孱弱，给人们的印象是，它们似乎刚刚挺过了一场漫长的疾病。哲学或几何学精神还没有或者说几乎

---

    * 《君主论》法译本的标题如此，指将新占领统治区域纳入世袭国家的君主国。但这个用法应该区别于混合政体学说，后者所理解的"混合君主制"是一种由贵族和民众参与的君主统治，参 Wilfried Nippel, *Mischverfassungstheorie und Verfassungsrealität in Antike und früher Neuzeit*, Stuttgart 1980。1740年2月23日，伏尔泰在收到手稿之后致信弗里德里希二世，谈到第三章："陛下意在以此让人们看到，一切从这个撒旦的预言中派生出来的东西是多么令人憎恶。"他建议"驳倒"第三章中其他"令人反感的句子"，尤其是以下句子："因此，必须记住：要么和蔼地对待人，要么使之变得无害。因为，他们会因为微小的不义而报复，但倘若他们所受的打击极其沉重，他们就没有能力去报复。因此，必须极大地损害人直到不必担忧他们的报复。"(Hans Pleschinski 译，*Voltaire-Friedrich der Große. Briefwechsel*, 159ff.)

    ① 美第奇被称为"伟大者"（1449—1492），与奥尔西尼（Clara Orsini）成婚，1469年作为父亲Piero I.（1416—1469）的继承人，继承了佛罗伦萨共和国（1453—1478）的执政权。他资助科学和艺术，招揽重要的人文主义者——斐奇诺（M. Ficino）、波利齐亚诺（A. Poliziano）、米兰多拉（P. della Mirandola）和艺术家韦罗基奥（Verochio）、波提切利（S. Botticelli）、米开朗琪罗（Michelangelo），他本人也搞文学创作。马基雅维利于1513年把《君主论》题献给其孙洛伦佐二世（Lorenzo II. de' Medici）。

没有取得进步，①思想也还没有像今时今日这样足够理性和连贯。就连学者也会受到光彩夺目的外在事物和一切令人景仰的事物的误导。当时，人们更倾向于攻城略地者阴森的光荣和那些轰动一时——因其成就而带来一定敬重——的举动，而不是宽和、稳健、仁慈以及其他的德性。我们今天则更喜欢征服者品质中的人性。人们不再犯傻去通过颂词来鼓舞野蛮残暴的激情，这些激情导致世界的巨变并牺牲了不计其数的性命。人们令一切事物服从于正义的规范，征服者的勇敢和军事成就一旦给人类带来灾难，便会受到憎恶。

因此，马基雅维利在他那个时代仍可以说，人类的天性就是攻伐，征服者必定总是得到荣光。而今天，我们会反驳他说，人的天性是心怀希望，维护财富并以合乎正义的方式增加财富，贪婪只寓于卑劣灵魂的天性中。一个正派的人也不会立即算计着要牺牲他人来壮大自己。同样，几乎所有看重世人认可的人也都不会如此。

也许马基雅维利的政治教诲至多只可以给世上唯一一个人来用，此人必将去掠夺整个人类。因为，倘若许多野心家意图以征服者自居，相互掠夺财富，世间会陷入怎样一种失序！倘若嫉妒一切不属于自己的事物的他们，仅仅想着想四处侵袭、毁灭一

---

① 启蒙者将"几何学精神"（mos geometricus；1728年，帕斯卡于1655年所撰论文 *De l'Esprit géométrique* 问世）与笛卡尔、笛卡尔主义以及斯宾诺莎联系在一起。笛卡尔主义者赞成几何真理的永恒有效性这个原则。而他们的批评者认为，几何学方法的局限在于它也在人的心灵方面提出一些假说，面临着丢掉与现实的一切关联的危险。弗里德里希二世附和的是由牛顿成功使用的归纳—实验方法，该方法放弃一切不必要的假设。不过，弗里德里希二世同时也受怀疑论的影响。

切、掠夺他人拥有的一切！最后，倘若世上只有唯一一位主宰者，他虽然继承了其他所有人的遗产，但他能占有这些遗产多久却只能由后来出现的最优秀者的雄心说了算。

笔者的问题是，是什么促使一个君主去扩张其统治范围？他有什么权利做出将自己的权力建立于其他人的苦难和衰败之上的事？他怎么能够认为，将世人置于水火之中，自己却可以受到称颂？统治者新的征服并不会令他已经拥有的国家更加富有和富足，他的人民并不会因此获利。倘若他想象着自己可以因此而更加幸福，那是自欺。他的虚荣心并不会因为这一次征服而得到满足，它反而会令他不知餍足，继而永远对自己感到不满意。有多少伟大君主命令其将军攻城略地，而自己却不曾看过那地一眼！这样的征服在某种程度上仅仅存在于想象，它们对于下令征服的君主而言几乎不具有任何现实意义，如果只是要满足一个人——而这个人常常丝毫不值得世人知晓他的名字——肆无忌惮的愿望，许多人却陷入不幸的话。

但让我们假设这样的统治者使整个世界都臣服了他。难道他也统治得了这个被他如此勇敢地征服的世界？作为君主的他再怎么伟大，终归是一个十分有限的存在者，一个原子，一个可怜的个体，几乎毫不起眼地爬行在这个星球。他几乎记不住各个行省的名称，他的伟大只会衬托得他实际上极其渺小。

此外，构成一位君主荣光的，并不是统治范围的扩张，或多或少的几里国土并不会令他伟大。否则，人们就不得不对那些占有最多摩尔亨（Morgen）农田的人致以最大的敬意了。①

---

① ［译注］摩尔亨为普鲁士土地面积度量单位，1 摩尔亨约等于 2 500 平方米。

　　征服者的勇敢、能力、经验、向他人指明道路的技艺，这些都是他身上为人所赞叹的品质。然而，他若滥用这些品质，就会始终被视为爱慕虚荣、尤为邪恶的人。只有当他将天赋用于维护正义，或者，迫不得已成为征服者，而不是因为他的性情促使他这么做时，他才可以获得光荣。人们对待英雄就如同对待外科医生那样：当医生利用严厉的干预拯救性命时，人们会尊敬他们，而一旦他们以可耻的方式糟蹋其职业，做出只会促使人们赞赏其能干的不必要的行动时，人们就会憎恶他们。

　　君主绝不应该只是考虑自己的利益。倘若这么做，社会就不复存在。因为这样一来，君主就不是让个人利益服从公共福祉，而是为了一己私利牺牲公共福祉。君主何不为那种构成生活魅力和社会幸福的宜人和谐做出贡献呢？何不为他人尽义务并以大量的善举对待他们，以此来展示伟大呢？君主应该始终想到，己所不欲，勿施于人。这样一来，就不会有人想着剥夺他人的财富，人人都会对自己的处境感到满足。

　　也许，马基雅维利笔下与征服者的荣光相关的这些误解，在他那个时代广为流传。不过，毫无疑问的是，他的邪恶绝未广为流传。最为可鄙的是他所建议的一些用来维护占领的手段。仔细来看，没有一种手段是理性或者正义的。这个怪物称，你们必须消灭在你们占领之前统治着那个国家的君主家族。人们可以毫无震惊和愤怒地阅读这样的指导吗？这意味着践踏世间一切神圣的事物，颠覆一切法律中人们最应该看重的法律。这意味着为自私自利铺平通往一切暴力行为和犯罪勾当的道路，赞成谋杀、背叛、杀戮以及世上所有其他的可鄙之事。那些上层人物如何能够允许马基雅维利发表他可鄙的国家学说？人们怎能忍受这位卑劣的罪人在世上横行，颠覆有关财产、安全以及对于人而言尤为神圣的一切，亦即践踏最为高贵的律法和不容侵犯的人性？当一个野心家强行占领了某位君主的国家，然后他就有权杀死或者毒死他！不过，这样的占领者由此而推行的只会是一种对自己而言足以致命的惯例。因为另外一个更雄心勃勃、手段更高明的占领者将对他施以报复，将侵袭他的国家，以相同的非法方式除掉他，就如他除掉前任那样。多么罄竹难书的罪行、残暴、野蛮！它将会使人们陷入绝望！这样的君主国就如同群狼的帝国，一个如马基雅维利这样的虎狼之君作为立法者，正与其相称。倘若世上只剩下犯罪，人类就庶几灭亡了。对于人类而言，倘若没有了德性，就不再有安全。[①]

　　　征服者亲自前往，驻节在那里。

　　这是马基雅维利就征服者巩固新国家这一主题提出的第二条

---

　　①　孟德斯鸠的《波斯人信札》（*Lettres persanes*, 1721）以洞穴人为例，阐述了人类共同生活的基本规则，让人们看到一个充满不义、冷酷、屠杀、暴力的社会如何自取灭亡，而一个基于人性、正义以及德性的社会又如何为人们的安康、稳定、幸福创造条件（第11-14封信，见 *Œuvres complètes*, éd. R. Caillois, t. 1, 145-153）。弗里德里希二世完全赞同这一立场。孟德斯鸠属于弗里德里希二世最为赏识的作家之一。1746年，他任命孟德斯鸠为柏林科学院成员。在弗里德里希二世的藏书中至少有七个版本的《波斯人信札》（Krieger 在提到 3 版和 5 版［Amsterdam, 1730, 1740］时说：使用痕迹十分明显）。匿名出版的《波斯人信札》是法国启蒙运动最成功的图书，使孟德斯鸠（1689—1755）成为全欧洲的名人（至1755年出版了约30版）。对话体的《波斯人信札》也为法语启蒙哲学的散文树立了内容和风格的标准。伏尔泰在《哲学书简》中也采取了书信体形式的有效方法。弗里德里希二世也倾向于散文—对话体的写作风格，该风格很合他深受对话影响的思维方式，这一点可以从莱茵斯堡时期之初的作品中清楚看到。

原则。这并不残暴，其思想在某些方面甚至似乎还很有道理。不过，必须要考虑的是，大多数君主国家的状况是，君主根本无法离开其中心，一旦离开就会对整个国家产生影响。君主是这种政体的首要生命力，因此，他们不能离开中心，以防外在的关节受到损害。

这位治国术教师的第三条原则是，君主应该在新征服的国家设立殖民地，因为，由此可以确保他们的忠诚。作者在这里依据的是罗马人的处理方式，他认为，只要在历史中一再找到他所教诲的不义的例子，就可以大功告成。然而，罗马人的方式不仅不义，而且过时了。[1]他们究竟有什么权利剥夺正当所有者的家族、土地、财产？马基雅维利的理由是：因为他们可以做了而不受惩罚，因为那些被劫掠的人太贫穷、太软弱而无法报复。多么奇特的思路！由于你强大而服从你的人软弱，因此，你就可以无所顾忌地压迫他们。于是，在马基雅维利看来，唯有恐惧才可以阻止人为非作歹。

不过，一个人究竟有什么权利妄自对同类施加如此不受限制的权力——这种权力允许他宰治人们的生命、财产，并

---

① 1730年代后期，弗里德里希二世借助法国史家罗兰（C. Rollin）的《从罗马建城到亚克兴战役（或曰共和国终结）期间的罗马史》（*Histoire romaine depuis la fondation de Rome jusqu'à la bataille d'Actium*，Paris，1738ff.）和孟德斯鸠《罗马盛衰原因论》（*Considérations sur les causes de la grandeur des Romains et de leur décadence*，1734）研习了罗马史这门在18世纪成为经典的知识，从眉批上可以看到，他一再阅读这些书。参 Vanessa de Senarclens, Missverständnisse. Friedrich der Große als Leser von Montesquieus »*Considérations sur les causes de la grandeur des Romains et de leur décadence*«, in: *Europäischer Kulturtransfer im 18. Jahrhundert*, hg. v. B. Schmidt-Haberkamp u. a., Berlin 2003, 149-162。

且，只要他乐意，还可以令人们身陷灾难？无疑，即便占领权也没有如此过分。社会之所以形成，难道仅仅是为了给某个卑鄙、贪婪或者野心勃勃之人狂暴的激情当作牺牲品？这个世界之所以存在，难道仅仅是为了某个败坏的暴君能够发泄其疯狂和怒火？笔者不认为一个理性的人会抱有这样的看法，除非不加节制的虚荣令他盲目，黯淡了健康理智和人性的明亮光芒。

说什么"君主可以不受惩罚地作恶"，是完全错误的。即便他的臣子不会立即惩罚他、天雷不会击碎他，等他恶贯满盈的时候，他在世上的名声也会逝去，他的名字也会醒目地列在那些被视作可怖之人的行列中。臣子的憎恶将会成为对他的惩罚。不要只把恶作一半，要完全地消灭某个民族，或者虐待它并继而奴役它，至少直到他们不会再对你造成威胁。将自由消灭殆尽，将暴政伸向对财产的侵犯，将暴行伸向统治者的性命。——这是怎样的政治原则！不，无法想象更为卑鄙的原则了。无论对于一个理性存在者还是正派之人，这些原则都有失体面。笔者打算在第五章详细反驳这一点，请读者诸君参第五章。

让我们稍作探究，看这些殖民地——为了它们的设立，马基雅维利纵容他的君主行了诸多不义——是否真的如作者所说的那么有用。你要么向新征服的国土派遣殖民者，殖民者的数量要么大，要么小。在第一种情形中，你会大大掏空本国的人口，同时也赶走了新征服国土上数量巨大的新臣民。这会削弱你自身力量，因为君主的至高权力寓于向其效忠的人数多寡。你要么向新占领国土派遣一小部分殖民者，但他们几乎不能确保你的安危，因为这百十来人根本无法与当地人口相提并论。

于是，你不但令那些被你逐出家族和宫廷的人恓恓惶惶，自己也没有捞到好处。

因此，更佳的方式是向新征服地区派遣军队，由于有纪律和秩序，他们不会镇压民众，也不会对提供驻地给他们的城市造成负担。然而，为追求真理之故，笔者在这里必须说明，马基雅维利时代的军队与今时今日的还有些不同：当时的统治者并没有维持大量的军队，他们的部队常常与一众通常以打家劫舍为生的盗匪无异。人们对兵营和成千上万条军规还没有概念，这些军规在和平时期可以制约士兵的放纵和伤风败俗行为。

在笔者看来，危机情形下，最温和的措施总是最佳的。

　　[君主]还应当使自己成为周围弱小邻邦的首领和保护者，并设法削弱那个地区强大的势力，同时注意不要让任何一个同自己一样强大的外国势力利用某个意外事件插足那里。

这是马基雅维利的第四条原则和治国术，他或许以为世界只为他一人创造。马基雅维利的无耻和卑劣充满整部作品，就像剥皮场的腐臭污染了周围的空气。一位体面的君主应在这些小君主之间扮演中间人的角色，好心地调解他们的交易，并凭他的正派在他们的争端中表现得全然中立、完全无私，从而赢得他们的信任。他的权力同时也应使他成为邻国的家长而不是压迫者，他的威严会保护他们，使他们免遭毁灭。

当然，想要扶持其他君主的君主常常会招致自己的灭亡，这的确不假。我们这个时代可以看到两个例子。其一是查理十二世，他把斯坦尼斯瓦夫扶上了波兰的王位。另外一个就是前几年发生的事。①笔者由此得出，僭权绝不会赢得荣耀，人类总是会厌恶暗杀。对新臣民施行不义和暴行的君主会令人们心寒，而不是赢得民心。要为罪行辩护是不可能的。若要为它贴金，就会像马基雅维利一样口吐卑鄙之言。如果有人胆敢如此可怕地滥用理性思考的技艺，用它来损害人类福祉，那么，他的确活该丧失理智，并因其胡言乱语而被人视作神志不清。这意味着搬起石头砸自己的脚。

这里重复一下第一章表达过的内容：君主生而是民众的法官，其伟大寓于对法律的维护，也就是说，他们绝不能背弃权力的根基和职司的根源。

---

① 查理十二世（1682—1718），自1697年成为瑞典国王，于1704年（北方战争期间）废掉了波兰国王萨克森选帝侯奥古斯特二世（1670—1733），并选择斯坦尼斯瓦夫一世（Stanislaus I. Leszczyński，1677—1766）成为波兰国王（1704/1706—1709；1733—1736）。波尔塔瓦会战（1709）失败之后，查理十二世逃到奥斯曼帝国，在本德尔建立了营地，后来在伊斯坦布尔被俘。奥古斯特二世于1709年再次成为波兰国王，此时彼得大帝则占领了芬兰，丹麦进攻瑞典南部的几个省。1714年，查理十二世从土耳其逃脱，回到瑞典，于1718年在对弗里德里希夏尔的围困中去世。随着他的离世，瑞典在欧洲的大国地位也一去不复返。在同时代人看来，查理十二世是个富有魅力的"新国王"形象。伏尔泰的君主传记《查理十二世》（1731；［译按］中译参伏尔泰，《查理十二传》，吴模信、吴煜幽译，商务印书馆，2016）由于在欧洲广受读者欢迎而被法国警察查禁。弗里德里希二世藏有该书的许多版本，尤其是阿姆斯特丹1739年版。第二个例子，即"前几年"，指的是波兰的王位继承战（1733—1735/1738），皇帝查理六世（1685—1740）与俄罗斯一道反对法国，支持萨克森选帝侯奥古斯特三世作波兰国王。在《维也纳和约》（1738）中，查理六世丢掉了洛林公国、那不勒斯王国、西西里以及伦巴第的一部分地区。

四 为什么亚历山大所征服的大流士的王国
在亚历山大死后没有背叛其后继者

要正确地评判各民族的精神，人们只需要去进行对比。[①]马基雅维利在这一章对比了土耳其人和法国人，二者在风俗、习惯、观念上有着异乎寻常的差别。他探究了为何土耳其人的帝国很难被征服但容易维持。同样，他也解释了为何法国毫不费力就可以被战胜，但国内不断的动荡则令征服者不得安宁。

作者仅仅从一个视角去观察事物，他只研究了统治的状态。他似乎相信，土耳其和波斯帝国的权力，仅仅是基于对这些民族

① 探究"诸民族精神"，即外国的民族个性，作为思考的对象，自17世纪末成为时髦。自从欧洲生活方式的统一性这一观念变得支离破碎，欧洲不得不面对诸多文化，尤其还有欧洲以外的文化，人们开始关注文化间的差异。对构成各个国家里社会共同生活特点的文化、心灵、道德特征的描述，通过密集的旅行活动——作为体验文化差异的手段——而得到加强。国家被视为如同每个个人那样相互区别的集体个体（Kollektivindividuen），并得到相互比较。一个民族的风俗、习俗、交流方式、习惯、偏见被当作政治关系的前提而得到分析。在观念史上，与探究文化差异一道出现的是求知欲和智性好奇心的实证化，它使得经验研究及具体和引申意义上的跨界正当化。参Hans Blumenberg, *Der Prozeß der theoretischen Neugierde*, Frankfurt a. M. 1973。瑞士人穆拉特（B.-L. de Muralt, 1665—1749）对比了英国和法国，并在伏尔泰的《哲学书简》之前批评了法国的绝对君主制和凡尔赛宫廷文化的统治地位，参*Lettres sur les Anglois et les François*（1695旅游英国期间写成，并于1725年发表）。弗里德里希二世藏有第一版。孟德斯鸠在《波斯人信札》中对比了法国和奥斯曼社会的风俗习惯，用以说明法国君主制何以得稳固。

普遍的奴役以及领袖人物一人的霸业。他认为，不加限制、牢不可破的暴政，对于君主而言是能够无忧无虑地统治并有力对抗敌人的最稳妥的手段。

在马基雅维利的时代，法国人还将大贵族和贵族视为小的统治者，他们某种程度上分有君主的权力。这导致了分裂，加强了党派分化，常常引起反叛。当然，笔者不清楚，究竟是大苏丹还是法国国王更多面临被逐下王位的危险。二者的区别在于，土耳其皇帝通常是被近卫军杀害，而法国遇害的国王一般是被僧侣所杀。①不过，马基雅维利在本章更多谈论的是普遍意义上的变革而不是个例，实际上，他找到了一台极其复杂的机器的几根弹簧。然而，他只是以政治家的身份来谈的。让我们看看，如果作为哲人还可以做哪些补充。

气候、食物、人的教育等等不同，会导致生活方式和思维方式完全不同。②因此，美洲野人的行为完全不同于有教养的中国

---

① 在《君主论》（1513）和《驳马基雅维利》（1739/1740）的写作期间，法国共有两位国王遭谋杀，即，被一位名为克莱芒（Jacques Clément）的多明我教派僧侣杀死的亨利三世（1551—1589），和被一位名为拉瓦亚克（Francis Ravaillac）、与耶稣会士走得很近的宗教狂热分子刺杀的亨利四世（1553—1610），参伏尔泰《哲学书简》第8封信。这一时期，奥斯曼帝国的近卫军起义（土耳其军队的步兵、苏丹的精英部队）造成了七位苏丹下台，两位被杀，即奥斯曼一世（1605—1622）和伊布拉伊姆一世（1615—1648）。

② 弗里德里希二世在这里所持的气候论兼顾到作为民族性格多样性原因的地理和气候因素。在近代早期的政治思想中，气候论仍可以回溯至亚里士多德的传统，博丹在《国是六书》（1576）中继续发扬了该传统，他在地理—气候事实的语境中分析政治体制的多元。孟德斯鸠在1748年的《论法的精神》中对多种气候论观点进行了伟大综合，在他之前，杜博神父在《关于诗歌与绘画的批评反思》（Réflexions critiques sur la poisie et sur la peinture，1719）中研究了气候条件的不同如何造成了艺术有差异的发展。弗里德里希二世藏有杜博神父上述作品的好几个版本，并在《论法的精神》出版的十年前就已经习得了这种气候论。

人。英格兰人的性情像塞涅卡一样深刻，但是忧郁，从根本上有别于西班牙人的勇猛和可笑而愚蠢的傲慢。法国人和荷兰人之间几乎找不到相似性，就如同猴子的活跃与乌龟的迟钝之间的差别。

　　长久以来，人们发现，东方民族的精神特点是坚定地保持其风俗和永不放弃的古老习惯。此外，他们有别于欧洲人宗教的宗教，让他们有责任绝不允许所谓无信仰的人做出有损于主上的行为，并且会小心翼翼地防止一切可能有害于宗教和颠覆统治的东西。他们宗教的感性和部分程度上让他们坚守其风俗和习惯的无知，以这种方式确保了主上的王位不受征服者野心的侵扰。比起政制，他们的思维方式对于其强大的君主制的延续贡献更多。

　　法兰西民族精神截然不同于穆斯林精神，[①]它总是在完全或至少部分程度上导致整个王国频繁的变革。长久以来，轻率和多变构成了这个可爱的民族的性格。法国人是不安分的，他们是自由思想者，倘若某些事物对他们而言不再有新意，他们很快就会感到无聊。他们对变革的热爱甚至表现在最为严肃的事物上。法国人既爱又恨的那些主教相继统治过这个王国，在令势强力大的君主臣服这件事上，他们似乎学会了马基雅维利的原则。另一方面，对民族精神的认识非常有利于他们抵御常常

---

　　① 自17世纪以来，尤其在各种百科辞典中可以看到许多关于法国民族性格的描述。弗里德里希二世藏有几种重要的版本，比如 *Antoine Furetière, Dictionnaire universel contenant généralement tous les mots français tant vieux que modernes* [...]，I-IV, à la Haye 1727(1690第一版，培尔作序)，Louis Moreri, *Grand dictionnaire historique ou le mélange curieux de l'histoire sacrée et profane*, I-VIII, Amsterdam, Leyden, à la Haye, Utrecht 1740 (1. Aufl. Lyon 1674，参词条 France)。之后，狄德罗和达朗贝尔的《百科全书》（1751—1780）也出现在弗里德里希二世的藏书中。

出现的风暴，这些风暴一再因臣子的轻率而令君主的王冠岌岌可危。

黎塞留主教的政治举措，[①]所遵循的目标仅仅在于压制大贵族并提升王权，使之成为专制的根基。他极其成功地做到了这一点，如今在法国丝毫看不到贵族曾经的权力和阶层特权的痕迹，在国王看来，这些特权常常被贵族们滥用。

马萨林主教对黎塞留亦步亦趋。[②]他遭遇了巨大的抵抗，但是得以突围，还夺取了议会古老的特权，[③]从而使这个光荣的体制

---

① 黎塞留大公（1585—1642），全名 Armand-Jean du Plessis, 1er Duc de Richelieu，1622年成为主教，1624年被路易十三（1601—1643）任命为宰相。他强化君主制中央集权，削弱大贵族势力，取消了自从《南特敕令》（1598）以来就存在的胡格诺教派的军事和政治特权，不过，他保证了他们的礼拜自由，此外，他在各省的反对声中革新了管理，巩固了绝对君主制。黎塞留的外交政策旨在结束西班牙－哈布斯堡家族在欧洲的优势地位。"三十年战争"期间，他支持德意志君主中的反对派反对皇帝，还不带教派偏见地与新教的瑞典国王古斯塔夫二世（Gustav II. Adolf，1584—1632）结为同盟，并于1641年领导了威斯特伐利亚和约的提前谈判，该和约于1648年确保了法国在欧洲国家体系中的优势。搞文学创作的黎塞留也促成了法兰西科学院（Académie française, 1635）的成立，他委托该学院编写词典。弗里德里希二世藏有该词典的多个版本（*Dictionnaire de l'Académie française*）以及黎塞留书信（Paris 1695/1696）和《政治遗嘱》（*Testament politique*, Amsterdam 1708）。

② 马萨林（J. Mazarin，1602—1661），自1641年成为主教，1642年成为黎塞留的继任者，被路易十三召入国家委员会，在路易十三去世后主导了幼年路易十四（1638—1715）的政府事务。他主导了明斯特的谈判，该谈判的结果就是对法国极为有利的威斯特伐利亚和约。在剪灭投石乱党后，他赢得青年路易十四的信任，至死都是当时最具影响力的法国政治家。

③ 至法国大革命时期为止，议会指的是巴黎和各省（图卢兹、波尔多、雷恩、鲁昂、梅斯、南锡、格勒诺布尔等）的总共十三个皇家法院。它们设立于13世纪，具有宪法和政治效力，敕令要通过它们的登记和发布才会具有法律效力。国王和议会、国王的中央集权和巴黎及各省的分权之间经

如今只剩下传统悠久的权威的影子，变成了一个幽灵，它偶尔仍在幻想自己一定是个体制，而人们常常迫使它为自己的谬误感到后悔。

为了在法国建立绝对王权专制而由这两位伟大的政治家所采取的相同政策，也教会了他们如何让这个轻率和多变的民族沉迷于种种娱乐，目的就是缓和这类性情的危险性。数不清的琐事、嬉戏、享乐，令法国精神偏离了更为重要的事物，看哪：起身反抗凯撒、在瓦卢瓦家族统治时召唤异邦人施以援手、团结起来反抗亨利四世、在摄政时期煽动谋反的这些人，[①] 正是这些法国人，今时今日一心只追求最新的时髦，巨细无遗地改变着品位的方向，今天鄙薄他们昨天还在赞美的事物，袒露与他们相关的一切事物中的多变和轻率——换掉情人，改变游乐场所、情感以及他们的癖好。这只是冰山一角。强大的军队和无数的堡垒，确保了它的统治者可以永远地占有这个王国，他们现在无所畏惧，既不惧怕内战，也不惧怕邻国潜在的占领。

可以料想到，凭借某些马基雅维利原则而国运昌盛的法国政

常冲突，经17世纪的几次艰苦斗争（投石党运动）之后，国王占得上风。1740年代后期，即《驳马基雅维利》已经成书之后，国王与议会之间再次出现了拉锯式的权力争斗，议会视自身为法兰西民族的身体，抗议国王的旨令，拒绝登记法令，对国王表示不信任，同时推行了一些敌视启蒙的法令。参 Jean Egret, *Louis XV et l'opposition parlementaire. 1715—1774*, Paris 1970。

① 这里指的是投石党运动，即路易十四幼年时期议会和大贵族发动的针对国王绝对君主制的反叛运动。马萨林为该运动提供了导火索，当时，他为了支持三十年战争而增加了赋税。"议会投石运动"（1648/1649）的领导者是巴黎议会和雷茨主教（1613—1679），"亲王投石运动"（1649—1653）则只关系到政府和侯爵们的利益冲突。最后，孔代与杜伦尼元帅成为对头。孔代在西班牙人支持下站在投石党人一边，反对杜伦尼领导的保皇派军队，后者战胜了反叛者。随着国王的胜利，法国大贵族在政治上失势。

府，并不会在这条美好前程上就此止步，它会迫不及待地将这位政治家的所有学说付诸实践。鉴于它目前掌舵的宰相既聪明又老练，① 人们对于其成就毫不怀疑。不过，我们最好还是收笔，这样，就如科里尼亚克神父常常说的那样，② 我们就不会因说得太多而犯下过失了。

---

① 即弗雷瑞斯的主教，弗勒里（André-Hercule de Fleury，1653—1743），自1726年成为路易十五的宰相，他之前是路易十五的教育者和老师。路易十五亲政（1723）以来，他成为国王的政治顾问。弗勒里以73岁高龄获得主教的头衔，他曾是法国所有大的科学院成员。作为主政的宰相，他死前决定着法国的政治，丝毫不逊于黎塞留与马萨林。弗勒里整顿国家财政，削弱冉森派与耶稣会士的神学争端。波兰王位继承战（1733—1735/1738）期间，他支持被废的波兰国王、路易十五的岳父斯坦尼斯瓦夫一世，并在《维也纳和约》（1738）中确保了洛林未来可以归属为法国。这一段针对弗勒里的论述，在伏尔泰编辑的1740年版《驳马基雅维利》中被删去。弗里德里希二世认为弗勒里正是当代马基雅维利主义的体现，他讽刺了"那位在罗马红衣下包裹着的马基雅维利主义者"和"白发苍苍的主教小帽 – 马基雅维利"（参致伏尔泰信，1740年2月3日、1740年6月6日），1740年弗勒里已87岁高龄，但仍继续把持了三年宰相之职。

② 科里尼亚克（Colignac）神父是贝热拉克（Cyrano de Bergerac，1619—1655）哲学旅行小说《太阳国趣闻》（*Histoires comiques des états et empires du Soleil*，1662）中的人物。坚定的哥白尼主义者贝热拉克在18世纪作为"自由思想者"为人所看重，因为他的思想是怀疑论、伊壁鸠鲁主义以及感觉论的，同时他也反教会、有机智、有学识。他的座右铭是："记住，要自由地生活！"。贝热拉克在18世纪被当作启蒙运动的先驱，他的作品也见于弗里德里希二世藏书。

五　应当怎样统治占领前受各自法律
所管辖的城市或君主国

　　人是理性、无毛、两足的生物。至少，学院哲学这样定义我们这个种类。[①]这个定义也许在某些个体那里适用，但对于大多数人而言，它则完全错误，因为只有极少数人是理性的。而且，即便他们在某种情形下是理性的，也会在其他无数的情形中表现得恰恰相反。也许，人们可以说，人，是一种提出并组合观念的生物。[②]这总体上适用于整个人类，并且可以兼顾智慧者和蠢人、有好的思想的人和一肚子坏水的人、爱人类的人和迫害人类的人，

----

　　①　这里所说的学院哲学对人的定义暗指作为哲学权威的亚里士多德（ *Metaphysik*, 4,4; 7,12; *De anima,* 3,3; *Politik*, 7,13 ）。亚里士多德学说及其疏解在这里可以作为一般意义上的学院哲学的代表。后者指向这样一种思想：它满足于修辞性解读（三段论），而不是追求一种论据充分的知识。质疑学院哲学定义能力的批评，自 17 世纪以来广为流传，它针对的是融合了亚里士多德哲学与基督教启示的经院哲学。弗里德里希二世对亚里士多德学派的接受是选择性的，承接的是培尔的批判（参《历史考订词典》"亚里士多德"词条，该词条也收在弗里德里希二世的《培尔历史考订词典选》）。他的兴趣更多在于亚里士多德的修辞学和诗学而非形而上学。启蒙运动对学院哲学的批判基于如下信念：哲学认知的获得不在于形而上学的纯理论、空洞的公式、误入歧途的推理，而是基于对事实（经验论）的分析，并且必须以怀疑论对待一切。关于亚里士多德的接受，参 Chantal Grell, Le *Dix-huitième Siècle et l'Antiquité en France, 1680-1789*, Oxford 1995。

　　②　弗里德里希二世所习得的法国启蒙运动的认识论在 18 世纪上半叶主要是根据洛克（1632—1704）的《人类理解论》（*Essay Concerning Human Understanding*, 1690)，该书作为感觉论者和经验论的代表，拒绝

以及令人敬重的坎布雷主教和卑劣的佛罗伦萨政治家。①

倘若说马基雅维利曾放弃理性，并且思考过有失体面的东西的话，那就是在这一章。他在这一章给君主建议了三种手段去维持一个业已被占领的自由共和国。

第一种手段未给君主提供任何安全，第二种最多是一个疯子的突发奇想，第三种则差不多与前两种一样糟糕，也问题多多。

究竟为什么要征服这样的共和国，为什么要禁锢整个人类，令自由人反而为奴？难道只是为了向世人展示其不义和邪恶，只是为了使某个本应为了公民幸福而存在的力量服从于其自私自利？何其卑劣的原则！倘若这些原则有了诸多拥趸，整个世

笛卡尔"与生俱来的观念"（它们在经验之前已经被给定）理论，并使思想回到感性的感知。感官开启了认知过程，理智组合观念，并分析它们的关联。伏尔泰在《哲学书简》（"论洛克"）中颂扬这位英国哲人，捍卫了他的分析性方法，并以精短的语句总结道："我们所有的观念都通过感官而获得。"弗里德里希二世藏书中有洛克《人类理解论》的多个版本，比如 *Essai philosophique concernant l'entendement humain*, trad, de l'anglois de M. Coste. Vème éd., Amsterdam et Leipzig 1755 (dass., 1774, 1782)，以及一部概述 *Abrégé de l'Essai de Monsieur Locke*, Genève 1738。孔狄亚克（É. B. de Condillac, 1715—1794）发展了洛克的认识论，参 *Essai sur l'origine des connaissances humaines*（1746），弗里德里希二世藏有该书第一版。关于洛克在法国的接受参 Jørn Schøsler, *John Locke et les philosophes français*, Oxford 1997。

① 坎布雷主教即费讷隆（F. de Salignac de La Mothe-Fénelon, 1651—1715），神学家、教育家、法兰西学院成员，1689 年被路易十四任命为继任者（波旁大公）的教育者，他为这位继任者写下了《忒勒马科斯历险记》（*Les Aventures de Télémaque, fils d'Ulysse*, 1699）这部代表作。弗里德里希二世在儿时（初读于 1721 年）就已经读过，后来也一再阅读。他至少有此书的五个不同版本。1782 年，在马斯特里赫特有新的版本出版，此时已七十岁的弗里德里希二世还让人为无忧宫购得该书。

界就毁了。任何人都可以看到马基雅维利如何践踏良俗。现在就让我们看看，他是如何亵渎健康的人类理智和审慎的。

这位治国术教师的第一条原则是，

> 要求它们进贡并在那里建立一个对你友好的寡头国家。

但君主凭此永远不会得到任何安稳，因为，无法清楚的是，一个仅仅由少数对新君主负责的人控制的共和国如何对该君主效忠。合乎自然的是，这国必定倾向于选择自由而非受奴役，倾向于摆脱使之臣服的君主的权力。叛乱将会在最佳的时机不期而至。

> 因为要稳固地占有它们，除了毁灭它们之外，确实没有别的方式。

这是免于担心任何叛乱的最稳妥手段。几年前，有个英国人在伦敦做了自杀的蠢事。人们在他的桌子上发现一张纸条，他在上面为自己的古怪行为辩护说，他之所以自杀，是为了永不生病。[①]笔者不清楚，比起受罪，药物是否也许不那么糟糕。笔者不会与马基雅维利这样的怪物谈论人性，因为这意味着玷污那促进人类福祉的、令人尊敬的德性之名。人们不用劳烦宗教或者道德，就可以用马基雅维利自己的论据来反驳他，也就是说，利用

---

① 自早期启蒙运动以来，"英国病"，即传说中英格兰人自杀的倾向，就在气候论的语境，尤其在哲学自杀论的视野中得到讨论。1700年，牛津的学者出版人、卢克莱修译者格里奇（T. Greech）自杀，在公众中间引起轰动，他的自杀是一系列自杀的开端，使得"英国病"成为一个神话，参

作为其作品之灵魂的自私自利，即他的政策和犯罪勾当所拜的偶像，这是他唯一推崇的神。

马基雅维利，请问，为了更为稳妥地占有，君主必须摧毁他所占领的自由国家？但请回答：他占领的目的何在？你会回答说：为了扩大其权力，甚至为了能够引起更多的畏惧。笔者想听到这个答案，以便向你证明，一旦这个君主遵循了你的原则，就会获得恰恰相反的结果。因为，在这样的占领中，他毁灭了自己，继而毁灭了唯一可以补偿其损失的国家。你不得不承认，一个遭蹂躏和洗劫的国度，它失去了居民、社会生活、城市，总之，失去了使之成其为国家的一切，这样一个国度并不会令占有它的君主更使人畏惧或者强大。笔者认为，占有利比亚和巴尔喀广袤戈壁的君主①并不令人畏惧，百万的猎豹、狮子或者鳄鱼，并不能敌百万的臣民、富足的城市、可停泊并且停满船舶的港湾、勤劳的公民、军队，以及一个人口众多的国度所生产的一切。所有人都同意，一个国家的力量并不在于其边境的延伸，而在于其人口的数量。

George Cheyne, *The English Malady, or Treatise of Nervous Diseases of all Kinds* (London 1733)，亦参 Georges Minois, *Geschichte des Selbstmordes*, übers. v. Eva Moldenhauer, Düsseldorf, Zürich 1996, 263-403。霍尔巴赫在其引起轰动的《论自然的体系》(*Système de la nature*, 1770) 中再次谈及 "英国病" 神话，参 Paul Thiry d'Holbach, *System der Natur*, übers. v. Fritz-Georg Voigt, Frankfurt a. M., 1978，第一部分第 14 章。注释 85, 248；以及本卷中弗里德里希二世的《对〈论自然的体系〉的批判性检视》(*Kritische Überprüfung des Systems der Natur*, 1770)。

① 巴尔喀（Barka），即古代的昔兰尼加（Kyrenaika），位于今天利比亚的东部。

请对比荷兰与俄国。①人们在前者那里可以看到一些潮湿不毛的岛屿从大洋之中耸立而出——一个小共和国，不过四十八英里长、四十英里宽的范围。但是，这个小小的政体全身布满神经，人口密密麻麻，这个勤劳的民族极其强大，十分富有，它摆脱了一度在欧洲最令人畏惧的君主国——西班牙统治者的枷锁。这个共和国的贸易延伸到世界最遥远的角落，它的统治者的地位仅次于诸国王的地位。在战争时期，这个共和国能够负担上万士兵的军队，还不算其强大和装备优良的舰队。

另一方面，现在让我们看看俄国。在这里可以看到一个无边无际的国度，一个类似刚刚脱胎于混沌之宇宙的世界。这个国度一边紧邻大鞑靼和印度，另一边则临近黑海和匈牙利，在欧洲一边的边境延至波兰、立陶宛以及库尔兰，在北方则紧邻瑞典。俄国在宽度和长度上分别有足足三百德里。那里盛

---

① 弗里德里希二世对荷兰与俄罗斯的对比可以看到当时对两个国家的认知。自从早期启蒙运动以来，荷兰（当时已经是对尼德兰联合共和国的通行称谓）被视作从他国奴役下得解放的国家的典型代表。此外，启蒙者欣赏这个国家，还因为它在南特敕令（1685）取消后为法国新教徒（比如培尔）以及整个18世纪在法国受到迫害的启蒙者提供庇护。伏尔泰于1730年代和40年代也常常逃往荷兰躲避因出版而招致的灾难，弗里德里希二世也总会得到消息。在学术史上，将批判思想与试验方法的一贯运用相结合的荷兰自然研究者，早在17世纪末就已经为新知识概念的推行做了准备。自由的审查政策，以及在全欧洲相互通气的出版人和书商，将荷兰变成了启蒙运动的中心。伏尔泰所编的《驳马基雅维利》在荷兰出版，并非偶然。对比而言，当时对俄罗斯的认知则与彼得大帝在欧洲公众眼里的魅力相关，这是他登上欧洲政治舞台，使俄罗斯成为一个大国之后的事。当弗里德里希二世撰写《驳马基雅维利》的时代，人们对俄罗斯的兴趣混杂着好奇和畏惧。参 Walther Mediger, Friedrich der Große und Rußland, in: *Friedrich der Große in seiner Zeit*, hg. v. O. Hauser, Köln, Wien, 1987, 109-136。

产谷物，莫斯科附近和小鞑靼一带更是出产所有生活必需的粮食作物。虽然具有如此多的优越条件，俄国的人口却至多只有一千五百万。这个曾经野蛮的民族如今开始在欧洲具有影响，但其水上和陆上军队几乎还不如荷兰，财富和资源也远远逊色于荷兰。①

可见，一个国家的强大并不在于边界的拓展，不在于占有辽阔的戈壁或者无边的荒漠，而在于居民的财富和人口的数量。因此，君主的利益在于使人口在国土上繁衍并使之繁荣，而不是蹂躏和摧毁他们。如果说人们为马基雅维利的邪恶而感到惊骇，那么，他的思想则会让人感到惋惜。他最好是学会理性思考，而不是教授他可怕的治国术。

作者的第三个原则是：

---

① 1737至1738年前后，弗里德里希二世集中研究了俄罗斯和彼得大帝。伏尔泰正面的沙皇形象（*Histoire de Charles XII*，卷1）强烈影响了他对俄罗斯进入欧洲政治的认知。伏尔泰计划写作彼得大帝传记时，曾请求弗里德里希二世帮忙找一些俄罗斯的材料（1737年6月1日）。弗里德里希二世委托友人、萨克森选侯兼波兰驻圣彼得堡大使苏姆（1737年7月27日信）弄到有关十二个精确表达的问题的信息，之后再将这些信息转达给伏尔泰。弗里德里希二世在1737年11月13日和19日的信中谈到他阅读了有关俄罗斯状况的报告，这些状况促使他修正了有关彼得大帝的看法，"我寄给您的沙皇生平迫使我收回对这位君主的过高看法。从这部史书所看到的他完全不同于您想象中的他。其实，伟人在现实世界中是极少的"（1737年11月13日）。那些信息是佛克罗特（J. G. Vockerodt）于1737年为弗里德里希二世所撰（*Considérations sur l'état de la Russie sous Pierre Ier*），该文直至1872年才得以发表，见 *Russland unter Peter dem Großen. Nach den handschriftlichen Berichten Johann Vockerodt's und Otto Pleyer's. Zeitgenössische Berichte zur Geschichte Russlands*, hg. v. E. Herrmann, Leipzig 1872, 1-118.

　　征服者亲自前往，驻节在那里。

　　比起其他原则，这一条较为克制。不过，笔者在第三章已经表明其中会面临哪些困难。

　　在笔者看来，一位占领了某个共和国并且有正当理由对它开战的君主，应该满足于惩罚了它，并随即归还其自由。当然，几乎没有人会这么想。持不同意见的君主可以通过如下方式来确保他的占有，即在新征服的至关重要的地方安置强大的驻军，此外，让人民享受其全部自由。

　　我们何其愚蠢！我们意图征服一切，就好像我们有时间占有一切似的，就好像我们这一生会无穷无尽地延续似的。我们的时间飞速流逝，我们常常以为劳作是为了自己，然而最后只是便宜了不体面的或者忘恩负义的继承者。

六 论依靠自己的军队和德能
获得的新君主国

　　假如人们没有激情的话，那么，马基雅维利若要赋予人们一些激情就可以被原谅——就如同普罗米修斯再世并盗得天火，以便为麻木不仁的自动装置赋予生命，^①那些自动装置对于促进人类福祉无能为力。但事实上情形恰恰相反，因为无人没有激情。激情只要不逾越其界限，都可以促进社会幸福，而一旦恣意妄为，就会产生祸害，甚至常常极具破坏性。

　　向我们的灵魂施暴的所有激情中，最为致命、对于人类思想而言最为陌生、对于世界的安宁而言最成问题的，莫过于不受束缚的野心和对虚假光荣的无度欲望。

　　倘若某个平头百姓不幸天生具有这些倾向，那么，他与其说是个笨伯，毋宁说是个可怜的魔鬼。他感知不到当下，而只生活在未来。他的想象力不断为他提供模糊不清的未来想象。由于他致命的激情汪洋恣肆，世上便没有什么可以令他满足，他的野心

---

　　① 1730年代末以来，自动装置成为一种文化史上的轰动事件。法国机械师沃康松（J. Vaucanson，1709—1782）旨在发明人造人，他于1738年向公众介绍了他的自动装置。伏尔泰曾向弗里德里希二世推荐此人。弗里德里希二世登基之后试图邀请沃康松在宫廷演示其自动装置并吸收其为柏林科学院成员，但是未能成功。参André Doyon, Lucien Liaigre, *Jacques Vaucanson. Micanicien de génie*, Paris 1967。

总是用发涩的苦艾调剂着他所有的欢乐。

野心勃勃的君主，其不幸至少不亚于平头百姓。而由于他的身份，他的幻想只会更加不定、更加不可救药、更加不知餍足。如果说平头百姓的激情执着于光荣和荣耀，那么，行省和王国则滋养着君主的野心。由于获得官职和职位远比征服王国更为容易，比起君主的激情，老百姓的激情就更易得到满足。

人们在世上会遇到太多那类不安分、不安宁的灵魂！他们自我膨胀的狂妄愿望意图颠覆整个地球，他们对虚假和空洞荣光的贪爱扎根太深。这些都是应该小心去扑灭的火烛，出于对火灾的担心，绝不应该去煽动它们。对于这些人而言，马基雅维利的原则更危险，因为它们在讨好那些激情，使人将其付诸思想。而如果没有马基雅维利的帮助，他们也许不会从自身产生这些念头。

马基雅维利让他们认识了摩西、居鲁士、罗穆卢斯、忒修斯以及希耶罗等榜样。[①]我们还可以很轻松地为这个名单添上诸如穆罕默德、佩恩等教派建立者的名字。[②]但愿身在巴拉圭的耶

---

① 　马基雅维利在第六章罗列了圣经、神话、历史上的立国者和立法者：摩西这个圣经和历史人物，于公元前1225年领导以色列人逃离埃及人的奴役，并为他们立法。老居鲁士（公元前559—前529年）建立了古波斯帝国。罗穆卢斯和忒修斯被认为是罗马和雅典神话里的立国者。希耶罗二世是公元前296年至前215年叙拉古的国王。

② 　穆罕默德（570—632）建立了伊斯兰教，他的启示被写入古兰经。佩恩（W. Penn，1644—1718）改信了贵格会，该会是福克斯（G. Fox，1624—1691）在英国建立的宗教组织。佩恩于1682年建立了殖民地宾夕法尼亚以及费城，后者为受迫害的贵格会成员及其他教派提供庇护所。在第14封《哲学书简》中，伏尔泰把佩恩描绘成一位明智的立法者，他将宗教宽容作为律法的根基。然而，这两位"教派建立者"无论在伏尔泰还是在弗里德里希这里，得到的评价都不同于马基雅维利所给的评价。

稣会士会允许笔者在这里为他们提供一小块地方[①]——倘若这会使他们与诸英雄处于同一阵列；对于他们而言，只有这样才会无上光荣。

作者在处理这些榜样时候的不正派值得有所说明，因为揭露这位卑鄙引诱者的所有诡计和阴谋是件好事。

正直的人不应该只从一个视角去呈现事物。他必须展示事物的所有面相，从而使读者眼中的真理不被任何东西遮蔽，即便这一真理反对作者本人的诸多原则。与之相反，马基雅维利却只从好的方面来展示野心，就如同一张施粉的脸庞，只在夜晚的烛光下示人，而在阳光下则谨慎地掩藏起来。他只提及那些有机运襄助的野心勃勃者，而对于那些激情的牺牲品则三缄其口，就如修道院里习以为常的做法那样：接纳那些小女孩的时候，会事先让她们尝到天国的甜蜜，但对于她们将要面临的世间苦楚却讳莫如深。这就是说，马基雅维利意欲欺瞒社会、欺骗读者。无可否认，马基雅维利在这一章扮演的是兜售犯罪勾当的可怜货郎的角色。

马基雅维利谈及领袖、君主、犹太立法者，谈及古希腊人的解放者、米底亚的占领者、罗马的立国者，这些人的抱负都大获成功，但他为何不同时加上一些不幸的领头者的例子，让人们看到野心虽然使一些人出人头地，却也令大多数人万劫不复呢？这样，人们就可以将摩西的幸运同最早蹂躏过罗马帝国的哥特人的不幸相对比，可以将罗穆卢斯的成功与那不勒斯的屠夫马萨涅

---

① 自1609年起，巴拉圭有了"耶稣会士国"，它由罗耀拉（I. von Loyola）于1534年在巴黎建立的"耶稣会"的成员创立。这个"耶稣会士国"虽然既没有封闭的领土，也没有主权，但是有着广泛的自治权（曾经甚至还有自己的民兵组织），通过贸易取得了经济上的富足。

罗——他的勇敢使他登上王位，[①]然而不久他便成为自己罪行的
牺牲品——的失败相对比，可以将希耶罗大获成功的野心与华伦
斯坦折翼的雄心做一对比。在提及僭杀国王的克伦威尔的血淋淋
的王冠时，人们可以顺带提及傲慢的吉斯公爵——后来在布洛瓦
被杀——王冠如何被剥夺。[②]如此，就开具了能够预防毒药的致
命效力的解药，正如阿喀琉斯的长矛，既伤人性命，又可以救人
性命。[③]

　　此外，笔者还有个印象：马基雅维利相当不假思索地将摩西
与罗穆卢斯、居鲁士以及忒修斯相提并论。姑且不论摩西是否受

　　[①]　马萨涅罗（Masaniello，原名Tommaso Aniello，1623—1647），来
自阿马尔菲的渔夫，1647年领导了反对西班牙总督的赋税压迫的人民起义。
1647年7月1日，马萨涅罗在那不勒斯实行绝对统治，7月16日便遭杀害。

　　[②]　华伦斯坦（A. W. E. von Wallenstein，1583—1634），弗里德兰大公，
"三十年战争"期间最为强势的将军，凭借自己的军队，站在皇帝斐迪南二
世一方，所向披靡，后来失宠，被忠于皇帝的将领所杀。

　　克伦威尔（O. Cromwell，1599—1658），英国革命期间最卓越的政治家，
国王与议会内战时（1641—1647）议会军的领袖，英国小地主贵族出身，选
入所谓的长期议会后一跃成为查理一世的绝对君主制统治最为强有力的对
手。绞死国王（1649）并建立共和国之后，他接管统治权，于1653年成为
"英格兰、苏格兰、爱尔兰的护国主"，具有绝对权力。

　　洛林的亨利一世，吉斯公爵（1550—1588），于1576年建立神圣联盟，
即旨在捍卫天主教信仰，反对受教宗格利高里十三世强烈支持的胡格诺教徒
的反教改运动。在宗教战争中，他作为天主教徒的军队领袖，反对国王亨
利三世（自1574年称王，瓦卢瓦家族最后一位代表），后在布洛瓦遭敌人杀
害。纳瓦拉的亨利继承了法国国王之位，而试图借用军事手段达成目的的神
圣同盟未能成功阻止亨利四世（1589）登基。

　　[③]　这个对比指的是古希腊神话的插曲，其中，忒勒福斯在前往特洛伊
战争途中受阿喀琉斯之矛所伤。要治好伤口，阿喀琉斯必须再次将矛刺入伤
口，参Ovid, *Metamorphosen,* 13, 171-172。

到神示。倘若他没有受到神示，那么，人们只能将他看作大坏蛋、滑头、骗子——他利用了上帝，就如同一位机械降神的诗人，①诗人在不知道出路时不得不让这位神祇现身来解开死结。此外，摩西太过笨拙，他让犹太人在一条本可以舒舒服服用六个星期走完的道路上，曲折地走了四十年。他几乎未能利用埃及人的洞见，就此而言，他远远逊色于罗穆卢斯、忒修斯以及其他诸多英雄。而倘若摩西的确领受了神示，那么，人们同样只能将其视为全能上帝的盲目工具，如此，犹太人的领袖还是远不如罗马帝国缔造者、波斯国王、古希腊英雄，这些人凭借勇敢和一己之力完成了壮举，而不像摩西凭借的是上帝的直接援助。

总的来说并且毫无偏见地讲，笔者愿意承认，若要与上述人物相提并论，需要许许多多理智、勇气以及领导风格上的技巧。然而，笔者不知道是否可以称他们为有德性。无论在强盗还是英雄身上，人们都可以看到勇敢和干练，差别仅仅在于，占领者是大名鼎鼎的窃贼，他以行动的庄严令人印象深刻，并以权力赢得他人的景仰，而普通的小偷则是无名的混蛋，他越是耍坏，就越遭人蔑视。前者暴力行为的奖赏是桂冠，后者则是绞刑架。因此，我们对事物的评判从来不是根据其实际的价值，无尽的阴云遮蔽了我们的视线，我们赞赏这人的，正是我们谴责那人的。作恶者只需要大名鼎鼎，这就足可使他期待大多数人的掌声了。

每当人们想要在世上进行革新时，总会有成千上万的障碍挡

---

① 机械降神（deus ex machina）是古代戏剧史的一个概念，指的是诸神的介入——为了解决戏剧冲突，诗人借助机械让某个神从剧院顶层降落到舞台。这一实践连同对一切奇迹事物的描述，在启蒙运动的时代都名声不佳。弗里德里希二世是在引申意义上使用该概念，意指某种不可能或者不合逻辑的解决，这恰恰是一位作者思维局限性的表现。

在途中，故而，此话很正确：比起只是靠纯粹精神性的武器去斗争，作为军队首领的先知才会赢得许许多多青年①——请联想，曾几何时，当基督教只依靠其教义时，它就弱小并被欺压，一俟人们因为它而流血牺牲，它便在欧洲广为流传。另外，学说和革新有时也几乎可以毫不费力地找到出路，这话也同样正确。多少宗教、多少教派不费吹灰之力就得到了推广！没有什么可以比得上狂热主义那样轻易地使新事物显得可信，不过在笔者看来，关于这个对象，马基雅维利的评判似乎过于轻率。

关于叙拉古的希耶罗，笔者还要补充一些思考。马基雅维利为那些意欲凭借友人及其军队的帮助而崛起的人提供了这个例子。

希耶罗背弃了曾经帮助他大展宏图的友人和士兵，结成了新的友谊，征召了新的军队。不过，笔者要对马基雅维利以及所有忘恩负义的人说，希耶罗的政策是一种极其恶劣的政策，信任勇气已经经过检验的部队和已经打过交道的朋友，远比信任永远无法让人感到安稳的陌生人来得审慎。请读者诸君沿着这个思路继续思考。所有厌恶忘恩负义并且懂得友谊的幸福的人，都可以轻松地思考其余的部分。

此外，请读者注意马基雅维利的表述是怎样的模棱两可。当

————————

①　In barbara 或 in ferio 是经院哲学逻辑学中的三段论典型，即逻辑推论的特定形式，该推论通过用一种判断替代另外一种判断，来为一种判断提供论证。存在 in barbara 和 in ferio 的论式，二者具有成语的意义。弗里德里希二世使用这种三段论，来揭露经院哲学囿于逻辑体系的论证是荒谬的诡辩。早在 1736 年 9 月 1 日他与伏尔泰的通信中，就已出现 In ferio 或 in barbara。[译按]两种论式分别代表有效论式中的第一格 AAA 与 EIO，无特别意义。

他说"倘若没有机运，德性便一无是处"时，千万不要被他欺骗。这句话在这个无赖这里意味着：倘若没有便宜的环境，滑头、冒险家就无法展露其天赋。这就是犯罪勾当的暗语，只有它才能够使我们看透这个卑劣作者的阴暗。

在结束本章前，总而言之，笔者的印象是，一个普通人不去作奸犯科而能够追求幸福的唯一机会是，生在一个由选举产生国王的王国，或者他被受压迫的人民推选成为解救者。至高的光荣在于，拯救了人民之后，赋予其自由。不过，我们不要按照高乃依的英雄来描画人，就让我们满足于拉辛笔下的英雄吧，因为，即便这样也已经足够了。①

---

① 高乃依（P. Corneille，1606—1684），弗里德里希二世在写给伏尔泰的第一封信（1736年8月8日）中就已经大赞其人；拉辛（J.-P. Racine，1639—1699），弗里德里希二世也一再阅读并命人演出其代表作品。二者都是法国古典悲剧毫无争议的权威。两人笔下的主人公的差别在于，高乃依的主人公带有一种道德的绝对诉求，它使主人公陷入与社会的冲突，或者面对道德与政治、个人纯洁与家庭名声之间的对立（Le Cid, 1637）。拉辛则将主人公的心理和盘托出（Phèdre, 1677），放弃了外在的纯洁，让笔下既有错误又有优点的悲剧性主人公处于理性与激情的内在冲突中。

七 论依靠他人的军队和机运
获取的新君主国

要掩盖自己的真实品性，对于一位作者而言着实困难。他讲得太多，谈了一切可能的主题，以至于不断有某个不审慎的语句脱口而出，不经意间给了我们有关其品德的启发点。

倘若对比费讷隆[①]笔下的君主和马基雅维利的《君主论》，我们会从前者那里看到正派之人的品性，善良、正义、公平，总之，一切德性都被推向了至高境界。他们似乎属于那类纯粹的人物，人们会说，他们的智慧是尘世的统治所倚赖的。而在马基雅维利笔下的君主那里，人们看到的是邪恶、欺骗、不忠、背叛以及种种罪行，简言之，是一只连地狱也得费些力气才能生产的魔鬼。当我

---

① 费讷隆的《忒勒马科斯历险记》是当时人文教化传统中王子教育的典范。弗里德里希二世对该书的阅读在《驳马基雅维利》一书中留下了明显的痕迹。该书被用作传授君主思想和高超的统治技艺，同时也提供了博学的古代介绍，以优雅姿态表达了进步观念，尤其是在法律上限制君主权力方面；作者认为君主应该带来和平并追求人民的福祉。

《忒勒马科斯历险记》勾画了统治者的理想，这位君主热爱和平，节俭，不近谗言，受臣民爱戴。就此而言，该作品处于君主镜鉴文学的传统，自古以来，这种文学通过讲述某位理想统治者的生平，来劝诫君主在行为上要有德性、要为善并且有怜悯之心。费讷隆在发表《忒勒马科斯历险记》之后失宠，因为书中对坏的即绝对君主制的统治者形象的批评使路易十四感觉受到了攻击。同时，柏林宫廷的索菲·夏洛特（Sophie Charlotte，1668—1705）将该书列入其子弗里德里希·威廉一世（1688—1740）的必读书目，后者也将其放入其子的书目中。参Johannes *Kunisch, Friedrich der Große*, 19f.。

们阅读费讷隆的《忒勒马科斯历险记》时，就好像我们的本性同时也在趋近天使，而在我们阅读马基雅维利的《君主论》时，我们的本性则似乎距离地狱的恶灵不远。博尔贾，或者瓦伦蒂诺公爵，[①]

① 博尔贾（1475—1507），教宗亚历山大六世之子，1492年被任命为大主教，1493年被任命为瓦伦西亚红衣主教，亚历山大六世于1498年放弃神职生涯之后，在政治和军事上给予了博尔贾支持。1498年，法国国王路易十二授予博尔贾瓦伦西亚公国封地。因此，他的名字中加入了"瓦伦蒂诺"。1499年，博尔贾与路易十二的侄女夏洛特（Charlotte d'Albret von Navarra）成婚，继而在法国支持下占领了位于意大利的大片区域，比如几乎整个罗马涅，博尔贾在此宣布自己成为罗马涅大公，并得到"乌尔比诺大公"之称号。

这个既有教养又残暴的博尔贾的目标，是在意大利建立王国并成为国王。他的座右铭是"要么成为凯撒，要么籍籍无名"。随着其父的去世（1503），博尔贾的颓势也开始了。亚历山大六世的继任者教宗朱利奥二世拘捕了博尔贾，迫使他将位于罗马涅的立足点交付教宗国，并将他作为囚犯发配到西班牙。博尔贾在这里逃脱，逃往其小舅子纳瓦拉国王处，于1507年3月12日在维亚纳围困中被杀。

马基雅维利在第七章将博尔贾描述为有权力意识的君主典范，借助机运和他人的军事援助而获得权力和统治。《君主论》中博尔贾的特点一方面是精明、实干、算计，另一方面则是无所顾忌、背叛、残暴。他借助武力掠夺封建主的领地，后来又失去这一切，因"机运"离他而去，且他在选择对手朱利奥二世成为教宗这件事上"疏忽大意"——在马基雅维利看来，这导致了他的灭亡。马基雅维利的总结语如下："因此，如果让我总结一下公爵的所有行动，我会认为他没有可以非难之处；相反，我觉得应该像我这样把公爵提出来，让所有那些依靠机运和他人的军队而获得统治权的人来效仿。"（*Il Principe. Der Fürst. übers.* u. hg. v. Philipp Rippel, 61 f.；中译本见页79）作为君主榜样的博尔贾一定会引起弗里德里希二世思想上的矛盾，尤其当他将其与费讷隆的《忒勒马科斯历险记》做对比时，后者为他提供了与《君主论》相对的正面形象。对博尔贾生平的研究他可以利用的是 Alexander Gordon, *La vie du pape Alexandre VI et de son fils César Borgia, contenant les guerres de Charles VIII et Louis XII* (trad, de l'anglois, Londres 1729, Amsterdam 1732)，该书见于弗里德里希二世藏书。关于博尔贾的生平可参 Susanne Schüller-Piroli, *Die Borgia Dynastie. Legende und Geschichte*, München 1982。

是作者描述君主时的参照模板，他毫无廉耻地苛求那些借助于友人或武器在世上有所作为的人去成为这样的模板。因此，我们必须无条件地进一步观察这位博尔贾，这样才可以对这位英雄及其拥趸有所了解。

没有博尔贾没有做过的犯罪勾当，没有他展示不出榜样的卑鄙，没有他逃得了干系的罪恶行径。他让人杀掉与他竞争尘世荣誉及妹妹爱意的兄长，为了报复一些曾经对其母亲不敬的瑞士人，他屠杀了教宗的瑞士近卫军。他还掠夺了不计其数的主教和富人，以满足自己的贪欲。他推翻了罗马涅的合法统治者乌尔比诺公爵，并命人杀死了自己任命的总督，即残忍的多尔戈。[①] 在塞尼加利亚，他则卑鄙地背叛了多个君主，根据他自己的说法，他们的性命阻碍了他的利益。[②] 他还溺死过一位被他强暴的威尼斯女子。有几样暴行不是在他的命令下发生的呢？谁又能数清他的桩桩罪行？而这就是马基雅维利在他那个时代的所有伟大人物和所

---

①　博尔贾的兄长乔万尼（Giovanni Borgia，生于1474年前后）于1497年被杀。他的妹妹卢克莱西亚（Lucrezia Borgia，1480—1519）在第三次婚姻中成为费拉拉大公夫人。他的母亲是罗马人瓦诺莎（Vannozza de 'Cattanei，1442—1518）。乌尔比诺大公即 Guidobaldo da Montefeltro（1472—1508），《廷臣论》（Libro del cortegiano，1528）一书的作者卡斯蒂廖内（Baldassare Castiglione，1478—1529）就供职于大公的宫廷。该书对于"正派人"（honnête homme）的人格理想具有根本意义，弗里德里希二世也（经由法国的道德论为中介）以此为根据。多尔戈（D'Orco，本名Remigius de Lorca），1498年与博尔贾一道从法国来到意大利，被博尔贾派去血腥镇压罗马涅的动乱，并于1502年12月26日在切塞纳被绞死。

②　博尔贾以和解为幌子诱骗对手维泰洛佐·维泰利（Vitellozzo Vitelli）、奥利韦罗托（Oliverotto da Fermo）、保罗·奥尔希尼（Paolo Orsini）以及格拉维纳·奥尔希尼（Gravina Orsini）大公进入圈套（1502年12月31日），并下令杀死他们。

有古代英雄中唯一推崇的那个人。他认为，此人的生平和事迹值得那些被机运所高举的人当作典范。

笔者斗胆代表人性一方来反对那些意图摧毁人性的人。笔者必须最为细致地与马基雅维利斗争，要使所有像他一样思考的人，都找不到任何可以粉饰邪恶的托辞。

博尔贾企图的得逞建立在意大利君主们的不和之上。他决定使他们分裂，以图从分崩离析中大发横财。这就导致了罄竹难书的累累罪行。对于博尔贾而言，一旦他的野心发作，就不存在什么所谓的不义，于是，君主一个接一个垮台。为了将邻国的财富据为己有，就必须削弱之，为了削弱之，就必须分裂之，这就是这个无赖的逻辑。

博尔贾想要获得援助。因此，亚历山大六世必须允许路易十二世离婚，从而使之对博尔贾施以援手。①僧侣们常常以这种方式欺骗世人，他们所想的仅仅是自己的利益，却让人看起来似乎他们最上心的是上天的利益。倘若路易十二的婚姻的确到了可以解除的地步，那么，教宗就不得不解除它，而不理会政治。倘若其婚姻状况并非如此，那么，这位教会领袖和基督代理人就不应以任何理由去解除它。

博尔贾必须给自己网罗奴才。因此，他用礼物和馈赠来贿赂乌尔比诺的党羽。然而，贿赂他人的人某种程度上与受贿者一

---

① 教宗亚历山大六世（1431—1503，自1492年成为教宗），曾为博尔贾占领罗马涅提供帮助。

路易十二（1462—1515），自1498年为法国国王。因教宗允许其离婚，他与路易十一之女珍妮（Jeanne de Valois）割断关系，迎娶布列塔尼大公夫人、法国国王遗孀安妮，并以此方式永久地将布列塔尼纳入法国领土。此后，作为回报，他为教宗提供了军事援助。

样，都在犯罪，因为他扮演的是引诱者的角色，而他人只是成了引诱的牺牲品。不过，让我们不要再搜寻博尔贾的罪行；我们略过他的贿赂行为，只是因为它至少与善举有少许类似，但二者的区别在于，贿赂人的只是对自己大方，而行善的只是对他人才慷慨。博尔贾想要的是，扫除乌尔比诺、维泰洛佐、奥利韦罗托等家族的一些君主以及其他许多人。对此，马基雅维利说，博尔贾将他们请到塞尼加利亚出卖并杀害他们的做法，实乃足够审慎。①

滥用人们的信任、掩饰自己的卑劣、利用卑鄙的阴谋、出卖他人、发假誓、杀人——对于这一切，这位行径无耻的博士美其名曰：审慎。不过，笔者还是不要与他谈宗教或者道德，而是只谈利益，这足以用来驳倒他。笔者要问：向人们展示如何搞欺骗、如何发假誓，是审慎吗？你若忽视正直和誓言，又怎能确保他人的忠诚？你若忽视誓言，又如何约束臣子和民众尊重你的统治？你若废除了正直，又如何能相信任何一个人，如何相信他人对你的承诺？一旦你率先出卖了他人，那么，有样学样儿的变节者将会一直出现。一旦你率先对他人不忠，那么，你将会受到多少不忠者的报复！倘若你教他人搞暗杀，那么，你就不得不担心某个学徒拿你来练手，于是，你的优势只剩下你是犯罪中最拿手的第一人，你的荣耀只剩下你是那些同你一样被教坏的魔鬼的指路人。于是，灾祸降临，令那些献身于此的人蒙羞，给他们带来损害和危险。犯罪勾当绝不是君主的特权，因此他的卑鄙也绝不会不遭报应。罪行如坍落了一部分的悬崖，它会砸碎挡在道路上

① 弗里德里希二世在这里似乎指的是奥尔希尼家族，而非乌尔比诺家族。

的一切，直到最终因为自己的重量而粉身碎骨。是怎样的卑鄙谬误、怎样的混乱理智才会令马基雅维利钟情这种反人类的可鄙且罪恶的学说？

博尔贾任命残暴的多尔戈为罗马涅的总督，令其镇压在此地上演的无序、偷盗以及谋杀行为。多么可怜的矛盾！博尔贾惩罚他人干的犯罪勾当，对自己所犯的却予以容忍，他必须为此脸红。这位篡权者中最暴力的、发假誓者中最虚伪的、谋杀者和投毒者中最残暴的，他对于那些因能力不足而只能从小的方面模仿新主子的品性的无赖和作奸犯科者，又怎么能够宣判他们死刑？

几年前因死亡而在欧洲引起不小震动的波兰国王，在其萨克森臣子面前的表现比博尔贾还要一致和高尚些。[①]萨克森法律会用斩首来惩罚一切通奸者。笔者在这里并不想深入探讨这一野蛮法律的根源问题，该法律似乎更适合于意大利的嫉妒心，而不适合于德意志的宽容心。有个不幸的人被判了死刑，他违背了道德，要受惩罚，但他是因为爱而触犯法律的——这并不少见。奥古斯特本应去签署死刑令，但是他本人颇易受爱与人性的感染，于是，他对犯罪者施以恩典，并废除了该法律。原因在于，他不得

---

① 波兰国王奥古斯特二世，萨克森选帝侯，死于1733年。他因有许多情妇而名声在外，以至于同时代人不仅仅因为他的体格而称他为强者。参 Carl Ludwig de Pöllnitz, *La Saxe galante*, Amsterdam 1734，德文本 *Das galante Sachsen*, Frankfurt a. M. 1734，以及 Pöllnitz 的 *Mémoiren*。弗里德里希二世对奥古斯特二世的强调使得这位萨克森选帝侯的历史意义显得模棱两可，他是在布兰登堡—萨克森竞争者这个符号下来认识其意义的。早在太子时期，弗里德里希二世就已经在一次德累斯顿之行（1728）期间见识过国王—萨克森选帝侯巴洛克式奢华的宫廷，并不得不认识到，与普鲁士宫廷的贫乏相比，萨克森在经济和文化上的优势是毫无争议的。参 J. Kunisch, *Friedrich der Große*, 22f.。

不经常签署这样的判决令，由此这个法律每每也在默默地谴责他本人。自此，风流在萨克森便享有了不受惩罚的特权。

这位国王的举动显出他是一位有同情心和为人性着想的君主。相反，博尔贾的行为则像一个卑劣的暴君。一位像子民的父亲一般对子民的弱点充满宽容，他懂得这些弱点与人性分不开。而另外那位则总是冷酷、总是残暴，迫害臣子中那些令他不得不害怕的人，因为他们的罪恶与他自己的太像。一位可以承受看到自己的弱点，而另外一个则不敢正视自己的罪行。残酷的多尔戈总是完美地遵从博尔贾的计划，而博尔贾却命人将其腰斩，以便利用惩罚自己野蛮和残暴的工具来得到人民的爱戴。

暴政的重负所带来的压力，从来没有比暴君想要装作无辜，并在法律保护下进行镇压的时候，来得更令人窒息。暴君绝不会赐予民众微不足道的慰藉，说他洞悉到了自己的不义。为了给自己的残暴找借口，必须有其他人背罪并为此受到惩罚。笔者感觉自己仿佛看到了一名杀手，他将自己疯狂的工具扔进火堆，自以为能够欺骗公众并且得到他们的豁免。作为君主犯罪工具的不体面的帮凶必须明白：他们即便得到了奖赏，一旦没有用处，迟早也会成为主子的牺牲品。这个美好的说教既是给所有轻率地相信如博尔贾这样无赖的人的，也是给那些无所顾忌、不关注德性、一心为主子服务的人的。惩罚总是早已潜藏在犯罪勾当之中。

博尔贾的为自己铺路的行动一直持续到教宗即他父亲的死。他要确保杀死所有被他掠夺了财富的人，以便新任教宗再也无法利用他们来与他作对。于是，罪行一桩接着一桩。为了负担他的铺张，需要大量财富；为了获得这些财富，他必须洗劫财富的所有者；为了安然地享受这些赃物，必须杀死他们。霍恩伯爵在格列夫（Grève）广场受绞刑时，[①]本应就此发些议论。对待恶行就如同对待一群狍子，一旦有一只闯过猎布，其余的也都会接踵而至。因此，要小心迈出的第一步！

为了给所有主教下毒，博尔贾邀请他们赴他父亲的宴会。但由于疏忽，教宗和博尔贾本人误饮了毒酒。亚历山大六世被毒死，博尔贾则逃过一劫。这实在是投毒者和暗杀者应有的回报。

这就是审慎、智慧、娴熟，这就是马基雅维利再怎么赞颂都不够的德性的样子。闻名于世的莫城主教，受人敬仰的尼姆主教，以及图拉真皇帝雄辩的赞颂者，[②]比起马基雅维利对博尔贾的颂词，他们关于自己笔下的英雄也讲不出什么更好听的话了。倘若马基雅维利所撰的颂词只是一首颂歌或者一种修辞格，那么，人们会为他绵密的技艺称奇而只反对他所选择的主题。然而这是

---

① 霍恩伯爵（A. -J. Graf von Horn），荷兰大贵族之家的次子，与许多统治者家族相熟，尤其是法国摄政王。在巴黎的财政丑闻中，他杀死了一位股票商，后在格列夫广场受绞刑。拉格朗日（La Grange）把这个媒体事件用作反对摄政王腓力的《反腓力辞》（*Odes philippiques*）的主题。尽管法国大贵族曾试图干预绞死伯爵一事，但腓力意图杀一儆百。参 Joseph de la Grange-Chancel, *Les Philippiques. Odes. Avec des notes historiques, critiques et littiraires*. Paris, l' An VI de la Liberté［1795］, 53, 123。弗里德里希二世藏书中有拉格朗日多部作品，其中有 *Odes philippiques* 以及一部作品集（Den Haag 1724）。

自中世纪至1830年，格列夫广场（位于今天巴黎市政厅前方的 Place de l' Hôtel de Ville）上坐落着对叛国者和杀人犯行绞刑的断头台。

② 莫城主教波舒哀（J. B. Bossuet，1627—1704）和尼姆主教弗莱谢（V.-E. Fléchier，1632—1710），皆为路易十四宫廷的布道者，以善于写作法国古典风格的亡灵祷词而闻名。

小普林尼（约61/62—113），罗马演说家、作家，撰有如《图拉真皇帝颂》这样的作品，这些颂词是普林尼诸多著名演讲辞中唯一流传的一部。弗里德里希二世图书馆藏有法译本：*Panégyrique de Trajan*, Paris 1722。

一本关于治国术的论著，它要流传到极遥远的后世。它是十分严肃的作品，而马基雅维利却在其中无耻地称颂了地狱在大地上喷射出的最卑鄙的恶魔。也就是说，他麻木不仁地将自己袒露在人类的仇恨和所有正派人物的憎恶之中。

根据马基雅维利的说法，倘若博尔贾没有赞同选择圣伯多禄锁链堂的主教作教宗，[①]那他就完美了。他说：

> 任何人如果相信给予新的恩惠会使［伟］大人物忘却旧日的损害，他就是自欺欺人。

笔者关于伟大人物的概念，与马基雅维利的绝不一致。倘若要以报复心、忘恩负义、虚伪赢得"伟大"之名，那么，所有具备理性思考的人都会选择放弃这个称谓。

博尔贾对于扩大权力和野心的努力和心思并没有什么好结果，教宗死后，他丢掉了罗马涅和所有财富。之后，他投靠西班牙纳瓦拉国王，[②]而在这里，他死于被人出卖，一如他一生都在出卖别人一样。

一系列雄心勃勃的计划、一切精打细算、一切不可告人的企图就这样灰飞烟灭。数不清的斗争、谋杀、暴行、假誓、叛变，都变成了徒劳。博尔贾总是可以幸运躲过所有的个人危险、不利的处境和困境，但这再也无助于改变他的命运，相反只会让他的

---

① 德拉罗韦雷（Giuliano della Rovere）由舅舅西克斯图斯四世（Sixtus IV）任命为圣伯多禄锁链堂（San Piero ad Vincula）红衣主教，于1503年经与博尔贾交好的红衣主教的同意被选为教宗，即儒略二世，而此人后来被证明是博尔贾最为强大的对手之一。

② 纳瓦拉国王（Johann von Navarra，1484—1516），博尔贾的小舅子。

倒台显得更加残酷和引人注目。这就是野心。它是心魔，它所许诺的财富是人自己并不占有也无力给予的。野心家就像坦塔卢斯第二，①站在滚滚而过的河流中，却不能且永远不能消除自己的口渴。

这难道就是野心家所追求的光荣？绝不是，因为这是虚假的荣光。可我们却趋之若鹜。即便真正的荣光，也不过是一团浮云。我们时代的伟大人物，必将消失于无数做出过伟大和英勇举动的人群中，就如小河中的水，还在河床流淌时可以为人所见，而一旦汇入无边无际的大洋，便从人们的视野中消失。

那么，这难道就是野心家所寻求的幸福？比起光荣，他们所找到的幸福还要更少。他们的道路布满荆棘和蒺藜，他们只会遇到忧愁、苦闷以及望不到头的辛劳。真正的幸福大抵天生就不是属人命运的一部分，就如赫克托耳的躯体不属于阿喀琉斯的战车那样。②人只能在自身中找到幸福，而只有智慧才会使他发现这个财宝。

---

① 坦塔卢斯，宙斯之子，向人类泄露秘密，曾杀死儿子珀罗普斯宴请诸神，并因其罪孽被打入哈得斯受永罚。他在那里身处齐膝深的水，每当他弯腰解渴，水便会变干。参 Ovid, *Metamorphosen*, 4,458f.。

② 阿喀琉斯为荷马《伊利亚特》中的主角之一，为了给死去的帕特罗克洛斯报仇，他杀死了最重要的特洛伊勇士赫克托耳，并且拒绝归还尸体，将其固定在战车上来回拖着。最后他母亲海洋女神忒提斯建议他归还尸体，使之得以埋葬。

八 论以罪恶获得君主国的人们

拉格朗日的《反腓力辞》在欧洲被视为有史以来最不留情面的檄文，^①这不无道理。不过，笔者所要给予马基雅维利的谴责，比起拉格朗日曾经所说的一切要更为激烈，因为他的作品本质上是对法国摄政王的毁谤，^②而笔者要反驳马基雅维利的却是事实。笔者要用他自己的话来反驳他。除了批评他为那些通过犯罪而取得统治的人列出政治规则之外，笔者难道还要讲什么关于他的耸人听闻的话吗？本章标题已示明这一点。

倘若马基雅维利是在讨论课上对一群无赖讲授有关犯罪的事，或在变节者的大学里教授不忠的教条，那么，探讨这类对象并不足为奇。然而，他是对所有人讲话，因为出版了作品的作者是在向全部世人广而告之。此外，他甚至尤其是针对那些本应特别有德性的人说话，因为他们是统治他人的天选之人。而他偏偏要向他们教诲有关背叛、不忠、暗杀以及其他所有犯罪勾当的学说，还有什么比这更下作、更无耻的呢？为了人类的至善着想，

---

① 戏剧家拉格朗日（J. de La Grange-Chancel，1677—1758）的《反腓力辞》（*Odes philippiques*，1720）是针对摄政王腓力二世的政治赋辞。该书发表之后，拉格朗日被拘。他后来得以逃脱，但是直至1729年才得以返回法国。此人是18世纪最重要的卢克莱修注释者之一。

② 腓力二世奥尔良大公（1674—1723）在路易十四死后（1715）成为幼主路易十五的摄政王。这一时期因此得名摄政时期。

更值得期待的是，永远不要出现马基雅维利津津有味加以引用的阿伽托克勒斯、奥利韦罗托等人那样的行径，^①或者，至少要将他们永远从人们的记忆中清除，无人纪念。

没有什么比坏榜样带来的影响更具诱惑性的了。像阿伽托克勒斯或者奥利韦罗托等人的生平介绍，很容易在那些天生就倾向于作恶的人身上培育出这种危险的苗头，这苗头本来并不被此类人所自知，只是暗藏在他身上。有几个青年人在阅读小说的时候不曾晕头转向，以至于像甘达林和默铎那样观察和思考？^②在思想界存在某种具有传染性的东西——倘若可以这么表达的话——它从一个头脑传染到另一个头脑。查理十二世，这位异乎常人之人，称得上是古代骑士世界的冒险国王，这位居无定所的英雄——在他身上一切德性都夸张得毫无节度，因此也转变成了恶习——自儿时起就随身携带着亚历山大大帝的传记。许多对这位北方的亚历山大有较深认识的人，都敢保证，实际上是［亚历山大传记的作者］库尔提乌斯（Quintus Curtius）荡平了波兰，斯坦尼斯瓦夫一世也是以书中的波鲁斯为榜样而成为国王的，此外，是［书中的］阿尔贝拉战役导致了波尔塔瓦会战的

---

①　阿伽托克勒斯（Agathokles），叙拉古僭主，统治时期为公元前361年至前289年。他出身普通，取得了对迦太基人的胜利，因残酷而声名狼藉，在孙子阿喀伽托斯（Archagathos）的参与下被毒身亡。伏尔泰于1777年写过一部有关僭主阿伽托克勒斯的悲剧（*Agathocle*）。

奥利韦罗托（Oliverotto da Fermo，1475—1503）在塞尼加利亚被杀。

②　甘达林（Gandalin）是骑士小说中的人物（*Amadis de Gaula*）。

默铎（Medor）是阿里奥斯托（Ariost）小说（*Orlando furioso*，1505—1516）中的迷人公主安格莉卡所喜欢的摩尔士兵。在弗里德里希二世的所有图书馆中都有一本阿里奥斯托骑士小说的戏仿作品 *Roland furieux, poème héroïque*, à La Haye 1741, Paris 1758, 1780。

败北。[①]

在讨论过如此伟大的榜样之后，笔者也许还可以谈一些小事。笔者认为，哲学地看，在人类精神史上，抛开阶层和生活方式的差别不谈，国王也只是人而已，所有人都是平等的。这里只涉及普遍的印象和改变，它们是由于人类精神的某些外部原因产生的。

整个英格兰都知道前些年伦敦所发生的事情，那里上演了一部名为《卡图什》（*Cartouche*）的蹩脚谐剧。[②]这部剧主要表现那位鼎鼎大名的盗贼的一些偷盗行为和狡诈勾当。戏剧上演之后，

---

① 在《查理十二世》（*Histoire de Charles XII*）第一卷中，伏尔泰将这位年轻的瑞典国王描绘成出自史家库尔提乌斯（Quintus Curtius Rufus）笔下的亚历山大传记（*Historia Alexandri Magni Regis Macedonum*）的阅读者。他认为，查理十二世在孩提时代就将自己等同于亚历山大——年轻、善战，在极短时期内打下了空前辽阔的疆域。依据这个观点，弗里德里希二世比较了波尔塔瓦战役（1709）与亚历山大的阿尔贝拉战役（公元前331年），以及斯坦尼斯瓦夫被选为波兰国王（1704）与亚历山大生平的插曲——当时，亚历山大把退隐的阿布杜洛尼穆斯（Abdalonymos）扶上了西顿国王之位。参 Quintus Curtius Rufus, *Geschichte Alexanders des Großen*, 4. Buch, 1. Kap。

相反，被亚历山大击败的印度国王波鲁斯则不是被任命为国王，而是获得亚历山大允许，继续当国王的，参 Quintus Curtius Rufus, *Geschichte Alexanders des Großen*, 8. Buch, 13., 14. Kap。弗里德里希二世藏有三种亚历山大传记的法译本，*De la vie et des actions d'Alexandre le Grand*, Paris, 1653, 1680, 1727。

② 《卡图什》（*Cartouche ou les voleurs*, 1721）是法国戏剧家勒格朗（Marc-Antoine Legrand，1673—1728）的一部流行喜剧，讲述某盗窃团伙的头目布吉尼翁（Louis-Dominique Bourguignon，1693—1721，人称"卡图什"）的故事，此人于1721年在巴黎被绞死，后作为历史性的罪犯形象进入文学。有关卡图什难以胜数的剧作和宣传册，足可见出此人对当时公众的吸引力。参 Hans-Jürgen Lüsebrink, *Kriminalität und Literatur im Frankreich des 18. Jahrhunderts*, München, Wien 1983, 15-35。

许多人发现，他们的戒指、烟斗或者钟表都不翼而飞。卡图什很快就有了学徒，这些人旋即在剧院正厅里践行了他的教诲。此事促使警察禁止了这部谐剧过于危险的演出。在笔者看来，这已足以证明引用坏的例子是多么有害，人们在展现坏例子的时候，再怎么周全和审慎都不为过。

马基雅维利关于阿伽托克勒斯和奥利韦罗托的第一个思考追问的是，为何二人尽管残暴，却仍然能够在各自的国家维持统治。作者将其归因于他们在正确的时机使用了暴力。因此，谨慎地实施野蛮行动、持续地推行暴政，在这位可憎的治国术教师这里，意味着一脑儿、出奇不意地完成所有自以为有利于自身利益的暴行和犯罪勾当。

那就请杀死你认为可疑的人，你不信任的人，以及公开与你对立的人吧，不要拖延你对他们的报复！马基雅维利赞许如下行径，如西西里晚祷或者圣巴托洛缪之夜残暴的大屠杀，[①]这里的残暴行为令人类不得不汗颜。但对于堕落的魔鬼而言，这些罪行的残暴却微不足道——倘若它们发生的方式不足以在民众那里留下深刻印象，并且一瞬间就让他们毛骨悚然的话。作者赞许那些行径的理由是，比起君主暴行留下的印象，这些事件的画面更容易在民众意识里消散，而前者的暴行则会叫残忍、野蛮的名声令人

---

① 西西里晚祷，欧洲历史上标志性的大事件之一，指的是帕勒莫市民起义反对那不勒斯—西西里的查理一世的法国异族统治，该起义于1282年复活节星期一的晚祷时分爆发，蔓延至整个西西里，并演变为一场欧洲冲突，最后，西西里归属阿拉贡。

圣巴托洛缪之夜（1572年8月24日），在王后卡塔利娜（Katharina von Medici）的授意下，前往巴黎参加纳瓦拉的亨利（即后来的亨利四世）与法国国王查理九世之妹玛格丽特婚礼的胡格诺派贵族，惨遭追缉和杀害。

们一生记忆犹新。一天屠杀千人或者在更长的时间里绞死他们，似乎并不同样丑恶、同样应该受到谴责！前者坚决、迅速做出的野蛮行径，会播撒更多的惧怕和恐怖。而后者更缓慢和算计性的卑鄙行为，会引起更多的憎恶和恐慌。

马基雅维利本应该提及奥古斯都皇帝的生平。这位统治者初登大位时，手上还沾满公民的鲜血，还深陷卑劣流放他人的泥淖，但是，在听取梅塞纳斯和阿格里帕的谏言之后，他开创了残暴之后的一段温和时期，以至于有传言说：他要么从未生过，要么应该不朽。也许有些不合马基雅维利品味的是，奥古斯都在其统治结束时远比统治开始时好得多。出于这个理由，他认为奥古斯都不配在他笔下的伟人身边获得一席位置。①

这位作者的治国术何其卑劣！一己私利就颠覆了世界，他的野心可以使他在种种恶行中自由选择，也可以促使他行善或者作恶。魔鬼的精明何其可怖！他们在世上只知道自己、只怜爱自

---

① 奥古斯都（Augustus，公元前63—至公元14年），第一位罗马皇帝，凯撒的养子，在凯撒被杀后成为其继任者，参孟德斯鸠，《罗马盛衰原因论》（第13章）。苏维托尼乌斯曾撰有一部奥古斯都传，弗里德里希二世一再地阅读过该传，以及苏维托尼乌斯其他所有的帝王传记，参 *Die Kaiserviten des C. Suetonius Tranquillus*, 2. Buch; cf. S. 119, Anm. 1. 自苏拉从公元前82年至78年独裁的时代，罗马就有流放之刑。这种公开革除名单的手段被用来残酷地镇压内部政治敌人，他们被宣布失去公民权，不经法律程序就被剥夺财产，继而遭迫害。杀死流犯的人有赏金，流犯的后人也被排除在仕途之外。
梅塞纳斯（Maecenas，公元前70—公元8年）是阿格里帕之外奥古斯都的另一个亲信和顾问，资助了当时最重要的诗人（贺拉斯、维吉尔、普洛佩提乌斯），自己也搞文学创作。
阿格里帕（Agrippa，公元前63—公元12年），奥古斯都的友伴、女婿、最重要的将军，命人修建万神庙，领导了帝国土地的丈量，此次丈量得到的大量结果被用以制作一幅以他命名的世界地图。

己，他们践踏着正义和人性的所有义务，为的是在盛怒中畅快他们的任性和不羁！

只是揭露和反驳马基雅维利卑劣的道德还不够，他的扭曲和不正派也同样必须被指出来。

首先，马基雅维利犯了错误，阿伽托克勒斯并不像他所描述的那样，安然地享受了犯罪勾当的果实。他几乎总是与迦太基人卷入战争，甚至被迫离开他在非洲的军队，而在他动身之后，他的孩子遭到军队的毒手，他本人则死于孙子赐给他的毒酒。奥利韦罗托因博尔贾的背叛而身死，这是他罪行的恰当报酬！此事发生在他登基一年之后，因此，他如此迅速的倒台，似乎赶在了公众因仇恨而为他准备的惩罚之前。

作者本不应引用奥利韦罗托的例子，因为它并没有说明什么。马基雅维利希望的是犯罪勾当得到机运的眷顾，他自以为是地认为，他能够从中为教唆他人犯罪阐明一条好的理由，或者至少给他们一个马马虎虎的论据。

不过，让我们假设犯罪行为得以稳妥地得逞，暴君得以逍遥法外地践行自己的卑劣行径。即使如此，他就算不会在悲惨的死亡面前颤抖，也不会足够幸福，因为他不得不自视为人类的耻辱。他将无法压制在内心反对他的良知的内在见证，也无法使那从君王的宝座和暴君的审判席上传来的强烈声音沉默。他将无法摆脱不祥的忧郁，它会折磨他的想象，让他看到那些因他的残暴受害的血淋淋的亡灵如何爬出坟墓。① 如他所看到的那样，他们突

---

① 亡灵（Manen），本意是"好的鬼魂"，指罗马的死神，人们相信他们居住在阴间，偶尔会来到阳间。人们举行一年一度的敬先节（Parentalia）来安抚他们。

破自然法则，为的是立刻在尘世变成要他命的刽子手，从而在死后为自己不幸和悲惨的终结报复他。

读一读狄奥尼修斯、提比略、尼禄、路易十一、恐怖者伊凡等人的生平，人们就会发现，这些既不理智又疯狂的魔鬼都以最为阴森和不幸的死亡收场。①

残暴之人的性情都是恨世和阴毒的。倘若不从儿时起便与这种不幸的身体特质斗争，②他便会不可避免地变成既疯狂又愚蠢的人。即便在尘世没有正义，在天堂没有神性，人们也必须更有德性，因为德性会将他们团结起来，这对于他们的自保绝对不可或

---

① 狄奥尼修斯一世（Dionysios I，公元前431—前367年），自公元前405年成为叙拉古僭主。

提比略（Tiberius，公元前42—公元37年）。奥古斯都的养子和罗马皇帝继承者（14—37年在位）。彼拉多（Pontius Pilatus）曾是他任命的犹太地总督。由于他以正义的幌子施行暴政，因此，他的统治也尤其被孟德斯鸠评价为极其残暴，参孟德斯鸠，《罗马盛衰原因论》（第14章）。

尼禄（37—68），公元54年成为罗马皇帝，对基督徒实行残酷的迫害。苏维托尼乌斯为提比略和尼禄各写了一部传记，参 *Die Kaiserviten des C. Suetonius Tranquillus*, 3. und 6. Buch (cf. S. 119, Anm. 1)。

法国国王路易十一（1423—1483），在太子时期与大贵族合谋反对其父王，在文学中的形象是暴君，尤见伏尔泰，*Essai sur l'histoire universelle*, 1754。

恐怖者伊凡四世（Iwan IV. Wassiljewitsch der Schreckliche，1530—1584），1547年成为沙皇，既有教养也很残暴，在一次盛怒中杀死了他的长子。对于同样遭受父亲严酷的管制、羞辱、体罚的普鲁士太子而言，将恐怖者伊凡列入"疯狂的魔鬼们"之列，也许因此而更多了一个理由。

② 1737年12月25日，弗里德里希二世致信伏尔泰，谈及自己对人之自由的反思："我还要对您说的是，因为一切都有理有据，一切事物的根基都寓于其前提之中，我发现每个人的性情和状态的根基都在于他的身体机制。好激动的人有着极易兴奋的胆汁，恨世者的脾脏膨胀，酗酒者的肺部干枯，恋爱者体格健壮等等。"

缺，而犯罪只会给他们带来不幸和败坏。

马基雅维利身上缺乏情感、正直以及理性。笔者已经用他本人引用的例子指出了他的坏道德和不正派，现在则要证明他粗劣和明显的矛盾。但愿最不知畏惧的注疏者、最敏锐的马基雅维利阐释者可以让他的矛盾自圆其说。他在本章说：

> ［阿伽托克勒斯］以许多大胆的、危险的策略继续保有君权。然而，屠杀公民，出卖盟友，缺乏信用，毫无恻隐之心，没有宗教信仰，是不能称作德能［德性］的。

在第七章谈到博尔贾时则说：

> 他便等待时机消灭奥尔希尼家族的首领。这个机会果然到来，并且他很好地利用了它。

还是在这里，他说：

> 如果让我总结一下公爵的所有行动，我会认为他没有什么可以非难之处。

同样，他还说："他的行动义无反顾。"笔者可以质问作者：阿伽托克勒斯和博尔贾的区别何在？笔者在二人身上只看到同样的犯罪行为和同样的卑鄙。如果非要做一比较，那就只能尴尬地选择两人中哪一个是更大的作恶者。

然而，真理迫使马基雅维利时不时得承认它，他似乎也曾向德性致以敬意。显明的力量促使他说：

　　总之，一位君主首先应当与他的臣民生活在一起，以免发生任何意外——不论是好的还是坏的——迫使他改弦易辙。因为如果变革的必然性是在不利的时期发生的，这时你要采取恶劣手段就太晚了；而你做良善之事也帮不了你，因为人们会认为你是被迫如此，这样你就得不到任何感激。

　　因此，马基雅维利，与你想要说服我们的不同，残暴和使人惧怕的技艺并不是政治唯一的动力。你自己也不得不承认，赢得民心的技艺才是君主获得安心的最为牢靠的根基，才彰显了臣子们的忠诚。这就够了，笔者对你并无他求，因为笔者一定会满足于出自敌人之口的这份招供。撰写并发表一部毫无形制、毫无关联、毫无章法、充满矛盾的作品，不仅是对自己也是对读者的大不敬。即便不去谈马基雅维利《君主论》极其败坏的道德方面，该书也只会给其作者招致嫌恶。它实质上只是一个梦境，各种各样的观念在其中相互倾轧，互相拆台。它只是一个疯人的癫狂发作，只是偶尔才表露出他的健康理智。

　　因此，臭名昭著就是那些为了损害德性而选择犯罪之人的酬劳。他们即便逃脱了律法的严惩，也会像马基雅维利那样，失去判断力和理智。

九　论公民的君主国

　　与我们人类关联最密不可分的感觉就是自由感。上至最文明的人，下至最野蛮的人，心中无不同样充满这种感觉。由于我们生而无羁绊，我们也要求不受强迫地生活；由于我们只愿靠自己而活，我们也不愿看别人的脸色。这种独立和自豪的精神，为俗世馈赠了诸多伟人，并产生出被称为共和国的政制。基于明智的法律，它们维护公民的自由免遭任何压迫，并在共和国成员中间建立了一种公平，他们借此得以最大限度地接近自然状态。

　　在本章，马基雅维利为那些在共和国首领或者民众扶助下获取最高权力的人，传授了良好且值得称赞的政治学说。这促使笔者作出两点思考，其中一点涉及政治，一点涉及道德。

　　即便作者的学说恰恰契合那些借助本国公民的拥护而发迹的人，在历史上似乎也极少能找到这种发迹的例子。过分关心其自由的共和头脑，会动辄怀疑一切有可能对它造成束缚的东西，继而反对任何单纯君主观念。在欧洲，人们熟知有些民族为了享受幸福的独立而摆脱了其僭主的枷锁，却从未听说哪个本来自由的民族会自愿地屈从于他人的奴役。

　　随着时间的流逝，许多共和国再次落入独裁统治。这看起来甚至似乎是所有共和国不可避免会面临的厄运。不过，它只是厄运和运势造成的后果，这是世上所有事物都会遭受的。因为，一个共和国怎可恒久地抵抗损害其自由的力量？它怎能一直阻挡在它内部萌发的大人物的野心，即那种一再产生并且永不消亡的野心？只要自利在人们中间仍然势不可挡，那它又怎能不知疲倦地警惕各种诱惑、邻国的密谋、公民的腐败？它怎可期待总是幸运地走出它所要陷入的战争？它怎能预防威胁其自由的情形？怎能预防那些有利于狂人和冒险家的危急而关键的瞬间和偶然？倘若懦弱和胆小的统领指挥着军队，那么，共和国就会成为敌人的猎物；倘若勇敢和果断的人物统领全军，那么，比起在战时，这些人在和平时期丝毫不会更安分。总之，宪法的种种缺陷迟早会埋葬掉任何一个共和国。

若说内战对于君主国已经足够致命，那么对于共和国就更是如此。对于共和国而言，内战是一种致命的疾病。苏拉这样的人借助内战才得以在罗马进行独裁统治，凯撒这样的人借助人们赋予他的武力才得以成为主宰，①而克伦威尔这样的人也是借助武力才得以登上王位的。

几乎所有共和国都从暴政的深渊走向了自由的顶峰，而几乎所有的共和国又都从这一自由跌入了受奴役的光景。雅典人曾在德摩斯梯尼的时代责备马其顿的腓力，②在亚历山大面前则

---

① 苏拉（Sulla，公元前138—前78年），独裁统治了六个月。

凯撒（公元前100—前44年），终身制独裁者，通过军事上的成就为罗马帝国的建立创造了前提，孟德斯鸠在其《罗马盛衰原因论》（第18章）中认为，罗马帝国毁灭了罗马共和国。

② 德摩斯梯尼（Demosthenes，公元前384—前322年），雅典最伟大的演说家之一，在其政治演说中反对马其顿国王腓力二世（公元前383—前336年），赞成保存希腊人的自由。弗里德里希二世藏有大量德摩斯梯尼《反腓力辞》版本，尤其是如下译本的两个版本，*Philippiques de Démosthènes et Catilinaires de Cicéron*, trad, par Olivet avec des remarques de Bouhier sur le texte de Cicéron, Paris 1736。

变得卑躬屈膝。驱逐过几位国王的罗马人曾厌恶王政，而在延续了几个世纪的鼎革之后，他们已耐心地忍受着皇帝的一切暴行。由于查理一世侵害英格兰人的权利，他们处国王以死刑，而正是这些英格兰人，在傲慢的护国主治下却放弃了他们勇敢的不屈精神。因此，这些共和国绝不是在自行选举后指定了他们的主宰者，相反，这些主宰者是实干家，他们利用时运并借强力违背共和国意志，使之屈从于自己。

如同人出生并活到某个年岁，然后因病或者因年事过高而离世，共和国也以同样的方式兴起，繁荣几个世纪之久，继而由于公民的鲁莽行为或者敌人的武力而灭亡。一切事物皆有其时，一切帝国，即便最大的君主国，命数也只是有限的。世上没有不服从变迁和衰亡法则的事物。① 暴政将给自由判处死刑，并且迟早会结束共和国的命运。根据国力，有些共和国可以持续得较其他共和国更长久——只要它们还有能力，还可以延迟衰亡的决定性时刻的到来，凭借智慧赋予的一切手段延长其运命。不过，大事件的锁链一旦裹挟着这些共和国的没落而来，它们最终也不得不屈服于永恒和经世不变的自然法则，从而走向灭亡。

此外，人们不应该给那些懂得什么是幸福以及想要幸福的人出主意，让他们放弃自由。

永远不可能说服一位共和主义者，比如像卡图或者利特尔顿

---

① 关于弗里德里希二世在这里奉为前提的循环论的历史模式，参 Jochen Schlobach, *Zyklentheorie und Epochenmetaphorik. Studien zur bildlichen Sprache der Geschichtsreflexion in Frankreich von der Renaissance bis zur Frühaufklärung,* München 1980, 270-331。

这样的人，[①]让他们信服君主制是最佳政制——前提是确有某位皇帝意图履行其职责，因为他的意志和权力会令他的美德产生影响。有人会说，就算如此，但是从哪里可以找到君主中的人中之龙？这就像柏拉图笔下的理想之人，[②]或美第奇的维纳斯[③]——一位娴熟的雕刻家根据四十位美人的样貌刻画了这一形象，不过它在现实中从来也没有存在过，仅仅存在于大理石中。我们懂得什么是人性的意涵，几乎没有什么德性可以抵挡得了满足愿望的强烈渴望以及王冠的种种诱惑。那些人的形而上的君主制，倘若存在的话，会是此世的天堂，而真实存在的暴政则使这个世界或多或少成了真正的地狱。

笔者的第二点思考涉及马基雅维利的道德学说。笔者不得不责备他，在他看来，自利是一切善行恶行的动力。众所周知，在暴政的体系中，自利扮演了重要角色，而正义和正派则毫不起

---

① 小卡图（公元前94年—公元46年），作为共和主义者，与凯撒形成道德上的对极。

利特尔顿（Sir Thomas Lyttelton, 1407—1481），英国大法官和法哲学家，所撰的《论地产占有》（*Treatise on Tenures*，London 1516）一书是19世纪之前英国法学极富影响力的作品，为英国关于地产的立法奠定了根基。

② 意指柏拉图的理想邦民，参 Platon, *Der Staat*, 9, 592。

③ 根据早期占有者命名的著名的美第奇的维纳斯，是罗马帝制时期根据古希腊画作原型创作的大理石塑像。不过，弗里德里希二世在这里援引的是一则故事，讲的是古希腊画师宙克西斯（Zeuxis，公元前5世纪下半叶），他本来应该以上述方式为克洛吞城邦创作一幅海伦像。同时，弗里德里希二世还把画师说成了雕刻家。孟德斯鸠在《波斯人信札》第69封信中提到宙克西斯的故事："据西方的诗人说，有一位画家想要在一幅画中表现美惠女神，他集合了古希腊最美丽的女性，并从每个人身上采取了最富魅力的部分。他由此创作出一个整体，认为它堪与一切女神中最美丽的相比。"（参*Persische Briefe*. übers. u. hg. v. Peter Schunck, Stuttgart 2004, 137）

眼，这种说法不错。但是，对于这个没有遵循健康纯粹的道德原则的可耻政治学说，我们终归还是应该将其一劳永逸地从世上消灭。倘若按照马基雅维利的观点行事，那么世上的一切都将只是出于自利而发生，就如耶稣会士仅仅通过人们对魔鬼的恐惧而救人，由此将上帝之爱排除在外那样。德性才应该成为我们行动的唯一动因，因为讲德性便是讲理性，两者密不可分且永远是前后一致的行动的前提。故此，让我们理性吧，因为正是些微的理性使我们区别于动物；也只有良善，才使我们更加接近为我们所有人的此在负责的那位无限良善的存在者。

十　应该以何种方式衡量一切君主国的力量

自从马基雅维利写下他政治性的《君主论》的时日起，世界已经发生了沧桑巨变。曾几何时，开始从灰烬中复苏的艺术和科学，还深深烙着野蛮的印记，这是基督教的引入、哥特人频繁侵入意大利以及一系列残忍和血腥的战争所带来的。但今时今日，几乎所有民族都以新风俗取代了旧风俗，软弱的君主也变得强大，艺术取得了进步。与马基雅维利时代的状况相比，欧洲的面貌已经发生了沧桑巨变。

倘若某位哲人从遥远的从前降临今天的世界，他一定会感到自己十分愚蠢无知，甚至无法理解新派哲学的专业术语，对他而言天地已焕然一新。他曾在我们的地球上猜想世界和星体是静止和不动的，但今天他会看到，世界和这些以不同的椭圆形状环绕太阳转动的星体——而太阳则围绕自己的中轴做螺旋运动——都遵循运动和引力的法则。人们会简单明晰地教他洞察到真理和显明之事，而不是奇怪的谚语，后者晦暗不明的夸夸其谈以令人难以捉摸的方式，裹藏着其思想的荒唐和巨大的无知。人们会以令人称奇的可靠而奇特的实验，代替他那个时代有关自然学说的可怜寓言。①

倘若路易十二的某位能干的将领再次降临今时今日的世界，

---

①　关于新旧哲学、笛卡尔与牛顿之间的对立，参第一章注释。

他会无论如何都搞不明白这些事：他会发现，人们动用不计其数的兵员来打仗——因为数量如此庞大，他们的给养在战场常常无法得到保障；君主们无论在战时还是和平时期都养着这些军队，而在他那个时代，如果要进行决定性的打击和大型进攻，只用很少的士兵就已足够，而且战争结束后他们又被解雇。他再也看不到铁甲、长矛以及他可以熟练操作的滑膛枪，而只看到军服、步枪、刺刀，新式的作战方式，无数用于进攻和防守阵地的致命发明，以及为军队提供给养的技艺，后者在今天对于打击敌人——一如曾经的技艺那样——极其必要。

倘若马基雅维利目睹了欧洲政治权力状况的新格局，他自己难道不会有所感慨？如此多的大国君主，他们如今在世界上举足轻重，而曾经则籍籍无名；王权的巩固；统治者相互协商的方式；被派往对方宫廷的全权间谍；在欧洲基于同盟——几位卓越的君主为了对付野心家而组成的——的均势。这种应归功于智慧的同盟维持了平等，它所追求的唯一目标就是世界的安宁！

这一切带来了普遍和广泛的转变，以至于马基雅维利的大多数教诲已不再适用于我们的现代政治，从而再无用武之地。这一点在本章尤其明显。笔者试举几例。

马基雅维利认为，

> 如果［君主］由于人口众多或财力充裕能够招募一支足够的军队，同任何入侵者决战于野，那么这类君主就是能够依靠自己的力量来维护自己的人。

笔者要以足够谦卑的态度来反驳之。笔者甚至要说，即便一位令人闻风丧胆的君主，也无法独力抵挡强大的敌人，他必须无条件地取得盟友的帮助。甚至路易十四这位欧洲最伟大、最令人敬畏、最强大的君主，当他在西班牙王位继承战中几乎走向失败时，[①]也由于缺乏同盟而几乎无法抵抗无数想击败他的国王和诸侯的可怕联盟。更何况哪个与他相比处于劣势的君主，就更应该专注于让自己不至于被孤立，专注于让自己不至于没有可靠且强大的同盟了——倘若他不想冒天下之大不韪的话。

人们会说——当然，没有经过三思，常常是老生常谈——条约是没有必要的，因为它们并不会逐条得到履行，而且，比起其他任何时代，我们时代的人在这方面更缺乏良知。笔者要回答那些作此想法的人们：无疑，无论在早先还是在近代，人们都会找到没有足够严肃地履行职责的君主的例子，但是，签订协约总是有利的。因为，得到盟友意味着相对更少的——不会是更多——敌人。即便他们不能提供援助，也可以总是让他们保持严格的中立。

马基雅维利接着谈到了 principini［微型君主］，他们只拥有小国，没有可以上战场的军队。作者强调，他们应该巩固首都，这样在战时就可以用军队在这里设防。

马基雅维利在这里提到的这些君主，实质上只是统治者和百姓组成的怪物，他们只有在仆从面前才扮演主子的角色。在笔者

---

① 在西班牙王位继承战（1701—1713/1714）中，法国对抗大同盟（皇帝、英国、议会国等）。对于18世纪欧洲的势力体系而言，这是一场关键的战争。战争的起因是西班牙卡洛斯二世（1661—1700）的死亡，随着他的离世，哈布斯堡家族的西班牙一支不复存在。随后，路易十四为波旁家族，而利奥波德一世（1640—1705，自1658年成为皇帝）为哈布斯堡家族，都在强行索取对西班牙王位的继承权，于是战争开始。随着英国于1711年脱离联盟，路易十四才得以在《乌德勒支和约》（1713）中要求承认其孙腓力（Philipp von Anjou）为西班牙国王腓力五世。

看来，可以给他们的最好建议就是，些微收敛一些从自己的威严所得出的不着边际的想法，收敛一些对自己古老文明家族的过分崇拜，以及面对徽章所表现出的不可一世的勃勃雄心。理性的人会说，这类君主最好的做法是：仅仅以富有百姓的身份登场；永久性地从高跷上走下来，他们的自大令高跷上的他们趾高气昂；最多保留一名守卫，他已足以将盗贼驱离他们的宫殿了——倘若真的有那么多因饥饿而前去寻找食物的盗贼的话。他们应该推倒城墙、围墙以及令他们的行宫看起来像个堡垒的一切东西。

理由如下：大多数小君主，尤其在德意志，由于过分入不敷出而自取灭亡，这是他们迷醉于虚荣的威严所导致的。他们想要维护家族的荣耀，却走向了崩溃。他们出于虚荣而走上了导致贫穷和落魄的道路。享有封地的家族的后代还想象着自己是个小路易十四，建造了自己的凡尔赛宫，拥吻着他的曼特农夫人，[①]还维持着一支军队。

在我们当代的德意志土地上，的确有一位大家族的封建君主，[②]他将自己对威严的追求过分地细化，以至于为他的军队不多不少养了本属于真正国王的所有军种，不过，所有军种的规模都那么微小，以至于要细细地观察到每个军种，还得借助显微镜。

---

①　曼特农夫人（Françoise d'Aubigné, Marquise de Maintenon，1635—1719），路易十四的情妇，1684年，路易十四暗中与之再婚。参 Jean-Paul Desprat, *Madame de Maintenon ou leprix de la réputation*, Paris 2003。

②　所指的是萨克森—魏玛的奥古斯特大公（Herzog Ernst August von Sachsen-Weimar），弗里德里希二世于1730年在米尔贝格营地参观过他的军队。据说，大公的军队拥有180人的骑兵、700人的步兵以及军校学生团，参 *Mémoires de Charles-Louis Baron de Pöllnitz, contenant les observations qu'il a faites dans ses voyages*, London［Liège］，1734。弗里德里希二世藏有该书。

也许，他的军队足够在维罗纳剧院表演一场战役的戏份，除此之外，就不应该对它抱有过多期望了。

第二，笔者曾说，如果小君主为自己的官邸设防，那他们就错了，原因很简单：他们绝不会面临被他们那样的君主包围的局面，因为比他们强大的邻国会很快介入他们之间的争端，并提出他们无法拒绝的和平方案。于是，他们的争斗不会以血流成河，而只会以三笔两画而结束。

这样一来，他们的堡垒还有什么用处呢？即便建造得能够抵御来自小国敌人像特洛伊战争那么久的围攻，它们也无法应对一位国王的军队或者任何一位强大的统治者对耶利哥之类的城市的围攻。此外，倘若在邻国进行着大规模战争，他们也没有能力保持中立，也许还会完全覆灭。即便他们站在了正在开战的某一方，他们的首都也会成为某位君主的战场。

在力量方面胜过上述小国君主无数倍的阿玛迪乌斯（V. Amadeus），①虽然有座座堡垒，在意大利各场战争中的经历却十分悲惨。都灵甚至不得不在迅速的权力交替中时而受法国人、时而受皇帝统治。

一个开放城市国家的优势在于，在战争时期没有人会打它的主意，人们视之为无利可图，可以放心地任凭旧的占有者继续统治它。

---

① 阿玛迪乌斯（Viktor Amadeus II，1666—1732），1675年至1730年为萨伏依大公，1720年至1730年为撒丁国王，此前为西西里国王（1713—1720）。在西班牙王位继承战（1701—1713/1714）中，他一开始站在路易十四对立一方。他在《乌德勒支和约》（1713）中获得西西里，不过直到1720年才不得不以撒丁王国来交换。

马基雅维利为我们呈现的德意志帝国城市的画面，①已经完全不同于它们如今的状况。如今，皇帝也许用一个炸药包或者一句简单的呼吁，就可以成为这类城市的主人。总体来讲，帝国城市的防卫很糟糕，大多数围墙老旧，有些地方虽仁立着坚固的塔楼，并且被壕沟所包围，但这些壕沟几乎完全被坍落的土层填满。他们的军队数量少得可怜，仅有的军队也没有纪律可言。他们的军官要么是德意志的败类，要么是已经不再适合服役的老人。有些帝国城市虽然有极好的炮兵部队，但并不足以抵抗皇帝，后者惯于让他们时不时感受到自己的软弱。

总而言之，开战、会战、堡垒进攻或防御战，都只是大国君主的事情。谁若要加以模仿而又不具备能力，就会像图密善皇帝那样遭人耻笑，②他模仿打雷的声音，想要让罗马人相信他就是朱庇特。

① 德意志帝国城市指在神圣德意志罗马帝国（直至1806年）中直接隶属于皇帝，而不属任何邦国、诸侯或者主教的城市。因为这种"直属帝国"性，这些帝国城市享有一定的自由和特权。它们在内政上更为独立（比如独立的司法权），赋税直接上缴皇帝，在需要时为皇帝提供军队。从弗里德里希二世对帝国城市的说明可以清楚看到，他认为这类城市的主权是一种错觉，神圣德意志罗马帝国是一种在历史上变得成问题的国家形象。

② 暗指神话人物萨尔摩纽斯（Salmoneus），即风神埃俄罗斯之子，伊利斯国王。他以渎神的傲慢而闻名，自夸为宙斯，为了证明这一点，他在车尾拖着呼呼作响的铜罐穿行于城邦来模仿打雷，又向空中抛掷火把模仿闪电。宙斯以一记闪电消灭了他和他的城邦，以示惩罚。弗里德里希二世同时也在暗指苏维托尼乌斯帝王传记《图密善》中的闪电场景，参 *Die Kaiserviten des C. Suetonius Tranquillus*, 8. Buch, 16, 1。弗里德里希二世至少藏有十二个苏维托尼乌斯帝王传记法译本，尤其是 Suétone, *L'Histoire des empereurs romains avec leurs portraits en taille-douce*, trad, par du Teil. Paris 1661。克里格（Bogdan Krieger）注释说："据说，这本书在弗里德里希二世去世时就放在房间的壁炉上。"（参 *Friedrich der Große und seine Bücher*, 155）培尔词典的"苏维托尼乌斯"词条被弗里德里希二世收入《培尔历史考订词典选》。

十一　论教会的君主国

　　一些自称使徒继承者的人——笔者指的是少数以乞讨为生并宣扬谦恭与忏悔的布道者的继承者——占有大量的财富，享受着精致的奢侈品，身居高位，这些高位与其说亟需那些以思考属人生命的虚无及其灵魂拯救的人去填补，毋宁说更适合于满足人的世俗虚荣心和大人物的面子。在笔者看来，这真是咄咄怪事。人们还发现，罗马教会的神职人员竟然也无比富裕，主教享有主权君主的地位，基督教第一主教的世俗权力和教会权力，在某种程度上使他成为君王的裁判者和神性的第四位格。

　　相较于其他任何人，神职人员或者神学家更为负责地区分了灵魂和身体所应得的，然而，他们的野心恰恰是人们必须用他们的论据来打击他们的主题。人们可以批评他们：神职的本分使他们对心灵也负有职责，但他们怎么可以如此粗暴地将心灵职分与世俗混淆？如此一来，他们又怎会懂得敏锐地区分他们不懂的灵（Geist）与他们几乎不懂的物（Materie）？而一旦涉及他们的利益时，他们却又怎会拒绝这样的区分呢？之所以如此，是因为这些先生们心里想的更多是他们应得的收入多少，而不是他们口中难以理解的行话！是因为他们的行为是本着教条以及他们本能的私欲！是因为触手可及的自然之物相较于智性之物会占上风，就如此世的现实幸福相较于彼世的理想幸福会占上风！

神职人员的这一惊人权力，以及与他们的世俗统治相关的一切，都是本章的主题。

马基雅维利认为，教会君主尤其幸福，因为他们既不用惧怕臣民的反叛，也不用担忧邻国的野心。令人敬畏的大能上帝之名，可以保护他们免遭可能危及他们利益和威严的一切。意欲进攻他们的君主会担心提坦神的命运，[①] 拒绝向他们表示服从的民众会担心受到渎神的诅咒。这类统治者的虔敬政治的本质在于一遍又一遍地提醒世人——如布瓦洛的诗句精彩地表达的那样：

> 不爱戴柯坦的人，既不会爱戴上帝，也不会爱戴国王。[②]

吊诡的是，这些君主竟可以找到足够多的蠢才——这些轻易相信他们为人正派的人，不加检视地遵循着僧侣们认为理所当然

---

① 提坦神是乌拉诺斯（天）与该亚（地）最早生的一群子嗣，反抗其父的统治，其中以克洛诺斯为甚。他取得了奥林匹斯的统治，但是被其子宙斯推翻。在十年之久的战争之后，提坦神被扔进塔尔塔罗斯，即哈得斯之下的幽暗区域，永久地囚禁起来。第二代提坦神阿特拉斯被判以双肩支撑天空，参 Ovid, *Metamorphosen*, 2, 296f.。

② 弗里德里希二世在这里引用的是布瓦洛（Nicolas Boileau-Despréaux, 1636—1711）《讽刺诗》（*Satiren*）中的诗句："蔑视柯坦的人，既不会尊重国王，而且根据柯坦，目中也无上帝、无信仰、无法律。"（《讽刺诗》9）布瓦洛所讥讽的柯坦神父（Abbé Charles Cotin, 1604—1682）是布道者和风流文学作家。弗里德里希二世藏有极多版本的布瓦洛全集，对其中的内容常常可以信手拈来。布瓦洛，讽刺诗作者和路易十四的宫廷史家，法国古典时期绝对的权威。在《诗的艺术》（*Art poétique*, 1674）一书中——弗里德里希二世也收藏有该书，布瓦洛表达了在弗里德里希二世看来具有关键性的古典文学规范。

让他们信仰的一切。

此外，一定没有哪片土地像神职人员所辖的土地那样，充斥着行乞的人，在那里你会目睹一幅令人震撼的人类惨状。然而，这些贫民并不是被那些统治者的慷慨和布施吸引来的，就是说，他们并非一群寄生在富人身上、仰赖其残羹剩饭的寄生虫，而是一群可怜的人，饥肠辘辘，饿得失去了人形，因为他们仁慈的主教克扣了他们的生活所需，为的是预防贿赂和因富足所带来的浪费。

无疑，这些神权政制的原则是基于斯巴达的法律，金钱在那里是被禁止的，只不过二者的区别在于，高级教士为自己保留了特权，可以冠冕堂皇地从臣子那里掠夺财物。他们自言自语道："贫穷的人有福了，因为天国是你们的！"由于他们想要让所有世人都成为有福之人，于是就奋力使世人变得贫穷。神职人员的虔敬！你们智慧的关怀多么无远弗届！

没有什么比教会首领或者耶稣基督代理人的生平更有教育意义的了。人们习惯于在那里寻找无瑕且神圣习俗的典范，却恰恰看到了相反的东西。那里只有淫乱、罪恶以及令人恼怒的事件的源泉。人们阅读教宗们的生平时无法不憎恶他们的残暴和诈伪。

总体而言，人们在那里目睹了他们的虚荣如何关心提高自己的世俗权力和威严，他们贪婪以求的只有一个目标，就是借助不法和不体面的手段，为自己的家族确保巨大的财富，为自己的情妇或者私生子谋取利益。

倘若不继续对此有所思考，人们一定会讶异于民众竟然以如此多的牺牲和耐心忍受着这班统治者的压迫。面对神职人员侮辱性的罪恶和放荡，他们竟然不睁开眼睛看看，他们所容忍的被剃度者的勾当，是头戴桂冠者绝不会容忍他们去做的。当然，谁若了解迷信对于不谙世故者的力量，和狂热对于属人心灵的威力，这个现象对他而言一定不会那么陌生。他懂得，宗教是一台古老的机器，它永远不会报废，任何时代都可利用它来确保民众的忠诚，驾驭倔强的属人理性。他懂得，谬误可以使最敏锐的人变得盲目，那些为了达到目的，凭借天堂和地狱、上帝和魔鬼来耍手腕的人总会高奏凯歌。事实是，即便真正的宗教，我们福祉的最纯粹的源泉，也会因为无论如何批评都不嫌多的滥用，而成为我们所有苦难的根源和原因。

作者极富洞见地注意到，是什么最大程度地助长了圣座的地位提升。他认为，最重要的原因在于教宗亚历山大六世即那位大祭司的举动，他的残暴和野心无与伦比，他眼中没有任何正义，只有自己的种种阴险计划。因此，倘若将这位大祭司建造的野心的广厦混同于神性的事业，那就近似于渎神。天堂可不会直接参与这种世俗权力的建立，后者只是一个极其败坏的恶棍的创造。因此，在僧侣这里，人们最好总是细致地区分上帝之言的传达者与败坏之徒，前者布告着神性智慧，后者则一心想着满足自己的私欲。

这一章的结尾是对教宗利奥十世的颂扬。不过，这颂扬几乎无足轻重，因为马基雅维利是这位教宗的同时代人。[①]一位臣子对主子或者一位作家对君主的赞颂——无论人们想要如何反驳——总是过于可疑，有奉承之嫌。无论我们是怎样的人，不带私欲和自利进行评判的后人自会评价我们的命运。相较于其他人，马基

---

① 乔万尼·德·美第奇（Giovanni de'Medici，1475—1521）于1513年被选为教宗，是为利奥十世。他是伟大的洛伦佐之子，也是马基雅维利《君主论》的题献对象洛伦佐的伯父。

雅维利会更少犯奉承的错误，因为他压根儿没有能力裁判真实功绩，甚至不知道何为德性。笔者并不清楚，受到他的称赞抑或谴责，哪个更好。且将这一问题留给读者诸君，他可以给出自己的判断。

十二　论军队有多少种类以及雇佣军

　　世上的所有事物都具有多种形象。大自然的富饶中意于在同一个种类中出产最为不同的品种。这不仅仅是就植物、动物、风景、人的面相、肤色、形体、身体特质而言。大自然的这种创造性行为，其涵盖范围之广博和普遍远超过这些事物，甚至——倘若允许这样表达——延伸到帝国和君主制的种种气质。笔者理解的一个帝国的气质，总的来说是指它的幅员、人口、邻国、贸易、风土、习俗、法律、国势强弱、财富、资源。

　　政制与政制殊为迥异，这一点足够明显，倘若人们愿意研究细枝末节，这种差异甚至是无穷无尽的。正如医生没有能够治疗一切病症的秘方和万灵丹，没有适用于所有体质的药物，同样，最有经验、最为精明的政治家也无法制定出普遍的治国术规则，使之适用于所有政制以及具有不同特色的国度。

　　这一思考也促使笔者去检验马基雅维利关于异邦雇佣兵的观点。作者武断地批驳了使用雇佣兵的做法，他想凭借所举的例子来证明，这些军队对于他们所服务的国家而言，弊远远大于利。

　　不错，总的来说，经验证实，一个国家最好的部队都是本国自己的军队。温泉关之役中莱昂尼达斯英勇反抗的例子可以证实这个观点。①同样还有其他例子，如拉刻岱蒙人在与其他希

---

　　①　莱昂尼达斯（Leonidas），斯巴达国王（公元前488—前480年在位），

腊人的对峙中会处于劣势①——如果他们的奴隶帮助战斗的话；又如，罗马帝国取得了令人赞叹的进步——当他们的军团仅仅由罗马公民组成时。是罗马公民，而不是异邦人，使寰宇之内都臣服于这个伟大和自豪的共和国的统治。由此来看，马基雅维利的教谕适合于一切人口众多，因而能够组成足够强大的军队来进行防御的国族。与作者一样，笔者也坚信，一个由雇佣兵服役的帝国是不好的，本国青年的忠诚与勇气远远高于这些雇佣兵。最为危险之处就在于，本国臣民会在无所事事中变得萎靡不振，并且因富饶而变得娇弱无力，与此同时，辛劳和战斗则使邻国人民成为钢铁般的战士。

人们常常注意到，刚刚打完内战的国家相对于敌国具有无穷的优势，因为内战中的每一个人对于操弄武器都很在行，打仗时让一个人功勋卓著的是他的贡献，而非任何优待。在作为习惯动物的人这里，习惯才是一切。②

不过，也存在一些似乎会挑战这一规则的例外情形。倘若王国或者帝国无法组织到军队所需要以及战争会消耗的大量男性，那么他们除了求诸雇佣兵之外，别无他法，因为这是唯一可以弥补国家不足的手段。

享有人们崇拜式的敬重，率希腊军队抵抗兵力占优势的波斯人多日，后来死于波斯人远征希腊期间的传奇战役温泉关一役（公元前480年），该关是通往雅典的一条关隘。弗里德里希二世藏有该段历史的古典文献法译本：希罗多德（约公元前484—前430年）《原史》（*Historien*），*Les histoires d'Hérodote*, trad. en françois par M. Du-Ryer, I-IV, Paris 1713。

① 拉刻岱蒙（希腊语写法转为拉丁文作：Lakedaimon）是古希腊城邦斯巴达的别称。

② 关于罗马兴衰史中战争的角色，参孟德斯鸠，《罗马盛衰原因论》，第1、2、9、18章。

　　在这样的情形中，也有解决方法来应对诸种困难并补救马基雅维利所认为的这类民兵身上的欠缺之处。可以小心地把他们编入本国军队中间，这样可以阻止他们当逃兵或者拉帮结派，也可以让所有人遵守相同的秩序和纪律，并且尽忠职守。此外，主要应注意勿使异邦人的数量超过本国青年的数量。

　　有一位北方国王的军队就是由混合部队组成的，[①]但是这支军队并不因此而不堪一击或没有震慑力。大多数欧洲部队都是由本国青年和雇佣军组成。种田的农人和城市居民只需为防卫军队的给养上交一部分赋税，而不用亲自上战场。士兵只是由民众中最受人轻视的一部分组成，他们是爱好闲散工作的游手好闲者，是在军队中寻找放纵和法外之地的浪荡子，是缺乏对父母的体贴和顺从，出于对放浪生活的兴趣而应征入伍的年轻人。[②]由于他们只是出于轻率，因此，与异邦人一样，他们对于长官的态度缺乏倾慕和依附感。这样的部队与曾经统治天下的罗马人的部队之间，差别何等大！今时今日在所有军队里时常发生的逃兵现象，在罗马人那里见所未见，因为罗马人的战斗是为了他们的家人、家神、[③]罗

---

　　① 这位北方国王即弗里德里希二世的父亲弗里德里希·威廉一世（Friedrich Wilhelm I., 1688—1740），自1713年成为普鲁士国王。

　　② 在法语中，Libertin是个多义词，既有思想自由，又有蔑视道德规范的意思，这也适用于Libertinage一词。*Nouveau Dictionnaire des Passagers François-Allemand et Allemand-François, oder neues Frantzösisch-Teutsches und Teutsch-Frantzösisches Wörterbuch*（hg. v. Johann Leonhard Frisch, Leipzig 1739）对该词解释是："Libertin, e，形、名（来自liber, frey, libertinus），不愿维系在任何宗教上的人；罪恶的，享有采取不敬神的自由；爱自由，不愿受强迫；任性放荡的；某种异教人士或者异端分子。"

　　③ 家神是罗马人的家族之神，被埃涅阿斯从焚烧着的特洛伊城拯救出来。人们奉他们为家族财富的保护者。

马公民身份以及他们生命中至为宝贵的事物。他们不会起念怯懦地逃跑，从而一下子出卖如此多的利益。

欧洲伟大君主们的安全在于，他们的军队几乎都实力相当，谁也不比谁更有优势。只有在瑞典军队中，大家才同时既是民众，也是农人和士兵，一旦发生战争，每个人都会义无反顾地上战场。不过，绝没有必要惧怕他们的强大，因为长久来看，他们除了更多地损伤自己而不是敌人之外，会一无所获。

关于雇佣兵就说这么多。而就伟大君主应该如何打仗，笔者完全赞同马基雅维利的观点。实际上无论从哪方面而言，一位伟大的君主都有义务亲自领导部队，让无论在王府还是军队中都有他的身影，不是吗？他的利益、他的职责、他的光荣，这一切都要求他这样做。正如他是分配性正义的元首，^①他也是百姓的保护者和捍卫者。他必须将捍卫臣民视为在位的最重要使命之一，出于这一理由，他也只能把这些使命托付于自己而不是任何其他人。由于一切命令皆由他出，建议及其实施也都因他之命旋即而来，因此，他自己的利益似乎也要求他必须亲临军队。

此外，君主令人敬畏的在场也会终止将军中间的不合，这些不合对于军队来说是致命的，对于君主的利益而言也是有百害而无一利。君主的在场还使得军火库、弹药、军饷等相关方面安排得更加有条不紊，倘若这些方面混乱不堪，即便身处百万士兵前锋的凯撒也做不出伟大和英勇的举动。由于是君主决定是否要进

---

① Iustitia distributiva［分配性正义］，法哲学意义上正义的原始形式，意思是按照公共福祉的标准，根据需求、能力、功绩，对权利和义务进行分配。参 Art. Gerechtigkeit, in: *Handbuch der deutschen Rechtsgeschichte*, Bd. 1, Berlin 1971。

行战役，因此，指挥战役、通过亲临战场而赋予部队勇敢精神并给他们带来安全，也必然是他的分内事。他的责任在于让人们看到，胜利如何不断地在证实他的计划，而他又如何以自己的审慎将幸运牢牢抓在手上。他应该为他的部队树立光辉的榜样，让他们看到如何应对危机、险境乃至死亡，既然他的职责、荣誉以及不朽的身后名要求他这样做。

以干练、明智、勇敢捍卫国家免遭敌人侵犯，以大胆和熟练战胜敌人的猛烈袭击，以坚定、审慎和军人德性捍卫敌人企图以不义和僭取来窃获的权利，这样一位君主会有怎样的光荣？！

在笔者看来，基于所有这些理由，君主必须担负起责任，亲自指挥军队，并且与他们共同分担他使臣民所面对的一切困难和危险。

不过，有人会说，并不是每个人都是天生的士兵，许多君主既没有天赋，也没有成为军队指挥所必要的经验。不得不承认，这话没错。不过，这样的异议并没有那么令笔者感到窘迫，因为在军队中总可以找到富有洞见的将军，君主只需遵从他们的建议。比起让将军受议会的监督，这样可以把仗打得更出色，因为议会并不在军中，无法判断情势，故而常常阻碍最干练的将军去证明自己的能力。

强调过下面这句在笔者看来尤为特别的马基雅维利的原话后，笔者会结束这一章。他说：

> 威尼斯人不信任指挥他们军队的卡尔米纽奥拉伯爵，认为有必要除掉他。①

---

① 在马基雅维利那里对应的位置是："于是，为了保护自己的安全，他们（［德文编按］即威尼斯人）迫于必然性杀了他。"（参 *Il Principe. Der*

坦率讲，笔者无法理解这句话。什么叫认为有必要除掉某人？一定是指背叛、毒死、谋杀某人，简言之，杀人。这位从事犯罪勾当的博士认为，可以从语言上粉饰罪行，从而为最阴暗的罪行披上无辜的外衣。

古希腊人谈及死亡时常常会使用婉语，因为他们只能以一种隐秘的颤栗承受人离世的可怕。而马基雅维利之所以粉饰犯罪，是因为他的心与智相对立，从而无法如此粗暴地消化他所教谕的可鄙道德。

倘若一个人对于向他人展示真实的自己感到脸红，并且害怕不得不面对自我检验的眼光，那也太可悲啦！

Fürst, hg. u. übers. v. Philipp Rippel, 101）弗里德里希二世对此处措辞的批评涉及他所使用的匿名出版的法译本《君主论》（Amsterdam，1696）。此处马基雅维利直白的用词 ammazzarlo［杀死他］，在该版本中被弱化为 le faire sortir de ce monde［将他除掉］。参 Voltaire, *Anti-Machiavel*, 176f., Anm. 6。

卡尔米纽奥拉伯爵（Francesco Bussone, Graf Carmagnola，1380—1432）最初为米兰服务（他于1421年占领了热那亚），自1425年服务于威尼斯，并于同年战胜米兰人。一俟他没有了战功，便被怀疑变节，遭到斩首。

十三 论援军、混合军队和本国军队

在所有古代哲人中，最智慧、最谦逊、最节制的，无疑是新学园派哲人。①在判断上谨慎的他们，从不会贸然地否定或者肯定什么，他们在下判断时，既不会被先入之见的谬误也不会被狂烈性情牵着走。

要是马基雅维利从这些哲人的节制中有所得，而不是沉溺于想象力狂热的念头，那就太好了，这些念头常常使他脱离了理性和健康理智的道路。

马基雅维利宣称，明智的君主宁愿与自己的军队一同灭亡，也不愿在外人帮助下胜利，他的夸张在此达到了高潮。进一步超越这种夸张是不可能的，而且笔者要说，自从世界成为它所是的样子以来，就没有人说过比下面这句话更荒唐的话：马基雅维利的《君主论》是一本好书。

上述这样的冒失说法只会给作者带来批评，它既不符合政治，也不符合经验。哪位君主不会选择维护国家——不论利用什么手段和人选——而选择其灭亡？

笔者认为，即将溺死的人一定不会愿意听如下长篇大论：把自己的生命归功于他人而不是自己是没有尊严的，所以他还不如沉没，而不是抓住别人为了救他而伸出的绳索或者棍棒。经验告

① 雅典的新学园派尝试协调廊下派的教条主义和激进的怀疑论。

诉我们，人首要关心的是自我保存，其次关心的是自己的幸福，这就使作者夸夸其谈的假结论全然落空。

更细致地研究马基雅维利的这一说法会发现，它不过是那位卑鄙的引诱者竭力给君主灌输的掩饰着的嫉妒心。然而，无论任何时代，损害君主利益的，恰恰是嫉妒心。比如对赶来帮助他们的将领或者盟友的嫉妒，他们不愿等待后者的到来，生怕不得不与他们分享光荣。不计其数的战役都因为这个缘故而失败。给君主带来损害的常常更多是琐碎的嫉妒心，而不是敌人在数量上和其他方面的优势。

对于社会而言，嫉妒是最为有害的恶行之一，对于君主而言，它所带来的后果不同于老百姓。倘若一位嫉妒臣子的君主统治了国家，那么，国中只会产生畏首畏尾的市民，而不是有能力做出壮举的能干之人。爱嫉妒的君主同时也会将那些伟大的——仿佛上天为辉煌的举动所创造的——禀赋扼杀于萌芽之际。帝国的衰落和最终完全覆亡，都与此紧密相关。东罗马帝国的倾覆既与君主对将领们幸运成就的嫉妒有关，也与末期几位统治者在宗教上的狭隘之见有关。富有才干的将领并没有因为成就获得奖赏，反而得到惩罚，于是，缺少经验的将领加速了帝国的没落。这样的帝国因而也必将灭亡。[①]

君主应该感受到的最重要的情感是祖国之爱，而他独一无二的意志，应在于为国家福祉带来有益和伟大的事物。他的自爱心和一切激情都应该奉献给这一目标，他应该听取每一条建议、接受每一次援助，招纳所有他可以找到的伟大人物——简言之，将

---

① 关于东罗马帝国的衰亡，参孟德斯鸠，《罗马盛衰原因论》，第22、23章。

一切都为我所用，只要它们有利于促进实现他在臣民幸福方面良好的意图。

那些不依靠混合军队或者援军就足以应对风浪的大国，最好将这类军队从自己的军队剔除。不过，很少欧洲君主有能力这么做，因此在笔者看来，只要本国军队的数量占上风，援军并不会给他们带来什么风险。

马基雅维利只是为小国君主写作，他的作品只不过由一些政治即兴曲组成。①几乎没有一处，作者的经验不与自身相悖。笔者可以给出大量由援军组成的富有成效的军队的例子，以及一些由援军服务得很好的君主的例子。

帝国皇帝与帝国一道，加上英格兰和荷兰，战胜了法国人，将他们赶出德意志和意大利，并在弗兰德将他们一举击溃，这些在布拉邦特、莱茵河畔以及意大利发生的战争，靠的都是援军。②三位北方国王剥夺查理十二世在德意志一部分国土这一行动，③同样是由以联军形式联合起来的不同统治者的军队执行的。法国人在1734年的战争中——法国借口支持一再被选举又一再被废黜的波兰国王而发起——也是与萨伏依人联手，占领了米兰以及伦巴第的大部。

笔者已举出这么多例子，马基雅维利还有什么异议呢？大卫王与歌利亚战斗时拒绝了扫罗的武器，因其太沉重，这个很

---

①　意大利语Concetti指极富思想的想法或机智且即兴的语言游戏。

②　上述战争和打败法国人都发生在西班牙王位继承战期间。

③　北方战争中，普鲁士和汉诺威于1713年加入了反挪威的同盟。"三位北方国王"是弗里德里克四世（1671—1730），自1699年成为丹麦国王；弗里德里希·威廉一世，普鲁士国王；彼得大帝（1672—1725），1682年成为沙皇，1721年成为俄罗斯皇帝。

是智慧的扫罗的武器比喻有什么用处呢？[1]不过是哗众取宠，别无其他。不得不承认，对君主而言，援军有时会变成累赘，但笔者要问：倘若凭此能攻城略地，君主难道不应心甘情愿地忍受吗？

在谈到这些援军的上下文里，马基雅维利将他的毒液洒向了为法国人服役的瑞士人。对于这些能干的部队，笔者必须插一句话：毫无争议的是，法国人借助他们的援助打赢了不止一场战役，这些瑞士人为法兰西王国做出了卓越的贡献。假如法国辞退了在军团服役的瑞士人和德意志人，他们的军队一定没有现在这样令人闻风丧胆。

关于马基雅维利在理智方面的错误就说这么多，现在谈谈他在道德方面的错误。马基雅维利为君主提供的糟糕范例，属于那类绝不能放过的马基雅维利式邪恶。在这一章，他提到了叙拉古的希耶罗，后者认为无论维持还是解除军队都同样危险，因此就屠杀了他们。当在历史中偶然读到这样的故事，我们会感到厌恶。但是，当在一本本应为君主提供教诲的书中读到时，我们会感到愤怒。

残暴和野蛮会败坏老百姓，因此大多时候也会受百姓憎恶。然而，远离了常人命运之天命的君主，就自身而言对残暴和野蛮却没有如此强烈的反感，因为他们不用那么担心后果。因此，所有受命统治他人的人，都必须坚决反对种种不加限制的权力滥用。

---

[1]　大卫王在与歌利亚战斗时拒绝使用扫罗的武器（参《圣经·撒母耳记上》17：38-39），弗里德里希二世从这一譬喻中得出的结论是："他人的铠甲不是从你的身上落下来就是把你压倒，或者把你束缚得紧紧的。"（*I Principe. Der Fürst*, hg. u. übers, v. Philipp Rippel, 109）

马基雅维利在本章说：

> 世上最虚弱、最不牢靠的东西，莫过于不以自己的力量
> 为基础的关于权力的名望了。[①]

正是这位马基雅维利今天不得不发现，他极其脆弱的威望已经一去不复返。倘若他的思想在他身前曾给他带来过尊敬，那么，他的邪恶则在他身后使他遭人憎恨。同样，公众虽然在一段时期内会受人愚弄，但他们绝对懂得如何去评价一个人的名声。即便他们曾经一度倾向于恩惠而不是正义，也不会一直如此，他们会在一些人死后去评判他们排在什么地位，就如以前人们以相同的严厉去评判死去的古埃及国王那样。[②]

因此，要想在世人那里享有好名声，只有一个可靠和稳妥的手段：想要在公众那里表现为什么样子，实际就怎样做。

---

① ［译按］这句话在《君主论》中是马基雅维利引用的塔西陀《编年史》的说法。

② 弗里德里希二世援用的是 Charles Rollin, *Histoire ancienne des Égyptiens, des Carthaginois, des Assyriens, des Babyloniens, des Mèdes et des Perses, des Macédoniens, des Grecs*, Amsterdam 1734-1736, Bd. 1, 6. Kap. (Rollin cf. S. 265, Anm. 1)。

十四 君主在军事方面应当做什么

任何工种都有其独特的学究气，这种学究气源于过分的热忱和片面的沉迷，并导致夸张，使人面临受人耻笑的危险。

人们不无宽容地审视着学人共和国的短工们，这群服务于学术进步的人置身于古学的学术尘埃中，可以说，用他们从这一灰暗中透出的火光照亮人类。为了有助于——他们内心几乎不了解的——同时代的活人，这群人与他们熟稔的死人和古代作家度过一生。

人们在某种程度上容忍一流学者的这种学究气，因为他们的活动妨碍他们去认识自己的时代和同侪，而这些人本可以教会他们一些人情世故。而出于相反的理由，这种学问在武人身上则完全无法忍受。

倘若士兵过分地抠住细枝末节，夸夸其谈，堕入堂吉诃德式的愚蠢，那么，他就成了学究。这些错误使士兵在他的职业中显得可笑，就如同落满灰尘的书房和拉丁文学者国度的举止使学者显得可笑一样。

狂热的马基雅维利令君主也面临这种嘲笑。他过分夸大一切，以至于要求他的君主完完全全只应该是士兵。他把君主打扮成十足的堂吉诃德，令其满脑子充斥着战场、构筑防御工事、对固定地点的围攻、进攻、阵地、防御等等。令笔者感到奇怪的是，作者竟然没有突发奇想，用护城河形式的汤、炸弹做成的酥皮点心、堡垒形的大蛋糕来投喂君主，像可爱的幻想家塞万提斯那样，让君主与风车、羊群以及街道对战。[①]

一旦脱离了明智的中道——在道德方面其意义就相当于力学中的重心——就会出现这些混乱。

若君主仅仅致力于战争事务，就只完成了自己使命的一半。君主只做个士兵完全是错误的。请联想笔者在本书第一章关于君主起源的说明。从职责来看，君主是法官，他们若是也成了将军，那只是附加的角色。马基雅维利类似于荷马的诸神，他们的形象是强大、健壮并且强有力，但是绝不正义和公道。他甚至不了解正义的基本知识，只懂得自私自利和暴力。

作者只提供了零星的思想，他有限的想象力所领会的对象只涉及小国君主的政治。他用来建议君主狩猎的理由真是再糟糕不过了。他认为，他们可以用这种方式熟悉国土的环境、道路！

倘若法国国王或者某个皇帝想要以这种方式获得关于国家的认知，那么，他在狩猎上所花费的时间几乎等于宇宙一年四季整个轮替所需要的时间。

请允许笔者在这里说几句离题话，详细探究一下狩猎问题，[②]

---

① 塞万提斯（Miguel de Cervantes，1547—1616）的代表作《堂吉诃德》（第一部1606，第二部1615）是西班牙文学中最为著名的小说，讲述了骑士的冒险，这些冒险故事都演变成了成语，比如与风车搏斗。弗里德里希二世藏有三个不同的法译本，尤其是 *Histoire de l'admirable Don Quichotte de la Manche*, Paris 1741。

② 将狩猎作为主题与弗里德里希二世童年时的经验有关，他的父亲对狩猎有着难以抵抗的热情。弗里德里希二世本人并不狩猎，并且反感同时代狩猎活动的粗鄙和野蛮，所以他始终拒绝首先根据狩猎能力来判断一位君主是否应得到认可。参 Dietrich Stahl, Die Jagd, in: *Panorama der friderizianischen Zeit*, hg. v. J. Ziechmann, Bremen 1985, 605-608。

因为狩猎的消遣是几乎所有贵族、上层贵族以及国王的激情所在。在笔者看来值得一谈。

大多数国王或君主至少会花去一生中四分之三的时间在森林里浪游，以捕猎和射杀野兽。如果这本书落入他们手里，使他们牺牲自己本来更有利于为人类谋福祉的时间去阅读它——即便笔者还没有自命不凡到奢望他们如此，那么笔者恳请他们见谅，对真理的热爱促使笔者讲出自己的意见——虽然与他们的观点相悖。笔者所写的并非谄媚的颂词，笔者的笔也刚正不阿，写这本书的意图仅仅在于尽可能自由地说出笔者坚信的真理或者在笔者看来合乎理性的事物，好使自己满意。倘若有某位读者品位败坏，以至于不爱真理或者无法忍受有人反驳他的思维方式，那么，就请他将此书束之高阁，当然不会有人强迫他阅读。

我们回到这个主题。狩猎是诸多为身体带来强烈震撼却无助于精神的感官消遣的一种。它是一种身体上的锻炼，是射杀野兽的熟巧。它是一种高级娱乐，一种喧闹的消遣，它填充了我们灵魂的空虚，同时又使其无法接受其他任何思想。追捕任何一种野兽，那是剧烈而迫切的渴望，猎杀它们则是残暴而血腥的满足。总而言之，这是一种令身体健壮结实，却令精神粗野败坏的消遣。

无疑，猎人会批评笔者过于严肃地对待这些小事，认为笔者故意打扮成威严和严厉的批评者，站在教士的位置享受特权，在布道坛上发表独白，证明自己所乐意的一切而不用担心自相矛盾。

不过，笔者并不愿意利用这一优势，反倒要在此列出狩猎爱好者所提出的似是而非的理由。首先，他们会告诉笔者，狩猎是最高雅和最古老的消遣，祖先和许多伟大人物都曾是猎人，人们在狩猎时将练习使用上帝最为仁慈地赋予亚当的掌管兽类的权力。笔者承认，狩猎也许与世界一样古老，也就是说，有史以来人们都会去狩猎。但是，古老的并不就是更好的。需要承认，伟大人物都曾热爱狩猎，但伟大人物也有自己的错误和弱点。我们当模仿他们身上的伟大之处，而不是仿照他们的渺小之处。

不错，祖先们狩猎。笔者也承认，他们还娶自己的姐妹呢，在他们的时代，一夫多妻司空见惯。但是，这些好祖先和我们亲爱的先人，向我们表现的尚还是他们所生活的野蛮时代。他们还生得十分蠢笨，极没有教养，他们是一群还不懂得做事的闲散人员。为了打发对他们而言过于漫长的时间，他们就把无聊用在了狩猎上。他们在林间、在狂野的捕猎中消磨时光，因为他们既没有能力，理智也不足以让他们把时间花费在理性人的圈子里。

但笔者的问题是：这些是用来模仿的典范吗？蠢笨应该是文雅的谦恭的教师？又或者，难道开明的时代不更应该是其他时代的模范吗？

笔者并不想探究亚当是否获得过对兽类的统治权。不过，笔者清楚的是，比起兽类，我们人类更为残暴和野蛮，是我们人类以极其暴戾的方式行使着这种貌似存在的统治权。[①] 如果说我们有

---

① 在批判笛卡尔的动物机械论观念的语境下，启蒙者要求一种新的动物世界的哲学观，并要求理性地对待动物。笛卡尔认为，动物是无感觉、无灵魂的机械，没有任何理性，因此与人有明显的区别（*Discours de la méthode*, 5. Teil），该观点被斥为荒谬（比如培尔、洛克）。在对动物灵魂理论的追溯中，人们赋予动物某些权利，谴责人对动物的残酷。反笛卡尔主义动物机械论的论战 18 世纪中期在法国达到高潮，尤其见：《百科全书》；La Mettrie, *Histoire naturelle de l'âme*, 1745；Condillac, *Traité des animaux*, 1754。参 Werner Krauss, Zur Tierseelentheorie, in: ders., *Aufklärung II: Frankreich*, hg. v. R. Geißler, Berlin, Weimar 1987, 174-210。

什么比兽类高明的东西，那无疑是我们的理性。然而在那些为狩猎辩护的人那里，满脑子充塞的常常无非是马、狗以及各色的兽类。通常是无教养的人有这种危险的习惯，他们肆无忌惮地受狂热的激情驱使。值得担心他们会像对待动物那样野蛮地对待人类，或者冷漠地施加祸害他人的残忍习惯，至少，狩猎会令他们心中对于邻人所遭不幸的同情心变得麻木。那么，这就是有人如此卖力向我们颂扬的高贵消遣吗？这类事是有思想的存在者值得去做的吗？

也许人们会反对说：狩猎有利于健康，经验告诉我们猎人会长寿；狩猎是一项无辜的消遣，对于伟大的人而言就如与生俱来一般，因为他们在狩猎时能够发挥他们的卓越技能；狩猎可以驱散他们的忧愁，并为他们在和平时期提供对战争画面的想象，君主在狩猎时可以认识土地特征、道路——总而言之，从方方面面认识他的国土。

倘若有人告诉笔者狩猎是一种激情，那么，笔者只能对他没有更好的激情而感到惋惜。某种程度上笔者甚至会原谅他，并且仅仅满足于建议他节制一种他无法克制的激情。倘若他告诉笔者狩猎是一种消遣，那么笔者会回答说，请享受吧，不过不要夸大。笔者绝不是要谴责一种消遣！相反！笔者更愿意打开灵魂的所有入口，欢乐可以经由这些门径进入人心。可是，倘若他告诉我，狩猎好处极大并且极其有益，并给出数百个理由，而它们只是诱使他产生自爱的幻象并讲出激情骗人的语言，那么，笔者的答案是：不要用这些站不住脚的理由来搪塞我。这种情形就如为了掩盖缺陷而在丑恶的嘴脸上涂抹脂粉。他因无法说服笔者，就企图至少使笔者眼花缭乱。一个无所事事、游手好闲的人就算长命百岁，对社会又有什么好处？诗曰："人们并不以年岁衡量英雄的一生。"① 重要的不是过着懒散无用的日子，熬到玛土撒拉那样的高龄，相反，人越多地使用理性，越多做出伟大和有用的壮举，才越算活得长。

此外，狩猎是所有消遣中最不适合君主的一种。他们可以用别的对臣子更为有利的方式施展自己的卓越。倘若野兽激增，以至于农人深受其害，君主大可以委托猎人射杀这些兽类。君主本应学会只将事务委托他人，自己则学习更多知识，以更有能力去配合诸种理念。君主的工作在于清晰而正确地思考，他们的思想应该受到这样的训练。然而，由于人们深深依赖于所沾染的习惯，并且由于他们的思维方式总是深受所作所为的影响，因此，他们自然更应选择给他们带来优雅和温和品质的理性之人的圈子，而不是只会令他们残暴与野蛮的兽类圈子。面对那些使智性屈从强势感性的人，那些使其精神适应于有意识的思维活动的人具有何其大的优势！人们在猎人身上断不能找到节制这种对于君主而言不可或缺的德性，唯独这一点就足以让君主憎恶狩猎了。

为了对付人们可能针对笔者的批评，也为了回到马基雅维利身上，笔者必须说明，要成为伟大的将军，不必非要成为猎人。

---

① 该诗出自18世纪威望极高的诗人卢梭（Jean-Baptiste Rousseau，1671—1741）的《颂歌》（*Oden*, 2. Buch, *Ode X*, 35-36）。由于在《颂歌》中攻击身居高位的人物并攻击宗教，诗人于1712年被逐出法国。弗里德里希二世藏有诸多版本的卢梭作品集并且经常认真阅读。在1738年4月19日致伏尔泰的书信开头，他引用了上述诗句，并在信中谈及自己的创作以及他心目中的榜样诗人（高乃依、拉辛、拉格朗日）。

古斯塔夫二世、马尔博罗公爵、欧根亲王，^①这些人都不是猎人，但谁也不能怀疑他们作为伟大人物和能干将领的声名。不同于被鹧鸪、猎狗、狍子、各色野兽以及狩猎时放肆的喧嚣搞得晕头转向，他们可以在巡视中就战争技艺方面的诸多情形作更加明智和可靠的观察。有一位大诸侯，他与皇室成员在匈牙利参加第二次战役时险些成为土耳其人的俘虏，因为他在狩猎时迷了路。^②军队中甚至应该禁止狩猎，因为狩猎已足以在行军中引起太多混乱。有多少军官因此疏忽了自己的职责，本应在军中驻留的他们，却远远地擅离了自己的岗位！出于类似的原因，甚至整营的官兵都会面临遭敌人偷袭和歼灭的危险。

　　总之，笔者的结论是，如果君主狩猎，那么前提是去得极少，并且是为了舒缓严肃和有时令人忧心的政务带来的紧张，如

----

①　古斯塔夫二世（Gusatv II. Adolf，1594—1632），1611年成为瑞典国王，"三十年战争"时期的元帅和优秀战略家，通过内政和军事改革，使瑞典在17世纪成为强国。

马尔博罗公爵（John Churchill，Herzog von Marlborough，1650—1722），英国政治家和辉格党代表人物，该党派最初是英国的反天主教议会党，获得市民支持。马尔博罗是西班牙王位继承战期间的元帅，商定了大同盟反对路易十四，与欧根亲王一道在赫希施泰特（Höchstädt，1704）、都灵（Turin，1706）、马尔普拉凯（Malplaquet，1709）战胜法军。

欧根亲王（Prinz Eugen von Savoyen-Carignan，1663—1736），哈布斯堡家族元帅，无论在土耳其战争还是西班牙王位继承战中，其作用都举足轻重。弗里德里希二世称赞他是伟大的元帅和政治家。欧根亲王赞助艺术和科学，亲近启蒙思想，与孟德斯鸠和伏尔泰书信往还。1734年7月，弗里德里希二世造访欧根亲王在菲利普斯堡的司令部，意在结识这位伟大的元帅，加深自己对战争技艺的认识。

②　指弗兰茨一世（Franz Stephan，1708—1765），洛林公爵，托斯卡纳大公，1736年与特雷西娅成婚，1746年被选为皇帝，成为弗兰茨一世，1737年在塞尔维亚科拉尔（Kolar）附近狩猎时险些被俘。

此就是可以原谅的。

对于那些以狩猎为职业的人而言，狩猎其实是他们谋生的手段。然而，理性之人来到世上是为了思考和行动，吾生也有涯，绝不允许如此不可原谅地浪费每一刻珍贵的时光。

笔者在前文说过，君主的第一职责是维护法律。现在加上第二个职责，那就是保护并捍卫他的国家。

统治者有责任维持军队中的秩序和纪律，他们甚至必须严肃地致力于作战技艺，好学会指挥军队，忍受辛劳，安顿营房，为各方准备充分的给养，做出明智而优秀的安排和迅速而正确的决断，在困难情况下独立找出获救的手段和解决方法，在顺境和逆境中都可以有收获，绝不会因为没有主意和缺乏审慎而有闪失。实际上，这是对人性提出了极高的要求！

人们更应该指望一位致力于改进思想能力的君主，而不是那些一心想着物质，只是按照或多或少粗鄙的感性冲动而活的人。总之，思想能力方面的情形与身体能力的情形并无两样：倘若以舞蹈形塑身体，[①]身体就会有好的姿态，变得轻盈挺拔；倘若疏忽于此，身体就会走形，失去优雅体态，变得笨拙和迟钝，随着时间的流逝再也无法应对任何体力上的考验。

---

① 随着路易十四——他本人是一位舞蹈爱好者——宫廷文化的流行，舞蹈已不仅仅是宫廷节庆的组成部分，还获得新的价值，成了一种锻炼体型和姿态的方法。舞蹈是要叫君主以优雅的出场为其自信增添独特的光辉，参Günther Lottes, Die Zähmung des Menschen durch Drill und Dressur, in: *Erfindung des Menschen. Schöpfungsträume und Körperbilder 1500-2000*, hg. v. R. van Dülmen, Wien, Köln, Weimar 1998, 221-239。

十五 论那些使世人尤其是君主
受到赞扬或谴责的事物

画家与史家的共同之处在于，他们为最为遥远的后世存留了人的形象。前者描画人的轮廓和色彩，后者表现人的性格、行为以及属人精神的历史。[①]有一些画家，他们的画笔在美惠女神之手的引导下，改善着美丽自然的疏忽，弥补着衰老的容颜，充满爱意地淡化那损害了笔下人物原貌的一切。而波舒哀或者弗莱谢意味深长的描述，则不止一次以宽大的方式处理笔下人物，纠正了过于人性的缺陷，使本身是大人物的名人成为英雄。

相反，另一些画家则只会捕捉丑陋的事物。他们的色彩会玷污最美脸庞的粉白和嫣红，赋予最协调的线条和轮廓某种有失体面的东西，以至于人们在他们仿照原作而画的古希腊维纳斯或小爱神的像中，丝毫看不到普拉克西忒勒斯杰作的影子。[②]有失偏颇

---

① 指称史家和作家活动的"绘画"（peindre）一词，在法国文学中随着蒙田、拉罗什福柯、拉布吕耶尔等人而风靡。弗里德里希二世藏有三人的作品。该词指的是这样一种诉求，即以类似于绘画的方式，以浅显的语言形象记录下人及其行动和时代的特征。

② 古希腊最为著名的雕刻家普拉克西忒勒斯（Praxiteles，公元前4世纪中叶）公认的杰作有克尼多斯的阿芙洛狄忒、斟酒的萨提尔、奥林匹亚的赫尔墨斯等。参Charles Rollin, *Histoire ancienne*, Amsterdam 1737, 11. Bd., 4. Buch, 82ff.。

的精神也会让作家犯同样的错误。丹尼尔神父在他的《法国史》中就歪曲了与加尔文教徒相关的事件。[①] 与这位受人尊敬的神父一样不由自主、不明智，一些抗议宗的作者太过阴险，倾向于选择激情怂恿下的谎言，而不是给予真理不偏不倚的见证，没有顾及史家最高的义务，即忠于事实、不含扭曲或者篡改地表现史实。

与上述两类人不同，另外一些画家则混杂了历史与虚构，制造出比地狱所生长的一切还要丑陋的怪物。他们的画笔似乎没有能力记录除了恶魔的脸庞之外的任何东西，对于他们而言，画布不过是为了摹画最丰富但也最阴森的想象力根据被诅咒的地狱怪物的阴暗和野蛮形象所能创造的一切。这类画作的卡洛或特斯塔，[②] 就是作家中的马基雅维利。他笔下的世界就是地狱，所有人则是恶魔。人们会认为，这位恨世者和抑郁的政治学教师，出于对人类整体的憎恨，而意图毁谤全部人类。又或

---

① 丹尼尔（Gabriel Daniel，1694—1728），耶稣会神学家和史家，撰有三卷本 *Histoire de France depuis l'établissement de la monarchie fiançaise dans les Gaules*, Paris 1713，弗里德里希二世藏有该书。《驳马基雅维利》书写期间，新教史家拉瓦尔（Stephen Abel Laval）的法国宗教改革史问世，他证明了丹尼尔对历史的篡改，见 *A compendious history of the Reformation in France, and of the reformed churches in that Kingdom: from the first beginnings of the reformation, to the repealing of the Edikt of Nantz; with an account of the late Persecution of the French Protestants under Lewis XIV.* [...] *; a work never before published; wherein the many falsifications of the Jesuit Daniel, author of the history of France, in Matters relating to Religion, are set forth in their full Light, and proved by his own Quotations*, 4 vols., London 1737-1743.

② 卡洛（Jacques Callot，约1592—1635），洛林雕刻家和铜版画家，在铜版画中表现民众的日常画面，并在《战争的灾难》中以他的新派现实主义技法展现了战争的恐怖。

特斯塔（Pietro Testa，1612—1650），意大利画家、铜版画家，以巴洛克风格表现古代和基督教主题而闻名。

者，他之打算毁灭德性，也许是为了使整个地球上的居民像他一样。

马基雅维利一谈及德性就面临受人耻笑的危险，就如同某个人在谈论自己并不理解的事物。此外，他还陷入了自己所谴责于他人的夸张之中。如果说有些作家想象了一幅过于美丽的世界图景，那么，马基雅维利笔下的世界则以过分卑劣的笔触来呈现。从马基雅维利生于妄想而提出的原则中，只能得出错误的结论，因为倘若没有"第一原则为真"这个前提，是不可能正确地思考的，就如同不可能画一个没有确定中心的圆。

我们这位作者的政治道德仅限于拥抱对个人利益有利的恶行，牺牲他人来满足自己的雄心，以及顺应世界的堕落，以便摆脱必然出现的败坏。

"利益"，是这座政治学说广厦的关键词，就如笛卡尔的"漩涡"，或牛顿的"重力"。在马基雅维利这里，利益是世界的灵魂，所有事物，甚至激情都得屈从于它。然而，人的激情的去留都在人的掌控之下这一前提，乃是源于对世界认识的极其不足。人体的机制证明，我们的喜乐、悲伤、柔情、愤怒、爱欲、漠然、冷静或者无节制等，总之，我们所有的激情，都仅仅取决于我们身体某些器官的特质，取决于某些细小纤维和膈膜的或精细或不那么精细的构造，取决于血液的粘稠或者易溶度、血液循环的流畅或者缓慢、心脏的强弱、胆汁的特质、肠胃的大小等等。笔者现在要问，我们身体的这些部分是否足够可教，以适应于自利的法则？抑或，认为它们并不如此是否更为理性？无论如何，马基雅维利一定会找出来许多离经叛道者，他们更倾向于选择伊壁鸠鲁而不是凯撒的神灵。①

对于理性存在者而言，只有一个正当理由使他反对去迎合激情，那就是为了自己的幸福和由此而对社会产生的益处。当我们屈从于激情时，激情就会使我们低下，当我们将缰绳拱手相让时，激情就会毁坏我们的身体。因此，有效的是节制而不是消灭激情，是单纯使之转向另外的对象，从而着眼于整个社会的福祉。倘若我们在至关重要的斗争中无法战胜激情，那么我们应该满足于对它最微小的优势，并将这一优势视为节制的开端。

在这个语境下，笔者必须为读者指出马基雅维利的一个极其严重的矛盾。他在本章一开始称，

> 人们实际上怎样生活与人们应当怎样生活，两者差距如此之大，以至于一个人要是为了应当做什么而置实际上做什么于不顾，那么他非但不能保存自己，反而会导致自我毁灭。

---

① 伊壁鸠鲁（公元前341—前271年）的"菜园子哲学"——之所以得此称呼，是因为他的学园办在菜园内——持一种经验唯物主义世界观。其思想核心是，此世的幸福满足、欢乐的生活不受既不关心世界也不操心世人的诸神威胁，因此，人们既无需敬奉也无需惧怕诸神。伊壁鸠鲁的自然哲学赞成现象（包括诸神）的多元性，与柏拉图的一元哲学相对立。在法国启蒙哲学中，伊壁鸠鲁主义（作为廊下派主义的对立面）对于证明个体幸福，肯定感受作为认识真理以及作为感官和感性激情之正当性的前提，具有重要作用。与笛卡尔或将激情视为灵魂之紊乱的笛卡尔主义不同，以伊壁鸠鲁为根据的法国启蒙者要求解放感性，这招致人们谴责他们渎神、快乐至上以及放荡。参 Ernst Cassirer, *Die Philosophie der Aufklärung*, 474ff.；Wolfgang Schmid, Art. Epikur, in: *Reallexikon für Antike und Christentum*, 5 (1962), 682-819。培尔词典的"伊壁鸠鲁"词条被收入《培尔历史考订词典选》，无论对于法国启蒙运动的伊壁鸠鲁主义还是对于弗里德里希二世本人，该词条都是一条重要的参考。

想必作者忘记了自己在第六章所说——他在那里曾说：

> 尽管并不能完全沿着别人的道路前行或完全获得你所效
> 法的那些人的德能，但一个审慎的人总是应该追随伟大人物
> 的足迹，效法那些最卓越的人。这样，他自己的德能即使达
> 不到那样的程度，至少也可有几分相像。

鉴于马基雅维利不可靠的记忆力，他本人的确很值得同情——倘若他的思想和推论所欠缺的关联性和连贯性不是更加令人同情的话。

马基雅维利将自己的思想错误和卑鄙的伪智慧的原则发挥到了极致，他宣称，在一个人类所能创造的充满罪恶和败坏的社会里，完完全全做个好人而不致毁灭是不可能的。这就相当于说，如果三角形制造了一个上帝，那么，这个上帝也一定有三个边。[①] 在此意义上，这个腐败的坏世界就是马基雅维利真正的创造。

正派人会具有超拔的精神，他会周全而明智，却无碍于他心灵的纯粹。他敏锐的先见之明足以使他看清敌人的企图，他无需倚借任何智慧的建言，总会指出方法和手段去避开邪恶的敌人为他设置的陷阱。

不过，什么叫在无赖中无法做个十足的好人？除了自己是个无赖，别无其他！谁若一开始不愿做个十足的好人，通常最后只会做个十足的坏人。他就像多瑙河一样，在它的环球旅行中不会变得更好：它发源于瑞士人那里，在鞑靼人那里流到头。

---

① 这里对笛卡尔主义关于几何学真理之永恒有效性原则的暗讽，在孟德斯鸠的《波斯人信札》第59封信中几乎可以找到逐字逐句的对应。

笔者承认，人们在马基雅维利这里可以学到特别新颖、特别独特的东西。笔者在阅读《君主论》之前还太过愚蠢和无知，不懂得在某些情形下也允许正派人去做犯罪的勾当。幼稚的笔者还不知晓，像喀提林、卡图什、米尔维斯等人竟是世人的榜样，①相反，与大多数人一样，笔者坚信德性应该提供榜样，而恶行则应该以这个榜样来自我纠正。

对此，人们还需争论并提供论据来证明德行优于恶行、善举优于作恶的心肠、慷慨优于背叛吗？笔者认为，任何理性的人都很清楚自己的利益所在，从而可以感受到从这两个方案中的哪一个可以明显得到更多益处，并厌恶那个在此问题上既不怀疑也毫不动摇地去选择犯罪勾当的人。

---

① 喀提林（Catilina，约公元前108—前62年），于公元前63年阴谋推翻罗马共和国，后被时任执政官的西塞罗剿灭，参西塞罗的反喀提林演说（*In Catilinam*），以及撒路斯特对该阴谋的描述（*De conspiratione Catilinae*）。

米尔维斯（Mir-Weis，1675—1717；［译按］另一写法为Mirwais）于1709年杀死坎大哈君主，夺取王位，至死执掌大权，参Jean-Antoine du Cerceau, *Histoire de la dernière Révolution de Perse*, Paris 1728, Bd. l, 260f.。

十六　论慷慨与节俭

　　菲迪亚斯和阿尔卡美涅斯这两位著名的雕刻家，各自完成了一件密涅瓦雕像。①雅典人将选择其中更美的放在廊柱之上。两座雕像都被展示在公众面前，阿尔卡美涅斯的雕塑获得一致通过。据说另一座雕得太粗糙。菲迪亚斯面对俗众的评判镇定自若，大胆地提出反驳，并要求人们就像所打算的那样，将两座雕像同时放置在一根廊柱上，然后才判定哪一座更美。两座雕像真的被树立起来，看吧，人们现在则认为，是菲迪亚斯，而不是他的竞争者阿尔卡美涅斯，更好地顾及了比例、透视、形体自由等规则。

　　菲迪亚斯的成功要归功于他对光学和透视法的研究。为高处所设的事物，遵循的规则必定不同于水平所视的事物。而一如在雕刻中那样，在政治学中也同样必须重视比例的这一法则。在政治领域，疆域的不同也会导致原则的不同，想要一个规则放之四海而皆准，就会歪曲这个规则。在大国里值得赞赏的东西，也许对于小国而言就不适宜。可将其中一个高举起来的东西，却会使另外一个跌入深渊。倘若混淆了极其不同的利益，人们就会犯

---

　　①　菲迪亚斯（Phidias，公元前490—前432年）和阿尔卡美涅斯（Alkamenes，《苑囿中的阿芙洛狄忒》）都是公元前5世纪古希腊的雕刻家。密涅瓦是罗马的女神，等同于雅典娜，诸艺术、手艺、战争之神。《巴特农神殿的雅典娜》（有大量罗马时期的复制品）是菲迪亚斯举世闻名的杰作之一。

怪异的错误，而且几乎无可避免地错误运用本身是好而有效的原则。

因过剩而产生并通过国家的动脉促使财富流通起来的奢侈，会令大的王国欣欣向荣，它促使生产效率提升，使有钱人、富足人的需求多样化，并通过这些需求将他们同穷苦人联系起来。奢侈之于大帝国的意义，[①]就如同心脏的扩张和收缩对于心脏活动以及对于人体的意义。血液会通过大动脉被输送到最外在的肢体，从这里经过静脉回流到心脏，然后再次流遍我们的身体的所有部位。

因此，倘若有个蹩脚的政治家想要在一个大国中禁止奢侈，这个国家就会气息奄奄，受到巨大削弱：多余的钱财静静躺在富人的钱柜里；贸易停滞；手工作坊因没有销路而破败；工业面临崩溃；富足的家族永远富有，穷苦人则没有任何摆脱贫困的动力。

---

① 关于奢侈的讨论在法国启蒙运动时期具有重要作用。伏尔泰在其被法国审查部门禁止的诗歌《俗世之人》（ *Le Mondain* ，1736 ）中捍卫奢侈，说它是个体在此世幸福的前提，而反对谴责奢侈为罪孽的立场。弗里德里希二世和孟德斯鸠以及伏尔泰都赞成重商主义代表的观点，即大的王国需要奢侈来维护臣民的富足。伏尔泰对尘世幸福的辩护词于1736年11月寄到莱茵斯堡，弗里德里希二世将其视为对沃尔夫形而上学研究的解药。

1736年12月3日，弗里德里希二世致信伏尔泰："《俗世之人》是一种真正的道德教训——倘若允许这么说的话。纯粹享乐带来的欢乐是我们在此世最触手可及的，我所理解的享乐是蒙田所说的那种享乐，它与毫无节制的放荡不羁毫无关系。"孟德斯鸠也认为（《波斯人信札》第106封信），给人们带来活计和面包的艺术和奢侈有助于促进社会文明，并且可以扩大君主的权力。18世纪法国有关奢侈的讨论参 Ulrich-Christian Pallach, Luxe, in: *Handbuch politisch-sozialer Grundbegriffe in Frankreich 1680-1820*, hg. v. R. Reichardt, H. -J. Lüsebrink, München 2000, 89-114。

完全相反的是，奢侈会毁灭小国：百姓会因为铺张浪费而危及自己的生计；由于钱财流出国内的数量远大于流入的数量，这个柔弱的机体会患上消耗性疾病，最终因消瘦而死亡。因此，对于任何政治家来说，绝不能混淆大国和小国，这是一条不容忽视的规则。而马基雅维利在这一章恰恰违反了这一规则。

笔者责备他的第一个错误在于，他以太过不确定的意义使用"慷慨"这个概念。浪费之人和慷慨之人之间的区别很明显。前者大手大脚、不假思索、完全不得体地挥霍身家财富。这样的无节制当受谴责。它是疯狂的表现，是缺乏判断力。因而，铺张浪费不符合智慧君主的品性。相反，慷慨者则宽宏大量。理性在所有方面都引导着他，在他那里总是量入为出。即便他勤于做合乎理性的慈善活动，他对不幸者的怜悯也只会促使他厉行节约，放弃多余的身外之物，以便能够帮助他人。他的善良只是以手头的资金为界限。笔者坚信，对于一位伟大君主，对于任何天生有义务帮助减轻他人负担的人而言，这是最重要的品性之一。

笔者谴责马基雅维利的第二个错误是他天生的思维方式上的混乱。笔者指的是他的无知，他由于无知而将吝啬的错误怪罪到慷慨头上。马基雅维利说：

> 如果一个人希望在人们当中维持慷慨之名，那就不可避免会带有某种豪奢的性质，于是，一位君主总是在这一类事情上耗尽自己的财力。最后，他如果想保住慷慨的名声，必然就会格外地加重人民的负担，横征暴敛，为了获得金钱无所不用其极。

贪婪的人才恰恰是这样的。用赋税压迫罗马人的是韦斯柏芗，而不是图拉真。①贪欲就像癌症一样贪吃和不知餍足，不断蔓延并且吞噬一切。贪婪的人会欲求财富，会嫉妒任何拥有财产的人，倘若可以就将它们据为己有。自私自利的人会受到利益的引诱，贪婪的法官会有受贿的嫌疑。贪婪这一恶行的特点在于，一旦它蠢蠢欲动，就会令最大的德性消失不见。

慷慨之人恰恰是吝啬之人的反面。他的宽宏大量是基于善心和怜悯。他所做的慈善只是为了帮助不幸者，并促进有功者的幸福，相较于天性，命运给他们的善意并不多。如此性情的君主绝不会去压榨民众，绝不会为了自己的享乐而挥霍臣子用辛劳获得的事物。相反，他只会考虑广开财源。不义和恶行只是在他不知情的情况下才发生，他的善心激励他为治下的民众带来无尽的幸福，他们所处的状态总会允许他们享有这样的幸福。

以上就是众所周知的慷慨和吝啬概念的意涵。财产微薄而家族却相对庞大的小国君主，善于尽可能地节省，以至于肤浅的人无法辨识其节省与吝啬的差别。有些君主虽然统治着几个国家，但算不上大国，他们也不得不有条不紊地管理收入，并量入为出

---

① 韦斯柏芗（Vespasian，公元9—79年），公元69年成为罗马皇帝，改革了国家财政，将税率从百分之十提高到百分之十四，与罗马帝国的经济和社会条件比对来看，该税率奇高。苏维托尼乌斯曾为韦斯柏芗作传，参 *Die Kaiserviten des C. Suetonius Tranquillus*, 8. Buch; cf. S. 119, Anm. 1。

图拉真（Trajan，公元53—117年），98年成为罗马皇帝，为帝国确保了内部和外部的和平，并保证了相对的富足，被同时代人称赞为"国家的第一仆人"，启蒙者附和了这一评价。图拉真与马可·奥勒琉在18世纪皆被视作典范性的统治者人格，他资助文学和艺术，并且大兴土木（图拉真广场、图拉真浴场、街道、运河、桥梁），建造新的城市和殖民地。图拉真开启了所谓的"五贤帝"时期，该时期是罗马史上稳定且文化繁荣的时期。

地行慷慨之举。不过，君主越是强大，就越应该慷慨大度。

也许人们会用法国弗朗索瓦一世的例子来反对笔者，他的过度挥霍部分程度上造成了他的不幸。① 众所周知，这位国王的享乐生活吞噬了他本可以用来获得荣光的资源。然而对此有两点需要提及：首先，当时的法国在权力地位、国家收入以及资源方面与今天的法国不可同日而语；其次，这位国王的做派并不是慷慨，而是铺张浪费。

笔者将是赞扬而非谴责君主的善治和节约的第一人。作为臣子监护者的君主，必须关心国家钱财的管理。他要就此为臣子们负责，而他若明智的话，就应该存储足够的资源，以便在战争时期能够负担必要的支出，而不至于被迫给臣子增加新的负担。管理国家资产需要审慎和周全，而君主若慷慨大度，将会是国家之福。君主会以此来促进工业，巩固自己的荣光，甚至可以激发德性。

最后，还需提及马基雅维利的一个道德错误。他称，慷慨使人贫困，并且因此而受人轻视。这是多么可鄙的思路！这种关于什么会带来赞扬或批评的观点是多么扭曲！那么马基雅维利，富人的财富因公众的认同就应该抵消其他一切吗？一块本身可鄙、

---

① 弗朗索瓦一世（Franz I.，1494—1547），1515年成为法国国王，第一位法国文艺复兴时期的国王，达芬奇和切利尼都曾是其座上宾。他下圣旨用法语替代拉丁语成为强制法律用语，建立了独立于索邦的研究机构，即今天的法兰西学院（1530），令人文主义取得突破，也意图在文化层面上证明法国的统治地位。后世责备其奢华的生活方式以及对国家财政的挥霍。他的"不幸"指的是在西班牙被俘（1525/26）：法国—哈布斯堡战争期间（1521—1526），弗朗索瓦一世在帕维亚吃了败仗之后（1525）被查理五世俘虏。他与查理五世在意大利竞争，作为皇权竞争者的他试图阻止查理五世的统治。

价钱任意而定的金属，就应使他的主人值得颂扬吗？谁能理解这样一种思想是如何进入一个思者的头脑的？人们获得财富要么通过勤劳，要么通过继承，要么更糟糕，通过暴力手段。所有这些手段所取得的财富，永远都是人的身外之物。人会占有它们，也会丧失它们。

因此，人们怎么能够混淆如德性和可鄙的钱财这样本身如此迥异的事物？纽卡斯尔公爵、贝尔纳或者佩尔斯都以财富而闻名于世。[①]不过，有名与受尊敬之间是怎样的天壤之别！财力雄厚而傲慢的克罗伊斯，富甲一方而贪婪的克拉苏，因着他们的奢华做派——如同奇异的现象——吸引着民众的注意力，但却无法赢得人心，也得不到人们的敬重。正义的阿里斯提德，智慧的斐洛波门、杜伦尼将军、卡提纳等人，在品德上完美无瑕，正像人们对古代男子汉的想象，他们受到同时代人的赞叹。他们是所有时代正派人物的榜样，尽管他们过着知足且无私利他的生活。[②]

赢得民心的并不是权力、强力或者财富，相反，这是个人品性如善良和德性的特权。正如贫穷或者困顿一点儿也不能贬低德性，外在的优势也一点儿也不能令恶行高贵或者使其回过头来受人敬重。

---

① 纽卡斯尔公爵（Thomas Pelham，1693—1768），有影响力的英国政治家，沃波尔（Robert Walpole）政府时期的大臣，后来出任首相，辉格党的代言人，以富有而闻名。

贝尔纳（Samuel Bernard，1651—1739），法国银行家，曾是新教徒，西班牙王位继承战期间（1701—1713/1714）在经济上给予路易十四支持，而阿姆斯特丹的银行家佩尔斯（Andries Pels，1655—1731）则在同一场战争中支持英国。

② 克罗伊斯（Croesus），公元前560年至前546年吕底亚最后一任国王，因贡赋和矿产而成为巨富。

　　俗众和穷人之所以对财富有一定的尊重，是因为他们无法从根本上认识和完全了解它。富人的态度恰好相反。那些理性思考的人则足够优越，足以睥睨一切归功于幸运或者偶然的事物。他们拥有世上的财富，因而更加了解财富的虚幻和空洞。

　　可见，重要的不是迷惑公众，以哗众取宠博得他们的尊重；相反，关键是配得上他们的尊重。

　　克拉苏（Crassus，约公元前115—前53年），罗马银行家和政治家，前三巨头（公元前60/59年）成员（包括凯撒和庞培），占有巨量财富，这令罗马的政治阶层在经济上依赖于他。

　　阿里斯提德（Aristides，约公元前530—前468年），雅典政治家和将领，对于建立第一次提洛同盟发挥了决定性作用。鉴于他在订立各个成员国赋税份额上的正派和审慎，人们称他为"正义者"。

　　斐洛波门（Philopoimen，约公元前253—前183年），古希腊将领，亚该亚同盟（公元前253—前183年）的战略家，普鲁塔克称赞其为"智慧的"希腊人。弗里德里希二世藏有大量的普鲁塔克《希腊罗马名人比较列传》，其中有上述希腊人的生平，比如 Les vies des hommes illustres de Plutarque, trad. en françois avec des remarques historiques et critiques par M. Dacier, Amsterdam 1735。

　　杜伦尼元帅（Henri de la Tour d'Auvergne, Marschall von Turenne, 1611—1675），路易十四时期最为重要的将领之一，同样，卡提纳（Nicolas de Catinat，1637—1712）亦为法国将领，1693年成为法国元帅，其正直和慷慨传为佳话。弗里德里希二世藏有杜伦尼的军事学回忆录，Mémoires sur la guerre, tires des originaux de M. Turenne avec plusieurs mémoires concernant les hôpitaux militaires, présentés au conseil en l'année 1736 par M. ***, à La Haye 1738。

十七 论残酷与仁慈，以及受人爱戴 是否好过被人畏惧

　　臣民的性命就是托付给君主的至宝。君主的职司赋予他们生杀予夺和恩待罪人的大权，他们是最高的法官。他们口中的一句话就会使阴森的刽子手和臣民的毁灭者降临。他们口中的一句话也会令恩宠的使者、危难中的拯救者、好消息的传达者速速赶来。若要避免滥用不加限制的权力，需要多少审慎、周全以及智慧！

　　在暴君眼里，人命一文不值。幸运将他们抬举得太高，以至于他们无法对自己无从知晓的不幸感同身受。他们就像只能够看到两步之外的近视眼，只能够看到自己，而丝毫不会注意到其余人。倘若由他们下令执行的死刑，以他们的名义去做而他们没有亲眼目睹的暴行所带来的恐怖，以及在绞死一个不幸者之前或者中间所发生的一切可以打动他们，那么，他们的心也许还没有硬到一再否定人性，他们的冷血也许还没有败坏到无法被感动。

　　好君主会将这种对臣子生杀予夺的无限权力，视作其皇冠上最沉重的负担。他们懂得，自己就像被宰治的人一样是凡人；他们也懂得，世上的不公、不义、伤害都可以得到补救，而操之过急的死刑判决则是无法挽回的不幸。他们采取严厉措施，只是为

了避免采取更糟糕的不公手段，这种不公手段是他们预料在别无他法时可能采取的。只有在无望的情形下，他们才做出这些无情的决定，类似于如下情形：在某个肢体部位感受到腐烂伤口的人，虽然很爱惜自身，却一定会同意人为他截去这个肢体，以便通过这个痛苦的手术至少确保和拯救身体的其余部分。同样，只有当最为紧迫的必要性催逼之时，君主才可以触犯臣子的性命。而且在此情形下，君主必须证明自己极其周全，并且特别具有责任心。

马基雅维利竟然将如此重要、严肃、有意义的事物视作琐屑小事。在他那里，人命一文不值，而利益——他推崇的唯一上帝——则代表一切。他倾向于残暴而不是温和，并且建议那些刚开始统治的人要手段，让他人而不是使自己披上残暴的骂名。

马基雅维利的主人公从刽子手摇身一变而成为君主，权力和暴力则是他们借以维护王位的手段。当我们的政治学教师寻找残暴的范例时，他就会遁向博尔贾，就如费讷隆想要指出德性的道路时，就会让读者参考忒勒马科斯。

马基雅维利还引用了几句维吉尔放到狄多口中的诗句。①然而，这个引用完全不得体，因为，维吉尔让狄多所说的，

————————

①　狄多（Dido）是维吉尔《埃涅阿斯纪》中核心女性形象，迦太基的传奇建国者和首任女王。埃涅阿斯与他的特洛伊同伴在特洛伊毁灭后逃难，途中遭遇沉船。狄多接纳并爱上埃涅阿斯，当后者不得不继续前行时，狄多自杀。马基雅维利引用的诗句是维吉尔笔下狄多的话："我的处境是艰难的，国家又是新建，迫使我不得不如此戒备，不得不广为设防，保卫我的疆界。"（*Aeneis*, I, 563-564, übers. v. Wilhelm Plankl und Karl Vretska；［译按］中译参维吉尔，《埃涅阿斯纪》，杨周翰译，译林出版社，1999，页20）狄多在这里为她一开始针对沉船的特洛伊人表现出的好斗姿态辩护。

就如同伏尔泰在《俄狄浦斯》中让伊奥卡斯特所说的那样。[①]
诗人让人物所说的话与人物的性格相符。因此，在一篇关于
治国术的论文中，的确不应该以狄多或者伊奥卡斯特这样的
人物为权威依据。在这里需要引用的是伟大和有德之人的
榜样。

　　若用一句话来反驳作者，笔者只需要考虑如下这点：犯罪以
如此致命的连锁反应出现，以至于一旦开了头，必然有更多的犯
罪接踵而至。于是，篡权夺位引出了流放、复仇、抄家、谋杀。
笔者要问，人为了保住王位而去谋划不得不犯的罪行，这难道不
是产生可怖的铁石心肠，不是产生于可憎的贪恋统治的野心？笔
者要问，难道世上竟然有某种个人利益允许一个人去谋害反对篡
权夺位者的无辜者？而且，沾满血污的王冠又会有什么样的光
辉？也许这些思考丝毫不会触动马基雅维利，但笔者坚信，整个
宇宙并不像他那样败坏。

　　我们的这位政治学教师尤其推崇以严苛对待军队。他将大斯
基皮奥的宽宏大量与汉尼拔的严苛相对立，偏向于迦太基人而不
是罗马人，并且立即得出结论说：残酷无情是秩序和纪律的动
力，因而也是军队致胜的动力。马基雅维利在这里的做法并不正
派，因为他选取了大斯基皮奥这位在纪律方面最为松散且爱通
融的将军，把他与汉尼拔做对比。为了使残酷无情显得是更优做
法，这位夸夸其谈的政治学者就把它说成是大斯基皮奥的软弱性
格的反面。马基雅维利承认，老卡图称大斯基皮奥是罗马士兵的

---

　　① 伊奥卡斯特（Iokaste）是俄狄浦斯的母亲，后来成为其妻子。伏尔
泰的悲剧《俄狄浦斯》（1715）于1718年在巴黎首演，大获成功，使当年24
岁的作者一夜成名。弗里德里希二世藏有1719年版的《俄狄浦斯》。

败坏者。^①于是他声称，自己能够有把握地判断是什么区分了两位将军的成就，以便贬低宽和。他常常将宽和混同于过分的善心所导致的恶行。

必须承认，没有严厉，军队就不可能有秩序。如果不是对惩罚的恐惧部分程度上驯服了吊儿郎当、挥金如土、罪行累累、软弱、冒失、笨手笨脚、形同畜牲以及心不在焉的人，那么，一个将军将无从使这些人坚守职责。

在这方面，笔者向马基雅维利所要求的只是节制。他应该记住，如果温和可以使一个正直的男子汉善良，那么明智也会使他在必要时变得严苛。他会像一位熟练的舵手那样采取果决的措施。只要暴风雨中的死亡危险迫使舵手采取行动，他就会砍断桅杆和缆绳。

然而，马基雅维利远远没有结束。笔者现在来谈谈他最具迷惑性、最具诡辩性、最引人注目的论据。他说，由于大多数人倾向于忘恩负义、反复无常、伪装、阴险、贪婪，所以君主若设法

---

① 大斯基皮奥（公元前236—前183年），在扎马（公元前202年）击败汉尼拔，于公元前211年至206年是西班牙的罗马将领，他未能阻止军队于公元前206年哗变，马基雅维利将其归结为斯基皮奥的温和（参 *Principe*, 17. Kap.）。

老卡图（公元前234—前149年），罗马政治家、作家、执政官、监察官，风纪严明的罗马和共和德性的代表。反对泛希腊主义，对于迦太基的毁灭负有责任（最为著名的说法是："在我看来，迦太基必须被毁灭！"）。老卡图在第二次布匿战争中与大斯基皮奥对立，他在元老院责备大斯基皮奥挥霍浪费公共财产。

汉尼拔（公元前247—前182年），在反抗罗马的第二次布匿战争中任迦太基将领，被马基雅维利当作伟大军队领袖的典范（*Principe*, 17. Kap.），因为他凭借其"非人性的残酷"，维持了由众多民族组成的强大军队中的纪律和雷厉风行。

使人畏惧而不是爱戴他，就会收获更多。爱戴作为一种义务性的纽带，会因为人类的邪恶和卑鄙而极易破碎。而对惩罚的恐惧却可以更紧地把人们束缚到职责上。人们可以随意地流露好感，却不会表现畏惧。因此，明智的君主更应依赖自己而不是别人。

针对上述内容，笔者的回答是，世上的确有忘恩负义和虚伪之徒，笔者也不否认畏惧在某些时候可以达到许多效果。但是，笔者的观点是，任何旨在让人畏惧的君王只会统治一群奴隶，而不可能指望臣子做出什么壮举，因为一切出于惧怕和胆怯而成就的事始终带有它们的印记。相反，一位有天赋使自己得到爱戴的君主却会赢得人心，因为他的臣子会发现由他统治所带来的好处。历史上也可以找到大量出于爱戴和忠诚而做出伟大且美好壮举的典范。需要补充的是，暴动和革命的风潮在当下似乎已经完全过去，除去英格兰，在任何王国，君王都没有任何理由去害怕他的民众。即便在英格兰，君王也没有任何可惧怕的，除非他自己要掀起一场风暴。

因此，笔者的结论是，相较于温和的君主，残暴的君主更容易面临背叛的危险，因为残暴令人难以承受，人们很快就会厌倦于恐惧。而善总是值得被爱，人们会不知疲倦地去爱它。

因此，为了世人的幸福，值得期待君主始终以善治民——不用过分放任，这样，善也会成为君主身上的德性而绝不是软弱。

十八 君主应当以何种方式守信

　　从根子上坏的事物将永远都是坏的，这是事物的天性使然。就算西塞罗或者德摩斯梯尼这样的人，若想要在这方面为世人做示范，也只会枉费其修辞术。人们虽然会颂扬雄辩，但也会拒绝由雄辩带来的可耻的滥用。演说者的目的，应该是保护无辜者免受施压者或者毁谤者的攻击，说明使决断显得可以接受的动机并采取更佳决断，以及表明德性多么高尚美好而恶行多么可憎和丑陋。反过来说，人们应该反感服务于一切与此相反的目的的修辞术。

　　马基雅维利，这位最邪恶、最卑鄙的人，在这一章处理了疯狂赋予他的所有论据，以便使犯罪可以登上大雅之堂。然而他误入歧途，在卑鄙的道路上多次摔跤，以至于笔者不得不在此指出他失足的几处地方。这一章的混乱和错误结论比比皆是，它也许是全书中邪恶和论辩弱点同时达到顶点的一章。他那令人难以接受的思想能力就如其糟糕的道德一样。这位为犯罪勾当诡辩的智术师，竟然胆敢声称君主可以通过伪装来欺骗世人。笔者要在这里予以反驳。

　　我们知道，公众有多么富有好奇心。他们就像动物，观察、聆听并将所见所闻的一切广为传播。如果公众的好奇心专注于私人行为，那就是休闲。然而，如果公众去评判君主的品质，那他们就是出于自利而这样做。因此，相较于其他任何人，君主更多地面对着世人的眼光和评说。他们同时也是星体，一众天文学家都将自己的六分仪和星盘指向他们。那些在他们身边观察他们的廷臣，每天都在评头论足。他们的每一个手势、每一次眨眼、每一个眼神都暴露了自己。①民众则试图通过揣测来接近他们。总而言之，正如太阳几乎无法掩盖其光斑、月亮无法掩盖其圆缺、土星无法掩盖其行星环，同样，伟大的君主也几乎无法在众目睽睽之下掩饰其恶行和主要品性。

即便某位君主借助伪装的面具一时遮掩了自己天生的畸形，他也不可能全天候地戴着这副面具。他必须时不时揭开它，即便只是为了呼吸。这样一种情形就足以为窥探者透露足够多的信息了。

因此，阴谋和伪装只会徒劳地停留在这位君主的唇边。狡诈的言行对他毫无裨益。人们不会以言辞来评判人，因为单听其言总是让人受迷惑。人们会对比他们的行动，然后比较言辞和行动。这样一来，虚假和伪装永远不会有什么作为。

人只有真实地表现自己，才可以扮演好自己的角色。人想要在世人面前呈现的自己，也必须是他内在的样子。否则，只会自欺欺人。

西克斯图斯五世、腓力二世、克伦威尔等人，被世人看作精明、狡猾、虚伪以及实干的人，但从未被视作有德之人。②因而，

---

① 伏尔泰的《俄狄浦斯》（第三幕第一场）原文是："只要一句话，一声叹息，即便一个眼神，每次都会出卖我们。"

② 西克斯图斯五世（Sixtus V.，1521—1590），自1585年成为教宗，被视作近代早期最为重要的"大祭司"，推动了"天主教改革"以应对宗教改革运动。

腓力二世（Philipp II.，1527—1598），自1556年成为西班牙国王，自1580年成为葡萄牙国王，皇帝查理五世之子，属于反宗教改革运动阵营（尤其利用宗教裁判所的手段），在尼德兰争取自由的战争中失败（1581年成立尼德兰联合共和国）。腓力二世在与英国的战争中（1588年西班牙无敌舰队战败）也曾获得西克斯图斯五世的援助。

伪装是不可能得逞的。即便一位君主足够老练，足够细致地遵从了马基雅维利的全部原则，他也绝不能为自己罄竹难书的罪行，涂抹上他并不具备的德性色彩。

马基雅维利这位德性的败坏者，关于能够促使君主做出狡诈和虚伪之事的理由，表达得再好不过。但以机智却错误的方式运用半人马寓言并不能证明什么。① 难道从半人马具有一半人的形象和一半马的形象这个事实，就必然可以得出君主是阴险和残暴的？倘若有人将心思用在如此苍白，因而如此牵强的论据上，他必定是十分热衷于要搞出一套犯罪的学说。

现在让我们讨论另一个思路，比起我们先前所见到的，这条思路更为恶劣。这位政治学教师要求君主具备狮子和狐狸的品性：之所以要具备狮子的品性，是为了震慑豺狼；之所以要具备狐狸的品性，是因为其狡黠。马基雅维利于是得出结论说："由此可以看到，君主并没有义务去信守诺言。"这是一个没有前提的结论。如果某个二年级学生以这种方式论证，老师一定会严厉地责罚他——而我们教授犯罪的博士结结巴巴列出自己卑鄙的说教，难道竟不感到羞耻？

倘若有人想要为马基雅维利混乱的思想带来诸如正派和健康理智之类的东西，那么，大抵可以用如下方式反其道而行。世界

---

① 半人马是一种神话动物，一半是马一半是人。阿喀琉斯和其他诸侯儿时都曾受半人马喀戎的教育，不同于其他半人马，喀戎既智慧又有学识。马基雅维利这样解释这种情况："这不外乎说，君主既然以半人半兽的怪物为师，他就必须知道怎样运用人性和兽性，并且必须知道，如果只具有一种性质而缺乏另一种性质，那么不论哪一种性质都是不经用的。"（参 *II Principe. Der Fürst*, übers. u. hg. v. Philipp Rippel, 136f.；［译按］中译本参页 83）

类似于一个赌局，参与者既有诚实的赌徒，也有出千的无赖。因此，不得不参与这样一场赌局的君主为了不致遭人欺骗，就必须知道出千的方法是什么——但并不是为了践行这些认识，而是为了不上他人的当。

让我们再回到这位政治学教师有欠考虑的表述。他说，由于所有人都是无赖，无时无刻不在食言，所以人对人也没有信守承诺的义务。一方面，这里面有一对矛盾。因为作者紧接着直陈，伪装的人总会找到足够多单纯的、可以被骗的人。这如何可以与他的前提一致呢——所有人都是无赖，然而他们可以找到足够多单纯的、可以被骗的人？！关于他的矛盾就说这么多。另一方面，这个思考总的来说也好不到哪里去，因为，说世界只是由无赖组成，这根本上就是错误的。在任何社会中都既有许多正派的人，也有大量既不好也不坏的人，同时也有一些无赖，司法就是针对这些人的，他们若触犯了法律就会遭到严厉惩罚。要是有人看不到这一点，那他必定是个十足的恨世者。

而如果马基雅维利没有了世界充斥着无赖这一前提，那么，他又该如何给自己可憎的原则提供根基？可以看到，一旦他致力于建立一套无赖的信仰和学说广厦，对他而言这就是一件义不容辞的事。马基雅维利认为，倘若你教过人欺骗，那么，你就可以欺骗人。即便我们认为，如马基雅维利所说的那样，人是那么邪恶，也无法从中得出结论说我们必须模仿他们。卡图什喜欢偷盗、抢劫、谋杀，但笔者的结论是他是个可怜的流氓，而不会结论说，我必须仿照他的行为来调校自己的行为。一位史家曾说，倘若世上再无尊严与德性，那就必须使人们可以在君主身上再次发现它们的痕迹。[①] 简言之，不存在任何思维方式让正派君主去逃避他的职责。

作者在证明了犯罪的必要性之后，便用犯罪时的轻而易举来鼓励其学徒。他称，只要善于运用伪装的技艺，就总能找到足够单纯、可被欺骗的人。简而言之，也就是说：你的邻居是个笨伯，你有头脑，因此，你必须欺骗他，因为他是笨伯。这就是三段论。因这样的结论之故，马基雅维利的一些学徒将在格列夫广场被处以绞刑和车裂。

我们的政治学教师并不满足于用自己的方式证明犯罪是多么容易，他还强调不忠会给人们带来何其多的幸福。只不过尴尬的是，博尔贾，这位最大的无赖、最大的背叛者、最阴险的人，马基雅维利口中的英雄，实际上是个极其不幸的人。在这个语境下，马基雅维利十分谨慎地谈论他。马基雅维利需要范例，而他除了从审判名单和教宗生平中，还可以从哪里选取呢？他选择了后者，并且确信，亚历山大六世，这位当时最狡诈和最不信神的人，凭借欺骗总能获得成功，因为他极其了解人们轻信的弱点。

然而笔者要说的是，促使这位教宗成功实施其计划的，并不是人们的轻信，而更多的是某些事件和状况。法国与西班牙诉求的对立，意大利几个家族之间的不和与仇恨，路易十二的激情和

---

① 这个说法据说出自好人约翰（Johann II., 1319—1364；自 1350 年成为法国国王），他在普瓦捷战役（1356）后成为英国人的俘虏。由于他忠实地按照骑士原则坚守战场而非逃跑，因此他于 1357 年被带往温莎，在那里得到热情款待。从意思上看，这段据信出自他之口的话见于 François Mézeray, *Abrégé chronologique de l'histoire de France*(Paris 1643-1651, Amsterdam 1740)，以及 Gabriel Daniel, *Histoire de France depuis l'établissement de la monarchie* (Bd. 3, 714)。这两部史书都在弗里德里希二世藏书中。

软弱，以及亚历山大六世凭其神圣性压榨得来且反过来使他变得势强力大的巨额财富等，都起到了不小的作用。

欺骗甚至在政治中也是大忌，倘若欺骗太过的话。笔者引用一位大政治家作为权威，即红衣主教马萨林。德哈罗曾言，此人作为政治家犯了一个大错，即他总是想着要欺骗。这位马萨林曾意图将一项棘手的谈判托付给法贝尔元帅，法贝尔告诉他：

> 先生，请允许我拒绝去做欺骗萨伏依公爵的事情，尤其是因为这只是一件小事。世人知道鄙人是个正直的人，请您将我的正派用在关涉法兰西福祉的机会上。①

笔者眼下既不谈正派也不谈德性，而是要强调，单就君主的利益来看，倘若他们去搞欺骗，蒙蔽世人，那么，他们的政治就是肮脏的。一旦他们的欺骗得逞，他们也就会丧失来自所有君主的信任。

某个大国在一份声明中明确地说明了其行事的理由，②但是紧接着却以完全相反的方式去行动。不得不承认，类似这样的恶行

------

① 德哈罗（Don Luis Méndez de Haro y Sotomayor，1598—1661），西班牙政治家，1659年代表西班牙与马萨林商订了比利牛斯和约。

法贝尔（Abraham de Fabert，1599—1662），法国宗教战争期间路易十四的元帅，被视为正派和忠诚之人。

② 指的是法国及其在波兰王位继承战（1733—1735/1738）中的立场。1733年，法国反对受俄罗斯和奥地利支持的萨克森选帝侯奥古斯特二世（波兰的奥古斯特二世之子），而支持当时的波兰国王、路易十五的岳父斯坦尼斯瓦夫一世，后者于1733年获得多数人选举。华沙被占、俄罗斯军队占领但泽（1734）之后，萨克森选帝侯获准成为波兰国王，是为奥古斯特三世。作为放弃波兰王位的赔偿，斯坦尼斯瓦夫得到洛林和巴尔公国，死后两个公国归法国所有。《驳马基雅维利》的作者认为法国在波兰王位继承一事上的政治表现是典型的马基雅维利主义，并且认为弗勒里主教应为其负责。

会扼杀一切信任。前后不一的行为来得越是直接，影响就越大。为了避免这样的前后不一，罗马教廷以极大的智慧，给他们打算纳入圣徒圈子的人，规定了一个去世后一百年之久的见习期。通过这种方式，人们对他们的错误和放荡的记忆将消失。他们生平的见证者以及可能反驳他们的人都将不在人世，而没有什么可以对抗将在公众中广为传播的神圣理念。

请读者诸君原谅笔者的离体话。此外，笔者承认，存在一些心酸的必要性，令君主无法避免终止和约并解除同盟关系。不过，这种情形下他必须保持礼节，并及时告知盟友，尤其要强调的是，他的动机只能是民人的福祉或极端困境的催逼。

类似于笔者刚刚责备过的某个大国的前后不一，在马基雅维利笔下数不胜数。在同一个段落里，他首先说：

> 要显得宽厚仁慈、笃守信义、讲求人道、诚实可靠、虔敬信神，并且还要这样去做。

紧接着又说：

> 一位君主，尤其是一位新君主，不可能遵守所有那些被认为是良善之人应该拥有的品性。因为为了维持他的国家，迫于必然性，他常常不得不背信弃义、毫无仁慈、不讲人道、违反神道。因此，他必须做好精神准备，随时顺应机运的风向和支配他的世事的变幻而转变。正如我前面说过的，只要可能的话，还是不要背离良善之道；但如果为必然性所迫，就要懂得如何走上为非作恶之途。

不容忽视，这样的思考简直是语无伦次。这样推理的人，自己也无法理解自己所说的，人们也不值得浪费力气去解开他的谜团或者澄清他的混乱不清。

笔者想要以一个思考来结束本章。请读者看一看，恶行如何在马基雅维利手下蓬勃地繁衍。他并不满足于君主很不幸地是个不信神者，他还想要用虚伪来为君主的不信神加冕。他认为，比起虐待他治下的民众，倘若钟意波利尼亚克而不是卢克莱修，①君主更能感动民众。一些人与他的观点一致。但笔者认为，应该对精神的谬误留有情面，只要它们不会造成心灵的败坏；比起卑鄙邪恶的正统教徒，民众会更爱戴一位为人正派并且为了众人幸福而操心的不信神的君主。为人们带来幸福的并不是君主的思想，而是他们的行动。

---

① 红衣主教波利尼亚克（Melchior de Polignac，1661—1741），神学家、笛卡尔主义的代表、路易十四时期的外交家，曾用拉丁文撰写《反卢克莱修》（*Anti-Lucretius sive De Deo et Natura*），该书作为遗作于1747年问世，但是早在1730年代已经有节选本流行。钟意波利尼亚克的君主指的是路易十四，后者读过《反卢克莱修》的手稿。波利尼亚克反驳了卢克莱修（公元前97—前55年）的哲学教诲诗《物性论》（*De rerum natura*）。

弗里德里希二世是个卢克莱修的热心读者，将《物性论》当作灵魂的指南反复阅读。《物性论》颂扬伊壁鸠鲁哲学，赞颂现象以及诸神的多元性，号召人们反对迷信。波利尼亚克的教育性的策略在于，证明卢克莱修的自我矛盾和谬误。波利尼亚克和卢克莱修都出现在《趣味的庙堂》（*Le Temple du Goût*，1733）。伏尔泰让弗里德里希二世注意到《反卢克莱修》（参1736年12月3日信）。值得注意的是，弗里德里希二世于1742年从波利尼亚克遗产中购得超过三百件古代大理石雕塑，这成为德意志君主最为重要的古物洽购行为。参 Gerald Heres, Friedrich II. als Antikensammler, in: *Friedrich II. und die Kunst*, Potsdam 1986, 64-66。

十九　论避免受到蔑视与憎恨

　　无论任何时代，体系思想对于属人理性而言都是危险的礁石。[①]它误导了那些人，他们自认为认识真理，并且因而沾沾自喜地将一种富有才思的理念当作自己思想的根基。它令体系主义者充满偏见，无论什么形式，这些偏见对于探究真理而言都是致命的，这就使他们显得更像是在写小说，而不是在提供论证。

　　古人的行星天空、笛卡尔的漩涡说以及莱布尼茨的前定和谐，[②]都属于由体系思想造成的思想谬误。这些哲人打算制作一份地图，而自己却不熟悉这个国度，甚至没有费心去进行探究。他们只知道某些城市、河流的名字，并把它们画入地图上由他们的想象力赋予的位置。随后，就出现了一些对于这些可怜的地理学

---

①　针对体系思想（Systemgeist/esprit de système）的论战直指17世纪的思想，该思想认为哲学认识的使命在于建立哲学"体系"，利用演绎方法，从提出某些原则出发，借助抽象论证来获得认知。相反，法国启蒙运动哲学则致力于分析被视为给定的现象，而诸原则是需要探究的。然而，作为哲学方法的体系（Systematik）概念并不仅仅被说成是负面的。"体系性思想"（systematischer Geist/esprit systématique）在18世纪被视为具有严谨和理性特点的modus cogitandi［思维方式］和进步的先驱（尤见Diderot, Art. Philosophie, in: *Encyclopédie*, Bd. 12, 1765）。参Michèle Mat-Hasquin, *Voltaire et l'Antiquité grecque*, Oxford, 1981, 256£, Anm. 29。

②　"前定和谐"和"单子"是莱布尼茨（1646—1716）形而上学的关键概念，流行于前康德时代。莱布尼茨在单子说构思的世界是一种由个体力

家而言有失颜面的事情：好奇的人们前往那些被描述得绘声绘色的国度旅行，这些旅行者身边有两位向导，一位是类比，一位是经验。他们大为吃惊地发现，城市和河流坐落在完全不同的地方，而各个地点的距离与前面提到的标注也无法吻合。

体系癖不仅仅是哲学家专属的迷狂，它也导致了政治分析者的愚蠢行为。马基雅维利比他人沾染这种癖好更多。他想要证明，君主必须邪恶和欺骗——至少他那可鄙体系的讲词是这样说的。马基雅维利具有被赫拉克勒斯击败的怪物的一切邪恶，却不具备它们的力量，因此，要将他击倒，也不需要赫拉克勒斯的大棒。①

量单位（单子）组成的结构，一切实体都由单子构成，单子不受外界影响，只遵循自身自然的法则。前定和谐在莱布尼茨这里指的是物理和精神原则的关系，该关系不以任何因果关联为前提。与伏尔泰通信初期，弗里德里希二世在研究沃尔夫的形而上学（参1736年8月8日致伏尔泰信，以及1738年2月19日之前与伏尔泰的通信）。不过，1739年至1740年前后，莱布尼茨的学生沃尔夫再也不能够吸引《驳马基雅维利》一书作者对纯理论哲学的兴趣了。

培尔在其"罗拉里奥"（Rorarius）词条下（*DHC, insbes. ab der 2. Aufl.*）以对话形式批判性地讨论了前定和谐，其中也表达了对这位博学家的赞叹，尽管其学说中充满晦暗不明。弗里德里希二世接受了培尔描述的莱布尼茨形象（见1737年7月6日信）。"罗拉里奥"词条被收入《培尔历史考订词典选》。不过，这里讥讽的语气指向伏尔泰，后者对莱布尼茨的批评更为尖锐，尤其是因为莱布尼茨在自然科学研究中部分程度上与伏尔泰所看重的牛顿相矛盾（*Éléments de la philosophie de Newton*, 2. Teil, bes. 5., 6., 8. Kap.）。伏尔泰对莱布尼茨的批判主要在他所不熟悉的形而上学上。在小说《老实人》（*Candide ou l'optimisme*, 1759）中，伏尔泰以荒诞的方式证明莱布尼茨哲学的哲学乐观主义是荒谬的。关于莱布尼茨在法国的接受，参 William Henry Barber, *Leibniz in France from Arnauld to Voltaire*, Oxford 1955。

① 赫拉克勒斯，宙斯和阿尔克墨涅之子，通过击败十二怪物，完成了"赫拉克勒斯伟业"（Ovid, *Metamorphosen*, 9, 182-198）。他代表着那些既完成英雄般的伟业也完成亵渎性举动的人。他的饰物有棍棒、狮皮、弓箭、箭筒、羊角以及他掠来的德尔斐三角架。

因为，还有什么比正义和良善更朴素、更自然并且对于君主自己来说更为得体的呢？笔者认为，要彻底地论证这一点，没有必要费力地搜集论据，因为世人都对此深信不疑。

故而，那位悖道而行的政治教师从一开始就已经搞错了。既然他宣称，已经确立统治的君主必须采用暴力、欺骗、背信弃义等等手段，那么，他就将君主变成了恶棍，而没有为人民带来任何好处。既然我们的作者要用所有恶行去打扮一位刚刚登上王位的君主，以便确保其篡夺而来的权力，那么，他给的建议就会激怒所有统治者和共和国去反对这位君主。因为，一个平民还能凭借什么方式取得统治权呢？除非他夺取主权君主的国家，或者僭取共和国的最高权力。然而，欧洲的君主们是断然不会答应他这样做的。如果马基雅维利为劫匪编辑了一个关于盗窃的集子，那么，这样一部作品所招致的责骂也不会比眼下的更少。

不过，笔者要说明一下这章出现的一些错误思路和矛盾。马基雅维利称，君主倘若以不义的方式占据臣子的财产、玷污臣子妻室的贞洁，就会招人嫉恨。不错，一位自私、不义、暴戾、凶残的君主，不可避免会招致民众的憎恨和蔑视，但是在他风流这件事上，情形却是相反。被罗马人称为人妇之夫和人尽可夫的凯撒，[①]迷恋女性的路易十四，与臣子共妇的波兰国王奥古斯特二世，这些君主都没有因为他们的情爱遭人嫉恨。凯撒直到他被刺，罗马的自由女神将匕首插入他的胸膛时，方才被人嫉恨，但那是因为他是个篡权者，而不是因为他是妇女之友。

---

① 见 Sueton, Caesar, in: *Die Kaiserviten des C. Suetonius Tranquillus*, 1. Buch, 52,3。

也许有人会赞成马基雅维利的观点而反对我说：那个国王就是因为卢克莱西亚被强暴而遭到放逐的。①笔者的回答是，引起罗马人不满的并非小塔克维尼乌斯对卢克莱西亚的爱，而是他因这份爱所施加的暴行。由于这一暴行在民人中间激活了对塔克维尼乌斯家族早年暴行的回忆，人们方才认真地考虑去复仇。

笔者之所以这样说，并不是要原谅君主的情色勾当，这种勾当在道德上是可耻的。对于笔者来说，关键的只是在于说明统治者并不会因这类事而招人嫉恨。在一些好君主身上，情爱只是被看作一种弱点，就如同有思想的人看牛顿作品中对《启示录》的评注那样。②

不过，向君主教诲爱需节制的这位博士是佛罗伦萨人，这个事实在笔者看来值得思考。除了其他一些好的品质之外，马基雅维利莫非也具有曾经作为耶稣会士的品质？

现在我们来看看他给君主们出的不致招致嫉恨的主意。他建议，他们不应该情绪化，不应该反复无常，不应该懦弱，不应该犹豫不决。无疑，这些都有道理。但是，在建议之后，他又说，

---

① 苏培布斯（Tarquinius Superbus）之子小塔克维尼乌斯（Sextus Tarquinius）强暴卢克莱西亚一事，是罗马共和国建国神话的一部分。根据哈利卡纳苏斯的狄奥尼修斯（Dionysios von Halikarnassos；希腊史家，约公元前30年来到罗马，撰写了罗马史）的表述，卢克莱西亚在广场上对罗马民众讲述了王子的恶行，继而在公众面前自杀。在此之后，布鲁图斯（Lucius Brutus）发誓终结王族的暴政，并且不会再容忍国王［译按：王子的父亲］。公元前509年，国王被驱逐之后，共和国建立。弗里德里希二世藏有至少四个哈利卡纳苏斯的狄奥尼修斯史书的法译本，比如 *Les antiquités romaines*, Paris 1722。

② 牛顿对《启示录》的评注在他身后出版，*Observations upon the Prophecies of Daniel and the Apocalypse of St. John*, London 1733。该评注尝试以常见的方式证明圣经预言的有效性，这在崇拜牛顿的启蒙者中间引起了不小的恼火。

他们应该总是表现得庄重、严肃、勇敢以及果决。勇敢，这是正确且好的。但是，为什么要让君主满足于这些德性的表象呢？他们不应该真真切切具备这些德性吗？倘若君主实际上不具备这些品质，他们至多只能糟糕地给人以他们具备这些品质的印象。而人们会发现，表演者和他所表演的英雄是两个截然不同的角色。

马基雅维利还要求，君主不应该受人摆布，这样人们就不会认为任谁都可以影响君主的思想，以至于能够动摇君主的观点。实际上，他说得不错。不过，笔者要说的是，世上没有不受人摆布的人，只是有些人多些，有些人少些。有个关于阿姆斯特丹的传说：它一度由一只猫统治。一只猫？一只猫如何统治一座城？请思考下面恩宠的层次，并做出自己的判断。该城的市长在议事会一言九鼎，享有极高的威望。这位市长有一位太太，他盲目地听从她的建议。女仆对这位太太的想法具有绝对影响，而猫则绝对影响着女仆。于是就导致了猫统治这个城市。①

在一些情形下，君主改变自己的行为甚至是值得尊敬的举动。而且，一旦意识到自己的错误，他甚至必须这样做。倘若君主像教宗自以为的那样不会犯错，那么，他应该好好去做的就是以廊下派的耐性坚持自己的观点。然而君主也具有人性的所有弱点和缺陷，所以必须持续地全神贯注于自我改善，在行为上完善自己。需要提醒的是，查理十二世过分忍耐和顽固，几乎让他在

---

①　弗里德里希二世统治时期流传着如下俏皮话："谁统治普鲁士国？匡茨夫人的宠物狗。因为，国王被匡茨，匡茨被夫人，夫人被宠物狗统治。"参 Peter Schleuning, *Das 18. Jahrhundert: Der Bürger erhebt sich*, Reinbek b. Hamburg 1984, 62。匡茨（Johann Joachim Quantz, 1697—1773），作曲家、横笛演奏家，自1728年起，任普鲁士太子的横笛教师，1741年被任命为国王的宫廷作曲家。

本德尔灭亡,[①] 他不可动摇的顽固给他带来的害处远远大于几场战役的损失。

笔者在这里还需指出马基雅维利的一些错误。他称,只要君主的军队值得信赖,他就永远也不会缺少亲密的盟友。这是错误的,除非他补充说,"他的军队和他的言辞都值得信赖"。因为,军队掌握在君主之手,而君主的正派与否决定着他是否履约以及军队的调动。

另外,还需说明一个形式上的矛盾。我们的这位政治家称,君主致力于受到臣子的爱戴,并避免阴谋。而他在十七章的说法是,君主必须专注于引起畏惧,因为他只能信赖掌握在手中的一切。如此看来,他就不能信赖民众的爱戴。那么,作者的意图到底是什么呢?他所说的是神谕的语言,人们可以想怎么解释就怎么解释——然而,顺带说一句,这种神谕语言是骗子的语言。

不过总的来说,笔者必须借此机会说明,阴谋和暗杀在当今世上几乎无法做到。因此,君主的人身是安全的,这样的犯罪已经过时,不再流行。马基雅维利所给的理由也完全正确。至多是某些僧侣的狂热还可以促使他们去干这样卑鄙的勾当——无论是出于虔诚还是神圣感。马基雅维利在谈到阴谋时给出了一些精彩的说明,其中有一个是极好的,不过从他口中说出就显得很邪恶,即,

> 在阴谋者这方面,除了恐惧、猜疑、担心受到令人丧胆

---

① 查理十二世阴谋在本德尔利用奥斯曼帝国首相,争取让土耳其人去对抗俄罗斯,其间他的王国却在一块块地丧失。参 Voltaire, *Histoire de Charles XII*, 5-7. Buch。

的惩罚之外，什么都没有；而在君主这方面，有的是君主的
威严、法律以及盟友和国家对他的保护。

在笔者看来，我们的这位政治学作者无权谈论法律，因为他
教诲的只是自私、暴力、暴政以及篡权。马基雅维利的做法就如
抗议宗，他们利用不信神者的论据去反对天主教的圣餐变体说。[①]
而为了反对不信神者，他们又利用天主教徒支撑圣餐变体的相同
论据。人们还称之为思想的游刃有余！

于是，马基雅维利建议君主，他们应该致力于获得爱戴。出
于这个原因，他们应该谨慎行事，同样，他们还应该确保获得贵
胄和民众的好感。他不无道理地建议他们，要把可能招致其中某
个阶层嫉恨的事务，推卸到其他人身上。为了这一目的，他们应
当设立可以充当民众和贵胄的裁判的机构。马基雅维利提出的模
板是法国的统治。这位暴政和篡取最高权力的爱好者赞同法国议
会曾经拥有的权力。不过，笔者以为，倘若今时今日有某个政制
因其明智的制度可成为模板的话，那它也是英格兰政制。[②]在那
里，议会扮演了民众和国王之间仲裁者的角色，国王享有一切为

---

① 变体在天主教神学中指的是"最后的晚餐"时"面包和葡萄酒的转
变"，在16、17世纪的教派斗争中，变体问题成为阵营归属的检验。反对变
体说的宣言被认为说明了对新教的效忠。

② 在将英格兰议会视为民众和国王之间的协调机制上，弗里德里希二
世与费讷隆（*Telemach*, 5. Buch）及伏尔泰（*Lettres philosophiques*, 8. Brief）
是一致的。总体来说，对于《驳马基雅维利》的作者而言，英格兰是欧洲唯
一这样的国家："在那里人可以不用装傻，人们敢于思考，敢于讲出一切。"
（参1739年5月16日致伏尔泰）弗里德里希二世一开始曾有意在英格兰匿名
出版《驳马基雅维利》，参Oswald Hauser, England und Friedrich der Große, in:
Friedrich der Große in seiner Zeit, hg. v. O. Häuser, Köln, Wien 1987, 137-150。

善的全权，却没有为恶的全权。

接下来，马基雅维利致力于对付那些——在他看来——可能会对他的君主品质提出异议的意见。他细致入微地讨论了上自奥勒琉下迄共治的两位戈尔迪安等罗马皇帝的生平。[①]我们要跟随他的思路来加以检验。这位政治分析家指出，频繁的权力更迭原因在于帝国的贿赂现象。可以确定，自从禁卫军将帝位拿出来售卖，皇帝再也无法确保自己的生命安全。帝位掌握在军人手中，被扶上王位的任何人都不得不倒台——倘若他不愿成为军人施行压迫的保护伞和暴行的工具的话。于是，好皇帝惨遭军人毒手，坏皇帝倒在了密谋的中途和元老院的命令之下。还可以补充的是，当时人们太过容易地登上王位，造成王位过于频繁地更迭，而且当时在罗马杀害皇帝司空见惯，就如同今天在美洲仍然盛行的那样：当高龄的老父亲成为儿子们的负担时，他们就会杀死老人。这就是风俗、习惯对人们所施加的力量。当人们需要服从这一力量时，它甚至能够抑制自然情感。

接下来对佩蒂纳克斯生平的思考[②]与作者在本章一开始所传授的教诲极难融洽，他说，倘若一位统治者意欲称王，他就会偶尔被迫违背正义和善良的目标。笔者自认为已经说明，在那个不

---

① 罗马皇帝名为戈尔迪安的有：戈尔迪安一世（Gordianus I.，约158—238），仅仅统治了一个月便自杀，当时他的儿子和共治者戈尔迪安二世（Gordianus II.，约192—238）在迦太基阵亡；另外还有戈尔迪安三世（Gordianus III.，225—244），戈尔迪安一世的侄子，12岁便成为继任者。

② 佩蒂纳克斯（Pertinax），在公元193年康茂德被杀后曾短暂做过罗马皇帝。佩蒂纳克斯自己也成为近卫军的牺牲品，后者将统治权提供给出价最高者。佩蒂纳克斯的岳父苏尔匹兹努斯（Flavius Sulpizinus）也进行了交易，而尤利安努斯（Didius Julianus）出价更高，他因此获得王位，不过两个月之后被杀。

幸的时代，无论是皇帝的善良还是他们的犯罪，都无法保护他们免遭暗杀。无论从哪方面来看，康茂德都不配做马可·奥勒琉的继任者，他招致了民众和军人的鄙视，后来被杀。[1]关于塞维鲁斯，笔者会在本章结尾处再谈。

现在我们谈谈卡拉卡拉，他由于残暴而无法保住王位，消耗了由其父亲经营的庞大军队，以至于人们都忘了他还谋杀了他的弟弟盖塔。笔者要对马克里努斯和埃拉伽巴路斯保持缄默，他们两人也都是被杀的，并不值得后人重视。他们的后继者亚历山大·塞维鲁斯具有良好的品质。[2]马基雅维利认为，亚历山大之所以丧生，是因为他变得软弱。然而实际上，他之所以丧生，是因为他想要重建由于其前任的无能而完全被荒废的军队纪律。当无所羁绊的部队听说自己将被秩序束缚时，他们就想摆脱这位君主。

紧接着亚历山大的是马克西米努斯，然而，这位举足轻重的斗士未能正式登基。[3]马基雅维利将这归因于他卑微的出身和过分的残暴。关于残暴，马基雅维利所言不假，不过他以此人的出身卑微为此人遭到轻视的理由，却是自欺了。大丈夫若凭一己之力

---

① 康茂德（Commodus），罗马皇帝（180—192），马可·奥勒琉的长子，自视为罗马的赫拉克勒斯转世，以角斗士形象出现，后来被最为亲信的人所杀。

② 卡拉卡拉（Caracalla），罗马皇帝（211—217），皇帝塞维鲁斯之子，好战的恐怖统治之代表。杀死亲弟弟兼共治者盖塔（Geta），于217年被马克里努斯（Macrinus）所杀。

马克里努斯（217—218）和埃拉伽巴路斯（Heliogabalus，218—222），都是历史上代表负面统治者形象的罗马皇帝。相反，亚历山大·塞维鲁斯（Alexander Severus，222—235）则以五贤帝时期的法治理想施行统治。

③ 马克西米努斯（Maximinus），罗马皇帝（235—238），亚历山大·塞维鲁斯的继任者，在美茵茨被立为第一位军人皇帝。

脱颖而出，只利用自己而不是祖先的价值达到目的，人们通常会认为这是出类拔萃的个人功绩。倘若他的辉煌只是因为自己的勤勉，人们还会越发敬重他。常常可以看到，出身高贵的人若本身并不具有什么伟大的才干，不符合人们对他们的高贵想象，就会遭到轻视。

我们在这里谈谈塞维鲁斯。[①]马基雅维利称，塞维鲁斯"既是一头非常勇猛的狮子，又是一只非常狡猾的狐狸"。塞维鲁斯的确具有伟大的品质，只不过马基雅维利只能赞同其虚假和不忠。此外，如果塞维鲁斯是个好人，那么，他也会是个好君主。借此机会值得一提的是，就像提比略被赛扬努斯（Sejan）所掌控，塞维鲁斯也被自己的宠臣普劳提努斯所控制。[②]但是，人们并不轻视这两位君主。正如在我们的政治学作者那里常见的情形，在他关于塞维鲁斯的思考中也存在一个错误的思路，因为他说，这位皇帝威望很高，"以至于虽然人民受他盘剥压榨，他却能够凭借士兵对他的友好而始终称心如意地统治"。

在笔者看来，让人忘记一个君主业已获得的崇高名望的，更多的是他在公众面前所行的压榨和不义。读者诸君可以自行判断。塞维鲁斯之所以荣登大宝，某种程度上得归功于严明军纪的哈德良皇帝。[③]如果塞维鲁斯之后的皇帝难以自立，那他就对荒废

①　塞维鲁斯（Septimius Severus，193—211）在五帝之年193年崛起，多年的内战之后建立新的王朝，于199年将美索不达米纳为帝国行省，曾建议二子"要团结，让士兵发财，其他的则听之任之"，参 Klaus Bringmann, *Römische Geschichte*, München 1995, 88。

②　普劳提努斯（Plautinus，3世纪早期），罗马某浴场的建造者和拥有者，埃拉伽巴路斯将该浴场开放给民众使用。塞扬努斯，罗马近卫军统领（14—31），提比略皇帝的宠臣，后因为搞阴谋被元老院判死刑并处死。

③　哈德良，罗马皇帝（117—138），图拉真的养子。他放弃了对东方

军纪罪责难逃。此外，塞维鲁斯还犯了一个巨大的政治错误：他的流放措施导致许多尼格尔军队中的士兵投诚到了帕提亚人那里，[1]并教会了他们战争技艺，这在后来被证明对帝国极其不利。一位审慎的君主绝不应该只关注自己统治的时代，他还必须思考自己当下所犯的错误对于后来的统治会有哪些坏的后果。

我们不应该忘记，马基雅维利认为，在塞维鲁斯的时代，为了保住权力，谨慎地对待士兵就已经足够。在此他犯了一个巨大的错误。因为这些皇帝的生平就反驳了他。今时今日，君主必须一视同仁地对待一切他所指挥的阶层，绝不应该有所区别，否则就会在人们中间产生嫉妒，这对于其利益而言后果严重。

马基雅维利建议那些想要在帝国统治中脱颖而出的人学习塞维鲁斯，但这个榜样并不适合，就如马可·奥勒琉这个榜样对他们而言大有裨益那样。不过，马基雅维利是如何想到将塞维鲁斯、博尔贾以及马可·奥勒琉并列放在一起当作榜样的？毕竟，这无异于将最为可鄙的邪恶与智慧和至纯的德性统一起来。

最后，如果我不指出博尔贾因其残暴和阴险最终未能善终，而马可·奥勒琉皇帝，这位总是善良、富有德性的哲人王，直到生命终点都未经历过命运的不幸，那么，这一章是无法结束的。

的占领，局限于尤其通过建造界墙（不列颠的哈德良长城）来保证罗马帝国的安全。他改革军队，促成了法典的编纂，建立了城市，大兴土木，作为"哲人皇帝"资助文学和艺术，自己也搞文学。

[1] 尼格尔（Pescennius Niger，135/140—194），挑战塞维鲁斯在东罗马帝国的统治。《驳马基雅维利》中对罗马皇帝总的讨论就是如此。参孟德斯鸠，《罗马盛衰原因论》，第16章。

二十　堡垒以及君主们日常所行诸多事情
有益还是无益

异教徒表现的雅努斯是两张面孔，[1]以暗示他对过去与未来全然的洞悉。从其引申义来看，这位神灵的图像也可以用在君主身上。他们必须像雅努斯那样，回看过去几个世纪的历史，因历史能够传授有关其行为和践行义务的有益教诲。他们也必须像雅努斯那样向前看，用敏锐的眼光和精力与判断力将一切相互关联起来，并且懂得从当前的世界格局读懂未来的局势。

研究过去对于君主而言尤其必不可少，因为这使他们结识伟大与有德之人的榜样，也就是说，过去是智慧（sagesse）的教科书。[2]研究未来对于君主而言也有用，因为他们将学会为应当恐惧的不幸和需要避免的厄运未雨绸缪，也就是说，未来是审慎（prudence）的教科书。这两种德性对于君主来说都绝对必需，就

---

[1]　雅努斯，罗马门神、门拱以及一切开端之神。罗马每年的第一个月就是以他来命名的（早在凯撒所引入并取代早期罗马共和历的儒略历中就已经如此）。雅努斯的形象是两张面孔，各朝向不同的方向。

[2]　关于弗里德里希二世的史家角色，参 Brunhilde Wehinger, Denkwürdigkeiten des Hauses Brandenburg. Friedrich der Große als Autor der Geschichte seiner Dynastie, in: G. Lottes (Hg.), *Vom Kurfürstentum zum ‚Königreich der Landstriche.‘ Brandenburg-Preußen im Zeitalter von Absolutismus und Aufklärung*, Berlin, 2004, 137-174。

像指南针和罗盘这一对海上的指路人，对于航海家都必不可少。

此外，熟悉历史之所以有用，是因为它提供了拓展人们对自身角色的想象的可能性。它丰富人们的思想，如同在画作中让人直观地看到机运的兴替（vicissitudes de la fortune），并为人们如何找到解决方法和出路提供了有价值的范例。

迫切地思考未来之所以有利，是因为它在某种程度上有助于我们破解命运的秘密（mystères du destin）。我们若时刻记住那些可能会遭遇的事情，就能够为一切需要以最大审慎来对付的未来事件的到来做准备。

马基雅维利在本章向君主——他们既想开拓进取，又必须在统治中确保其财产——提出五个问题。让我们看一看，倘若既可以看到过去，也可以看到未来，并且始终遵循着理性和正义，那么审慎最能够给出哪种建议。

第一个问题是：君主是否应该解除被他占领的民族的武装？

笔者对此的回答是，自马基雅维利以降，战争已经发生了太多变化。今时今日，拱卫君主领土的军队无论如何是强大的。武装起来的民兵队伍会完全遭到轻视，而市民只在被围攻时拿起武器。不过，围攻部队通常无法容忍市民变身士兵，为了阻止他们这样做，围攻部队会以射击和炙热的炮弹进行震慑。此外，至少在第一时间解除已占领城市市民的武装，尤其是当他们会造成威胁时，这似乎也是审慎所要求的。当罗马人征服了大不列颠，但由于当地民众反叛和好战的心性而无法保住和平时，罗马人就决定软化这些人，以便束缚其好斗和任性的性情。如其所望，他们成功了。科西嘉人是像英格兰人一样勇敢和果决的一群人，不过，他们无法被驯服，即便是以善意，更不用说用勇力了。在笔者看来，倘若要在这个岛上进行统治，解除当地居民的武装并使其风俗温良，是绝对必要的。由于刚好提到科西嘉人，那就顺便一提：他们的例子说明爱自由赋予了人们何种勇气、何种德性，而去镇压这种爱又是多么危险和不义。①

这位政治学者的第二个问题处理的是信任。成为一个新国家的主宰之后，君主应该给予诸多新臣子里的哪个人更多的信任，是给予那些帮助他进行征服的人，抑或给予那些忠实于其合法君主并最为激烈地反对征服者的人？

如果一座城市是由于一些市民的默许或者叛变而被征服，那么，信赖叛变者就极为不审慎。叛变者为了你们的利益而做出的这一恶行，也会在任何时候为了他人而准备重复去做，重要的只是时机。相反，那些忠实于他们的合法君主的人，才是可以指望的可靠榜样，有理由相信，他们为了危难中离开的旧主子所做的一切，他们也会尽力为新君主去做。不过，在这里审慎的做法是不要轻率地予以信任，至少不要在没有采取相应的防备措施时就给予其信任。

不过，让我们假设，受压迫并且认为有必要摆脱暴君奴役的民众，求助于他国的君主，使他接管他们的政府，同时并不搞任何形式的阴谋。在笔者看来，面临此种情形，这位君主必须全力拒绝人们赋予他的信任。因为他若日后辜负了那些把至宝托付给他的人的厚望，那将是有失颜面的忘恩负义，毋庸置疑会损害他的身后名。奥兰治亲王威廉对于那些将英格兰统治的缰绳交予他

---

① 806年至1768年，科西嘉属于热那亚，不过，科西嘉人不断地反抗外来统治。18世纪的启蒙界颇为赞赏科西嘉人对自由的热爱。他们在1732至1733年争取自由的战斗中取得最初的胜利，因为他们成功地解放了该岛很大一部分。不过，热那亚人在法国支持下仍然支撑到1768年。之后，科西嘉归入法国。

手中的人，终其一生都保持着友好与信任。① 而那些敌对他的人则离开故国，依附了国王雅各布。

在国王是选举出来的王国，大多数选举都是通过暗箱操作进行的，甚至可以说，王位也是待价而沽的。笔者认为，在这样的国家，新的君主在登基大宝之后也可以轻而易举地找到手段，以同样的方式买通他的敌人，就如之前买通选举人那样。波兰在这方面为我们提供了不少例子。在那里，人们厚颜无耻地做着王位的生意，看起来就像是这桩买卖发生在广场上、在众目睽睽之下。② 波兰国王的慷慨为自己扫除了道路上的一切敌人，他有能力通过省长、议长以及其他由他安排的职务来收买大家族。然而，由于波兰人对于善举只存有短暂的记忆，君主不得不一再施予新恩。总而言之，波兰共和国就像一个达那伊德的水桶，③ 最慷慨的国王要用善举去盛满它也只是徒劳，他永远无法填满人们的期待。由于波兰国王不得不分配其恩惠，因此他若只在真正需要那些得用财富去馈赠的家族时才运用他的慷慨，就可以节省自己的诸多资源。

---

① 奥兰治亲王威廉（Wilhelm III, Prinz von Oranien，1650—1702），荷兰总督继承者，自雅各布二世（1633—1701，自1685年为英格兰国王）被逐出英格兰后，于1689年成为英格兰国王。

② 作为18世纪选举制君主国的波兰，其王位继承战成为欧洲的特例。弗里德里希二世认为，波兰贵族在选举国王一事上的政策，使波兰王位成为邻国虎视眈眈的猎物。弗里德里希二世在接下来的段落里挖苦的语调，表达了他对波兰选举君主制君主国政治现实的蔑视。对于选举国王一事中波兰贵族的角色，伏尔泰也不吝批评，参 *Histoire de Charles XII*, 2. Kap.。

③ 达那伊德（die Danaiden）为阿尔戈斯国王达诺斯的50个女儿，她们不得不因为谋杀亲夫而被罚在阴间将水盛满无底的水桶。参 *Metamorphosen*, 4, 462。

　　马基雅维利的第三个问题实质上涉及世袭君主国中君主的安全：对这样的君主而言，在臣子中间营造和睦与制造不和，哪个更好？

　　对于马基雅维利的佛罗伦萨先辈而言，这一问题或许不无不当，但是在笔者看来，今时今日没有任何政治教师会如此不知羞耻、不加修饰地谈论它。笔者只需引用众所周知的美丽寓言，阿格里帕曾用它使得罗马人重归和睦。①当然，共和国必须以某种方式尝试维持公民中的嫉妒心，因为当意见完全一致时，政制就转变为了君主制。不过，这绝不可以成为私人中间的流俗意见，对于他们而言，不和就意味着不利；相反，这种意见只能在那些能通过轻易取得的一致来攫取最高权力的人中间流行。

　　有些君主认为，对于自己的利益而言，臣子的不和是必要的。他们相信，倘若相互间的憎恨迫使人们处处小心，那么，自己受这些人的欺瞒就越少。如果说憎恨一方面会带来这种效果，那么，另一方面，它也会对君主的利益造成巨大弊端。原因在于，那些幸灾乐祸的臣子总是打乱对国家福祉极其有利的意图和计划，将君主的利益和民众的福祉裹挟到他们个人的争端中，而不会对君主有任何裨益。

---

　　① 阿格里帕（Menenius Agrippa），公元前503年的罗马执政官。根据李维的说法（*Römische Geschichte*, 2. Buch, 32. Kap.），阿格里帕因一个譬喻而闻名，他用这一譬喻说服庶民回到城邦，这些人本来已退隐到圣山，以表达自己的政治诉求。阿格里帕在譬喻中讲述了人的四肢针对胃的阴谋造反，它们拒绝提供任何东西，不让胃获取营养，但是，胃忍饥挨饿时，四肢也没有了力气，整个身体同样如此。弗里德里希二世藏有李维（公元前59年至公元17年）《罗马史》的诸多法译本，尤其是 *Les décades de Tite-Live* trad, par P. Du-Ryer, I-VIII, nouv. édition, Rouen 1721/1722; *Histoire romaine de Tite-Live*, trad, par M. Guérin, I-X, Paris 1739/1740。

没有什么比各个部分不可分割的内在统一更能促进君主制的强大，因此，明智君主的目标必须是促成这样的统一。

笔者对马基雅维利第三个问题的回答，在某种程度上也可以看作是对其第四个问题的解答。不过，我们还是可以作简单探讨，并且稍作判断：君主是否应该给针对自己的党派纷争以便利？或者，君主是否应该赢得臣子的友谊？

这就意味着为了斗争而使魔鬼为害人间、为了战胜而树敌。更为自然、更为理性、更为人性的乃是与人为善。知晓友谊之甜蜜的君主有福了！那些配得上民人爱戴和好感的君主则更加幸福！

我们再看看马基雅维利的最后一个问题：君主必须维持堡垒和要塞吗，抑或应该推倒它们？

笔者自认为在第十章谈及小国君主时已经就此问题表达过本人的看法。我们现在就来阐明，国王应该如何应对这个问题。

在马基雅维利时代，整个世界处于普遍发酵的状态。无论何处，都充斥着不满和反叛的精神，四围全是造反的城市、躁动的民众，以及无论对于君主还是国家而言的争执与战争的动机。这些频频发生的国家动乱迫使君主在城市的制高点建造堡垒，以便控制民众不安的思想，使其安于一成不变。

自从那个野蛮的世纪以来，人们再也听不到什么不满和造反，要么是人们厌恶了相互毁灭和血流成河，要么是人们变得更加理性了。可以说，骚动的思想在很长时间内发挥过作用，而如今已经得到了平息。无论如何，今时今日，要确保城市和乡镇的忠诚，已经无需堡垒。堡垒和要塞如今作用已经大不相同，人们用它们来抵御外敌，并确保国家的安全和安宁。

对于君主而言，堡垒和要塞具有类似的用处，因为它们可以为军队抵挡敌人，战役失败时还可以在堡垒炮火的掩护下拯救他们的军队。倘若敌人围攻堡垒，后者将会给人们赢得时间，去休整，去集合新的军力——倘若他们准时集结起来——迫使敌人放弃围攻。

帝国皇帝与法国之间在布拉班特的最后几次战争，[①]由于众多的固定战场，战线几乎无法移动。上万人与上万人争斗的战役，结果不外乎是占领一两座城池。在下一次战役里，这期间有时间弥补损失的另一方将重新开始，人们会将去年已经决定的事情再次变为争议点。占有两里土地的军队，会在要塞林立的国土上拉锯三十年之久，倘若幸运的话，二十场战役的回报将会是十里土地。

而在开阔的国土上，一场战斗或者两场战役也许就能决定胜利花落谁家，并令万邦来朝。亚历山大、凯撒、查理十二世等人的大名，都得归功于如下情形，即他们所征服的国土上设防的战场少之又少。印度的征服者在其光辉的征途中，只采取了两次围攻；[②]决定了波兰命运的征服者所做的也与之相差无几。[③]欧根亲王、维拉尔大公、马尔博罗公爵、卢森堡大

---

① 17世纪末，"九年战争"（或普法尔茨王位继承战，1689—1697），18世纪初，西班牙王位继承战（1701—1713/1714），都在布拉班特打响，两场战争都是路易十四的霸权战争。

② 亚历山大曾围攻苏尔和加沙，参 Quintus Curtius Rufus, *Geschichte Alexanders des Großen*, 4. Buch., 2.-4. Kap., 6. Kap.。

③ 查理十二世围攻过索恩、伦贝格以及波尔塔瓦。参 Voltaire, *Histoire de Charles XII*, 2-4. Buch。

公，^①与查理大帝及亚历山大相比，无疑是另一类大将，但是，要塞在一定程度上黯淡了他们成功的辉煌，而细究起来，他们的这些成功其实远在亚历山大和查理之上。法国人非常清楚要塞的价值，从布拉班特到多芬纳，可以说一条双层要塞链贯穿着整个国土。法国与德意志接壤的边界线就像一头狮子敞开的大口，露出两排摄人心魄的利齿，似乎要吞噬一切。

以上所述应该已经足够让人直观地看到设防城市的巨大好处。

---

① 卢森堡大公（François Henri de Montmorency-Bouteville，1628—1695），自1675年为法国元帅。维拉尔大公（Charles-Louis，1653—1734），自1702年成为法国元帅，在西班牙王位继承战期间（1701—1713/1714）为法国取得关键胜利。二人都是路易十四时期最为成功的将领。

二一　君主为了受人尊敬应当做什么

在世上鼓噪和引起轰动，不同于获得光荣。无法很好地对名声和声望做出评判的普通民众，很轻易就会被伟大和神奇事物的外在表象所误导。常常可以看到，他们将善举混同于非凡之举，将富有混同于个人的功绩，将炫目的辉煌混同于正派可靠。而开明之人和智者的判断则完全不同，要在他们面前站得住脚，被证明是艰巨的考验。这些人会去剖析大人物的生平，就如解剖学家解剖尸体那样，去查验他们的意图是否正直，他们的行为是否正义，他们施加给人们的善恶究竟哪个更多，他们究竟是否令勇气服从于审慎，抑或这种勇气只是狂烈性情的表达。这些人根据起因来评判结果，而不是根据结果来评判起因。恶行带来的辉煌并不会让他们盲目，在他们看来，光荣只应授与功绩和德性。

被马基雅维利视作伟大和值得敬重的，是能够轻易影响常人流俗判断的虚假光芒。他是以民众——也就是说最卑微、最普通的民众——的精神去书写的。无论是马基雅维利还是莫里哀，都不可能用这种平庸的思维方式去找准好社会的优雅品位。懂得欣赏《恨世者》的人，会更加蔑视《斯卡潘的诡计》。①

----

① 古典诗歌体喜剧《恨世者》（ *Le Misanthrope*, 1667 ）和流行的新年市场剧传统下无规则形式的散文体喜剧《斯卡潘的诡计》（ *Les fourberies de Scapin*, 1671 ），都是莫里哀（ 1622—1673 ）的喜剧，弗里德里希二世藏有许多版本的莫里哀作品。《恨世者》是一部在格式和哲学上都很讲究的喜剧，

这一章里的内容有好有坏。笔者首先要指出作者的错误，并让人看到他所说的善意与值得赞赏的东西。接下来，笔者会尝试表达本人对一些本质上属于这个主题的事物的看法。

作者把阿拉贡的斐迪南和米兰的贝尔纳波的做派，当作那些意图以壮举和罕见且出奇行动崭露头角的人的圭臬。[①]马基雅维利在行动的果敢和雷厉风行的行政方面寻找他们身上的出奇之处。笔者承认，那里有某种伟大寓于其中。不过，那种伟大只有伴以节制才是值得称赞的——征服者的壮举有了节制才是正义的。斯堪特人的使者对亚历山大说：

> 自诩消灭了强盗的你，自己却是世上最大的强盗。因为，你洗劫和掠夺了所有被你所征服的国度。你若是位神明，就得为有朽的人做善事，而不是剥夺他们所占有的东西。你若是人，那就请你永远想着自己究竟身为何物。[②]

阿拉贡的斐迪南并不满足于单纯开战，他还将宗教当作幌

很注意古典戏剧的规则（毫无口语用法并且语言优美），并让人们看到个体与（宫廷）社会之间的关系。相反，斯卡潘则是民间狂欢节传统中的流浪汉形象。

① 阿拉贡的斐迪南（Ferdinand von Aragon，1479—1516），阿拉贡和西班牙国王（自1479年称天主教徒费尔迪南），通过与伊莎贝拉（Isabella von Kastilien）的婚姻（1469），为卡斯蒂利亚和阿拉贡王国的统一奠定了基础，并促成了西班牙君主制的统一（1479）。

米兰的贝尔纳波（Bernabò Visconti），于1354年至1385年统治米兰，因残暴而臭名昭著，后被侄子毒死。

② 见 Quintus Curtius Rufus, *Geschichte Alexanders des Großen*, 7. Buch, 8. Kap.。

子来遮掩他的计划。倘若这位王者是虔信神的，那么，他将上帝用作自己野蛮激情的托辞，就犯了可怕的亵渎罪。倘若他是不信神的，那么，他为了一己野心而通过虚伪手段滥用民众的轻信，这种行为就无异于骗子和无赖。

君主向臣子教导说，为了宗教信仰而开战是正义的，理由是这意味着间接地使僧侣成为战争与和平的主宰、成为君主与民众的裁判——这对于君主而言很危险。部分程度上，此类信仰之争对于西罗马帝国的衰亡难辞其咎。[①] 此外，在法国瓦卢瓦家族最后一任的统治期间，人们目睹了狂热思想和虚假的信仰热情的糟糕后果。就笔者所见，政治要求统治者不去搅扰民众的信仰，并且，只要他有能力，就应该去强化国中僧侣和臣子的温和与宽容精神。这样的政治不仅仅与传布和平、谦逊以及爱邻人的福音精神相契合，也特别符合君主的利益，因为它会根绝国中虚假的信仰热情与狂热主义。借此，君主可以清除掉道路上最危险的绊脚石，规避最为致命的礁石。因为普通民众的忠诚和善良意志既很难经受不加约束的宗教热情，也很难经受热烈的狂热主义，这种狂热甚至为罪人打开通往天国的大门作为其罪行的奖赏，并为他们许诺殉道者的冠冕，作为他们死在刽子手刀下的酬劳。

因此，君主再怎么轻视神职人员空洞的争执都不为过，这些争执本质上只不过是言辞之争。同样，君主再怎么重视用心扑灭迷信和与此相伴喷薄而出的宗教激情，也都不为过。

马基雅维利在第二个地方引用米兰的贝尔纳波为例子，以

---

① 关于西罗马的灭亡，参孟德斯鸠，《罗马盛衰原因论》，第19章。

求说服君主，他们必须大张旗鼓地施行奖励和惩戒，这样，他们所做的一切就会打上伟大的印记。然而，高尚的君主不会缺少威望，尤其当他们的慷慨是伟大灵魂而不是自爱的表达时。

相比其他所有德性，君主的仁德更能使他们伟大。西塞罗曾对凯撒说：

> 你的命运所赋予你最伟大的东西，就是拯救尽可能多的公民的权力。没有什么比践行它的意志更能配得上你的仁德。[1]

故而，君主所施加的惩罚必须比伤害小，所施予的奖赏必须比相应的功劳大。

不过，这里存在一个矛盾。我们这位政治学博士在本章要求君主忠诚于同盟，而在第十八章则明确允许他们不守诺言。他的举动就如同一位占卜师，对这个人说黑，对另外一个人道白。

马基雅维利在我们刚刚讨论的内容上所做的判断多么错误，那么，他就君主必须运用审慎所说的话就有多么正确。审慎使他们不至于轻率地与那些比他们更强大的君主交往，后者可能将他们推进深渊，而不是施以援手。

一位同时受到朋友和敌人敬重的伟大德意志君主也懂得上述

---

[1]　参Cicero, *Pro Ligario*, 12. Kap.。西塞罗作品（法译本）是弗里德里希二世藏书中罗马文学的主要部分。数量上尤其多的是西塞罗演说词的译文，比如 *Les Oraisons de Cicéron*, trad. en françois sur la nouvelle édition d'Hollande de 1724 avec des remarques par Villefore, I-VIII, Paris 1732; *Oraisons choisies*, traduction nouvelle avec le latin à côté de Graevius et des notes, I-II, Paris 1725。

这些道理。① 他为了支持在莱茵河下游与法国开战的皇帝，与自己的军队开赴国外，瑞典人却趁此机会侵入了他的国土。当这个令人吃惊的袭击消息传来时，臣子们建议他向沙皇求援。然而，这位君主远比他们敏锐，他反驳说，莫斯科人就像熊一样，绝不能将其释放，因为必须警惕他们一旦松脱锁链就很难再被束缚。他高尚地承担了报复的艰辛，而从未后悔。

倘若笔者可以活到下个百年，那么，笔者一定会为这一章补上一些在那时恰切的思考。评判未来君主的行为，并不是笔者所要做的。② 世人必须懂得在合宜的时机讲话，也在合宜的时机沉默。

马基雅维利既很好地讨论了中立主题，同时也探讨了君主加入同盟的职责这一主题。长久以来，经验告诉我们，表现得中立的君主会令自己的国土蒙受来自开战双方的侵犯，他的国度会变成战场，中立总是让他遭受损失，永远得不到可以长存的东西。

君主有两个可以扩大权力的可能性。一个是通过占取，比如某位好战的君主以武力拓展了统治范围的边界。另一个是通过勤力有为，也就是说，勤勉的君主要令一切艺术和科学在国中繁

---

① 指 1640 年继位的勃兰登堡选帝侯（Friedrich Wilhelm I. von Brandenburg, 1620—1688）。弗里德里希二世在这里犯了个错误（参 J. D. E. Preuss, Œuvres de Frédéric le Grand, t. VIII, 134, Anm. b）。1675 年初，当瑞典突然进攻勃兰登堡时，弗里德里希·威廉曾派使节前往莫斯科，说服俄罗斯沙皇攻击瑞典。不过，沙皇不愿破坏同瑞典的和约，因此勃兰登堡不得不在没有俄罗斯的帮助下与瑞典人战斗，并且在费尔贝林（1675 年 6 月）一役战胜瑞典，迫使其撤退。

② 弗里德里希二世在此影射神圣德意志罗马帝国皇帝的政治，后者在波兰王位继承战中说服俄罗斯人参战支持自己。

荣，它们反过来又会使国家更加强盛和文明。[①]

　　总体来看，马基雅维利的著作只是充斥了关于第一种权力扩张的思考。因此，我们就谈谈第二种可能性，它比第一种更无害、更正义，却与第一种同样有用。

　　对于生活而言必需的技艺是农业、贸易以及手工业。赋予人类思想最多荣誉的科学则是数学、哲学、天文学、修辞术、诗艺以及一切被人们归于"美艺术"名下的技艺。

　　众所周知，由于世上国度千差万别，一些国家的强项在于农业，一些国家在于酿造，另外一些则在于手工业和贸易，而还有的国家，这些技能甚至同时在那里蓬勃发展。

　　那些选择这种温和且有益的扩权方式的君主，必须首先考察国家的特质，以便弄清这些技能中的哪些最容易获得成功，由此来看他们最应该大力扶持哪些。法国人和西班牙人看到他们在贸易上的不足，因此他们想尽方法和手段去损害英格兰人的贸易。倘若事成，英格兰贸易的衰落就会在更大程度上提升法国的力量，远比后者占领二十个城市和上千个村庄所能得到的更多。英格兰和荷兰，这两个世界上最美丽和最富有的国家，将渐渐完全地衰落，就如同因肺结核或者肺痨身亡的病人。

　　以出产粮食和酿酒为财源的国家，需要注意两点。首先，他们应该精心开垦所有土地，让每一寸最小的土地都可

---

　　① 伏尔泰在《路易十四时代》中以路易十四为例，详细表述过弗里德里希二世在这里所持的论点，即技艺（18世纪也包括手工业和技术）和科学都会促进国家的权力扩张。孟德斯鸠在《波斯人信札》中也认为，"臣民必须生活得极其富足，君主才会强大。君主必须关心的是，以相同的专注，既为臣民创造一切富余的事物，也创造生活必需的事物"（第106封信）。

以得到利用。其次，他们应该留心扩大和拓展销路，并仔细考虑实惠的运输方式，以及如何在卖出商品时获得更高利润。

各类手工业也许为国家创造了最大的物用和收益。因为它们满足了居民的需求和享乐，甚至邻国都觉得有必要让你们上缴手工业的赋税。这就一方面避免了金钱外流，另一方面也设法让金钱得以流入。

一直以来，笔者坚信，手工业的匮乏部分程度上造成了北方国家的人口大量外流，比如哥特人和汪达尔人，他们常常袭扰地中海国家。在古代，瑞典、丹麦以及德意志的大部分地区除了农业之外没有其他的手工技艺。当时的农田仅在极少数所有者手中，他们垦殖并以此养活自己。

不过，那片寒冷地区的人口繁衍在所有时期都颇为繁盛，于是就导致一片土地上的居民往往成倍地多于农业所能养活的人口。这时，善良人家的年轻子弟就聚集起来，因贫困而化身为以身犯险者，蹂躏他国土地并劫掠其君主。从东、西罗马帝国的历史可以总结出，这些野蛮人通常所要求的，除了耕种得以维持生计的土地之外，并无其他。如今，北方国家的居民比过去更多，但由于奢侈逐渐地使我们的需求成倍增加，那里便兴起了手工业和其他令所有民族赖以生存的技艺，否则他们将不得不在别的地方谋生。①

因此，令一个国家繁荣的措施，同时也是人们交予君主的智慧去保管的财富。君主应该用它们去生息，利滚利地进行投资。

---

① 参孟德斯鸠，《罗马盛衰原因论》，第19章。关于手工业和贸易是一个民族富裕的标准，参孟德斯鸠，《波斯人信札》，第106封信。

说明一个明智统治的国家享有幸福、富足以及财富的最可靠标志，就是其中的美艺术和科学得以蓬勃发展。它们如同花朵，在肥沃的土壤中和幸福的天空下就盛放，在干旱或者狂暴的北风中就凋谢。

没有什么比政府庇护下欣欣向荣的艺术给政府带来更多辉煌的了。菲迪亚斯、普拉克西忒勒斯以及当时生活在雅典的伟人，他们为伯利克勒斯时代所带来的名声，丝毫不亚于雅典人曾经的胜仗所赋予的。人们对奥古斯都时代的认识，更多是通过西塞罗、奥维德、贺拉斯以及维吉尔，而不是这位残暴皇帝所施行的无数流刑，他的很大一部分荣光最终还得归功于贺拉斯的瑶琴。路易大王时代的名气更多是因为高乃依、拉辛、莫里哀、布瓦洛、笛卡尔、科易坡、勒布伦以及拉蒙东，[①]而不是那场被过分夸

---

① 科易坡（Noël Coypel，1628—1707）和勒布伦（Charles Le Brun，1619—1690）都是路易十四的宫廷画师。比如，勒布伦在六幅大尺寸绘画中表现了亚历山大的传奇，强调亚历山大与路易十四的相似。

《驳马基雅维利》的早期编者改掉了拉蒙东（Ramondon）的名字。伏尔泰删掉该名，以"吉拉东"（Girardon）替换（参 *Die Werke Friedrichs des Großen*, Bd. 7, 90）。17世纪初，有一位法国艺术家名为拉蒙东（Lewis Ramondon），此人在伦敦以担任歌剧演员和作曲家谋生，在欧洲大陆籍籍无名，生平几乎无考，似乎1720年于伦敦逝世。不过我们认为，弗里德里希二世的写法也许是个笔误，他把a和o搞混了。弗里德里希二世可能想的是法国画家罗芒东（Abraham Romandon，1687年去世），此人在《南特敕令》作废（1685）之后不得不出走法国，随家人一起逃亡柏林，1687年，大选帝侯弗里德里希（Friedrich Wilhelm I.）任命其为宫廷画师。罗芒东与儿子（Gédéon Romandon，1667—1697）——20岁便继承其父的职位成为宫廷画师——一道，在柏林推广了法国绘画风格（尤其在君主画像上）。

大的跨越莱茵河的行动，^①路易大王亲自参加的对蒙斯的围攻，^②以及马尔森伯爵通过敕令而使奥尔良公爵错失胜仗的都灵之战。^③

当王者褒扬和奖赏最能给自己带来荣耀的人时，他们也就表彰了整个人类。这些人致力于完善我们的认知，献身于推崇真理，而不顾一切世俗，只为将思想的技艺提升到愈发高超的完美——这些出类拔萃的人会是谁呢？由于这些智慧者启蒙了世人，他们也配得上作他们的立法者。

那些亲自从事这些科学，并与西塞罗——这位罗马的执政官、祖国的解放者、修辞术之父——一起思考的君主们有福了！

科学教化着青年，同时赋予更为成熟的老年人以优雅。因为科学，一切盛放得更为夺目，科学赠予不幸中的人以慰

---

① 在其诗歌《跨过莱茵河》（*Le passage du Rhin*）第四首中，布瓦洛以史诗风格，颂扬荷兰战争一开始孔代元帅传奇性地跨过莱茵河下游的行动是一次壮举，还把路易十四比作朱庇特，竭尽一切神话和诗歌式的谄媚来赞颂这一跨越莱茵河的行动。伏尔泰在《路易十四时代》（第十章）也称赞跨过莱茵河是一次历史性的壮举，它永远将路易十四的大名铭刻在了人们的记忆中。而弗里德里希二世则对这一切保持讽刺和批判的距离。

② 围攻蒙斯（当时属于西属荷兰，今天位于比利时）发生在"九年战争"期间。1691年4月9日，路易十四拿下蒙斯。

③ 都灵战役发生在西班牙王位继承战期间。福尔茨（Gustav Verthold Volz）注释说："与奥尔良大公腓力二世所设想的相反，法国元帅马尔森伯爵拒绝与赶来都灵解围的敌人对峙，法国人输掉了都灵一役（1706年9月7日）。"（参*Die Werke Friedrichs des Großen*, Bd. 7, 90）在欧根亲王的皇帝军一方的，还有利奥波德亲王（Fürst Leopold von Anhalt-Dessau）带领的普鲁士军队。参伏尔泰，《路易十四时代》，第20章，以及《哲学书简》第10封信。

藉。在我们的居所，在朋友们的居所，在旅途中，在独处时，无论何时何地，科学都使我们的生活变得惬意。①

洛伦佐·美第奇，这位意大利最为重要的大人物，解决了意大利的冲突并且革新了科学。由于为人正派，他赢得了所有君主普遍的信任。作为罗马最伟大的皇帝之一，马可·奥勒琉既是幸运的将领，也是智慧的哲人，他持守了自己代表的学说，并践行了最为严格的道德。我们用他的话来作结：

> 对于由正义引导的君主而言，世界是一座庙宇，良善的人们是庙中的祭祀者和敬献牺牲者。②

---

① 参 Cicero, *Pro Archia poeta* (7, 16)，弗里德里希二世在这里引用的西塞罗译文出自伏尔泰对沙特莱侯爵夫人（Émilie du Châtelet）的献诗，伏尔泰将该诗置于悲剧《阿尔齐尔》（*Alzire*, 1736）开篇。

② 这里也许是弗里德里希二世随口背诵出来的一句诗歌，而被他误以为出自马可·奥勒琉的《沉思录》。

二二 论君主的大臣

　　世上有两种类型的君主。一类亲眼视察一切并且独立统治国家。一类对臣子的诚实抱有信任，并由那些对他们思想产生影响的人引导。

　　第一类君主同时也是其国家的灵魂。统治的重担完全压在他一人身上，一如世界压在阿特拉斯肩膀上一样。他管理内政和外交事务。一切规定、法则、敕令都出自他。他同时也在履行最高法官、最高将领、最高司库的职能。总之，与统治政策相关的一切都经由他之手。按照上帝——他借助超人的本质将意志转变为行动——的榜样，这些君主身边有敏锐和勤劳的人物，他们使君主的计划变为现实，一丝不苟地推行君主大致构想的事物。这类君主的臣子本质上是智慧和老练的主人手中的工具。

　　第二类君主由于天资不够或者天生愚钝，就像陷入昏昏欲睡的麻木中那样。①一如人们通过强烈的芬芳和香脂熏蒸救活昏厥的人，一个因为统治者软弱而萧条不堪的国家，也恰恰需要有能力补救君主缺陷的臣子以审慎和活力来辅佐治理。在这种情形下，君主只是其臣子的工具，他的意义最多仅限于向民众展示空洞的王权外壳。他的人格对于国家多么可有可无，臣子对于他就多么

---

　　①　接下来反面的影射指的是路易十五。这段文字被伏尔泰修改得面目全非。1740年出版的两个版本中都没有这些内容。

必不可少。正确遴选臣子会减轻第一类君主的辛劳，而不会过分地损害民众的幸福。而在第二类君主这里，民众的福祉以及君主自己的福祉，反而完全取决于在臣子的选择上是否正确。

对于君主而言，真正摸清那些他考虑纳入政治活动的人的品性，并不像人们想象的那么简单。因为，君主在公众面前隐藏自己的内在本质有多么困难，私人在主子面前伪装就有多么容易。

廷臣的品性这件事，就类似于化妆妇人的脸面。凭借诸多技巧，他们可以做到在人面前表现得如同他们想要的样子。君王所看到的人从来都不是他们自然而然的样子，而是他们想要表现出来的样子。一个参加弥撒注视献祭仪式的人，一个在宫中面见君主的廷臣，相较于在朋友中间时，永远都判若两人。宫廷中被人们视作卡图的人，也许会是城邦的阿那克里翁。①公众面前的智者，在家中也许是个蠢人。声嘶力竭大肆炫耀自己德性的人，在内心会听到有低沉的声音在责骂并审判他的撒谎。

这里所谈的还只是一般类型的伪装。但是，当自私自利和野心都在作祟时，当需要分配一个职位时，或者当人们如那群佩涅洛佩的爱慕者②贪婪地热衷于这个职位时，会发生什么？！与廷臣的贪欲一道增长的，是他对君主的殷勤和对自身的关心。为了使自己大受欢迎，他会利用自己头脑所暗示的一切诱惑手段。他对君主大献谀言，逢迎君主的品味，并且像一条吸收所有映照在自己身上的颜色的变色龙那样，迎合君主的激情。

---

① 阿那克里翁（Anakreon，公元前6世纪），古希腊抒情诗人，在爱情诗中歌颂美酒、爱情以及歌唱。

② 佩涅洛佩（Penelope），奥德修斯之妻，在荷马的《奥德赛》中代表婚姻的忠诚，因为在奥德修斯多年出门在外期间，众多不请自来的追求者络绎不绝地涌入宫殿，而她拒绝了他们的求爱。

因此，如果教宗西克斯图斯五世能够欺骗七十位想要识破他的主教，[①]那么，一个人该是多么轻易地就能欺骗缺少机会去琢磨他的君主的敏锐目光啊。

充满洞见的君主可以毫不费力地对臣子的思想和能力形成某种判断，但是，他几乎无法准确地判断他们是否无私和忠诚，因为大臣的策略通常是将自己的阴谋和诡计隐藏起来，不让那些调查他们并且有权惩罚他们的人知晓。

人们通常有这样的经历：有些人之所以给人以有德性的印象，只是因为他们没有机会去打破人们的这一印象，然而，一旦他们的德性受到考验，他们就会放弃正派。在提比略、尼禄或者卡里古拉登上王位之前，罗马人不会在背后议论他们的不好。倘若他们没有施展其卑劣的机会——因为正是这样的机会使他们卑劣的萌芽得以展露——也许他们的卑鄙无耻甚至会毫无影响。

在一些人那里，最阴暗、最忘恩负义的灵魂与思想、文雅以及禀赋混合在一起。另外一些人则具有心灵的所有长处，却不具备天才般活泼和耀眼的直觉。

----

① 弗里德里希二世在这里指勒提斯（Greogorio Letis, *Vita di Sisto V*, 1666年法译本）曾讲到的一个掌故：红衣主教佩莱蒂（Felice Peretti）在被选为教宗之前（1585—1590）佯装生病，确定当选之后，身体立即康复。伏尔泰在他的诗体叙事诗《亨利亚特》（*La Henriade*, 4, 14）中谈到此事，弗里德里希二世早年就已阅读过该作品，并且藏有该作品的诸多版本，甚至1723年的初版。1739年，弗里德里希二世为该作品（1723年初版题为 *La Ligue ou Henri le Grand*，自1728年伦敦第二版起改为 *La Henriade*）撰写了前言，本来要发表在克诺贝尔斯多夫（Knobelsdoff）插画的伦敦版上，最终未能成功（参1739年10月29日致 Algarotti, *Œuvres de Frédéric le Grand*, t. XVIII, 7）。弗里德里希二世于1739年9月9日将这篇前言寄给了伏尔泰，*Avantpropos sur La Henriade de M. de Voltaire* (cf. *Potsdamer Ausgabe*, Bd. 9)。

在涉及安排内政部门人选的事情时，审慎的君主一般倾向于那些心灵优点格外突出的人。相反，在需要应对外交磋商时，他们则会优先选择那些更有活力、更富有激情的人。毫无疑问，这是出于下述理由：当仅仅涉及维护国内的秩序和法权时，正派就足够了；当涉及利用歪理误导邻国、搞阴谋或者——正如常常在外交使节身上所看到的那样——进行贿赂时，那么，一定可以看到，更为需要的是老练、机智以及判断力，而不是正直。

笔者认为，对于那些以热忱辅佐他的人的忠诚，君主无论如何奖赏都不嫌多。某种正义感促使我们去感恩，人必须听从这种感觉。此外，君王的利益也绝对要求他们以多么慷慨的程度奖赏，就以多大的温和去惩罚。因为，一旦臣子认识到自己的德性才是幸福的手段，他们绝不会借助犯罪去获取幸福，并且自然而然地宁可选择接受主上的善举，而不是接受他国君主的贿赂和诱惑。

因此，正义和世故的道路在这些事务上完全协调一致。拒绝奖赏臣子并剥夺对他们的慷慨施予，从而将臣子对君主的爱慕之情置于危险的考验中，于君主既为不智亦为冷酷。

有一些君主则会犯另外的错误，从而与他们真正的利益背道而驰。他们过分轻率地调动臣子，过分严苛地去惩罚他们行为中微不足道的失误。

长时间在君主眼皮下面行事，这些臣子将无法完全隐藏自己的错误。君主的眼光越是敏锐，这些错误越是容易被察觉。

非哲人的君主很容易就会失去耐心。他们会强烈地厌恶侍奉自己的臣子的弱点，剥夺对他们的恩宠，让他们失势。

但越是可以从根本上去思考的君主，越能更好地识人。他们懂得，每个人都带有人性的印记，世上没有完美无缺的事物，伟大性情往往与大的错误持平，有思想的人必定会从一切情形中获得有利于自己的部分。因此，只要没有造成渎职，这些君主会保留那些既有好品性也有坏品性的臣子，并且，相对于可能被他们所用的新人，他们更倾向于任用已经受过彻底考验的那群人。这就类似于娴熟的音乐家更愿意用优缺点都为自己所熟悉的乐器，而不是优越性不为自己所知的新乐器来演奏。

二三　怎样避开阿谀奉承者

没有任何一部有关道德问题的著作，或者史书，不以最严厉的方式针砭君主的喜听谀言。王者必须爱真理，并习惯于倾听真理的声音。这是有道理的。此外，按常理，人们还要求君主身上具备一些相互之间近乎排斥的事物。由于自爱奠定了我们德性的根基，同时也是此世幸福的根基，人们就要求君主应该尽可能多地具有自爱，从而可以有高尚的荣誉感，好在荣誉的感召下做出伟大壮举。同时，人们又要求他们应该具备足够多的无私精神，从而自愿放弃劳作的奖赏。鼓舞君主既获取又厌弃奖赏的应该是同一个原则。这意味着苛求人性。然而，如果说存在一个动机可以激励君主克服谀言的诱惑，那就是他想到人们可以从他们的功绩中获得有益的观念，以及他抱有如下看法：君主天生有义务更多地掌控自己而不是他人。

那些对自己名声漠不关心的君主，从一开始就只是麻木不仁或者荒淫无度，沉迷于靡靡之中。这是些由卑微、可鄙材料制成的懒散杂众，灵魂中缺乏德性。当然，极其残暴的暴君也喜爱被褒扬，但是，这种喜爱在他们那里只不过是一种精巧的虚荣，或者说得更准些，多了一宗恶行。他们本想得到人们的敬重，却偏离了唯一能向人证明自己值得被敬重的道路。

在劣迹斑斑的君主那里，谀言是一剂致命毒药，它会令他们腐败的萌芽愈发繁盛。在功绩卓越的君主那里，谀言就像一块粘附在他们威名之上并使其光芒暗淡的锈迹。粗鄙的谗言会激怒有思想的大丈夫，他会吓退笨拙地朝他面上施粉的阿谀奉承者。要能够忍受这类名不副实的赞颂，人得具备对自身超高的信心甚至是迷信。这类褒扬是伟大人物最不用害怕的，因为它们并不是内心信念的表达。

还有另一种类型的谗言，它以诡辩的方式装扮成错误和恶行的赞成者。它的说话艺术将对象身上坏的东西轻描淡写，并以歪曲的方式把一切都拔高到完美的程度。它为激情辩护，让残暴看起来像正义，让挥霍完全就像慷慨，使之达到迷惑人的程度；它还为纵情享乐盖上娱乐和消遣的面纱。它甚至放大他人的恶行，以便为其英雄树起纪念碑。它为一切进行辩白和辩护。大多数人喜欢的正是这类可以为自己的品味和爱好辩护的谗言。他们必须果断地将针管深深地刺入自己的伤口，以便真正辨识出这些伤口；并且，他们必须强大到可以承认自己有错且改善自己，从而一面反抗奉承自己激情的法官，一面与自己作斗争。与此同时，也有一些君主甚至具有足够多的男子气概的德性，从而会鄙视这类谗言。他们眼光足够敏锐，可以窥见花丛中潜行的毒蛇。作为谎言天生的敌人，他们同样也无法忍受这类谗言——如果它迎合他们的自爱，而且他们感到自己的虚荣特别受到奉承的话。

不过，他们在厌恶谎言的同时也热爱真话，他们不会当真反感那些私下里说他们好话的人，这些人对自己所说的东西深信不疑。遵循事实的谗言是所有谗言中最为精致的。要辨识出真相如何被不知不觉篡改，的确需要一种极其细腻的分辨能力。这类谗言不会给王者派去在战壕中陪同他的诗人，作他勇猛行为的见证人和记载者。它会避免书写热情洋溢的歌剧序言，或者乏味的前言和卑躬屈膝的书信。[①] 它不会讲述英雄本人所打的胜仗来令其陶醉，相反，它会营造出情感的氛围，以细腻的方式安排次第，并具有史诗的品质。倘若一位朋友在真诚的激动中失言，向一位伟大人物、一位英雄、一位充满血气的君主道出某个真相，那么，这位君主怎么会生气呢？对此大发雷霆会是死板的谦卑。君主大可能接受颂扬，无论它怎样表达。

那些先为平民、后来才成为王者的君主，可以记起自己曾经是怎样的人，他们不会轻易习惯于动听的谀言。而那些生来就宰治他人的君主，如同诸神那样，从一开始就被供奉着香火。要是不得不适应没有颂扬的生活，他们就会神衰力竭而亡。

因此，依笔者之见，更为恰切的是去同情而不是谴责君王。最应受到公众谴责和众人憎恨的，是那些阿谀奉承之辈，尤其是那些造谣中伤之徒，以及那些极其敌视君主以至于向其掩盖真相的人。

---

① 路易十四任命布瓦洛和拉辛为王室编纂史书（1677），并让二者陪同自己奔赴战场。

奎诺（Philippe Quinault，1635—1688），剧作家，为路易十四的宫廷作曲家吕利（Jean-Baptiste Lully）创作了大量歌剧脚本，写过大量不加掩饰地奉承太阳王的歌剧序言，沦为同时代人的笑柄。不过，所有歌颂太阳王虚荣的诗歌中，布瓦洛的诗体书信《致国王》（*Au roi*, 1671）才算无出其右。参 Peter Burke, *Ludwig XIV. Die Inszenierung des Sonnenkönigs*. Aus d. Englischen von Matthias Fienbork, Berlin 1993。

二四　意大利的君主们为何失去其王国

播种龙牙，从中长出一众战士，他们继而相互残杀——这则卡德莫斯神话完完全全适合于本章的主题。[①] 上述极富思想的神话形象刻画了人世间的野心、残暴以及背叛，这些战士最终总是因此而灭亡。正是意大利君主无止境的野心，是他们的残暴，使他们成为人类的梦魇。正是他们彼此的不忠和背叛，使他们自己的事业也化为灰烬。请读一读意大利14世纪末至15世纪初的历史，[②] 里面只有暴行、叛乱、劫掠、为相互摧残而组成的同盟、篡权夺位、谋杀，总而言之，这里是罪行的大杂烩。单单想象和陈述它们就足以引人憎恶和恐惧。

---

①　卡德莫斯，卡德米亚（Kadmeia；后称忒拜）的建造者和国王，腓尼基国王阿革诺耳之子，后者命令卡德莫斯寻找被宙斯拐走的姐姐欧罗巴。卡德莫斯在半路上根据德尔斐神谕的指示，建立了后来的忒拜城，不过，他必须先杀死附近的龙，此龙是一处泉眼的守护者。他在雅典娜的建议下拔掉了龙牙，这些牙齿一掉进土中，便长出来武士，他们相互斗争，直至死伤殆尽。参Ovid, *Metamorphosen*, 3, 31-98, 4, 570-572。

②　弗里德里希二世在这里似乎指"从15世纪末至16世纪初"。当时，圭恰迪尼（Francesco Guicciardini）在意大利史权威著作《意大利史》（*La Historia d'Italia*，1561—1564问世）中处理了这一时期。法译本的题目甚至给出了这段时期，参*Histoire d'Italie de l'année 1492 a l'année 1532*, par Francesco Guicciardini［trad. de Favre］, avec notice biographique par Jean-Alexandre Buchon, Paris 1836。18世纪时此书也用如下题目：*Histoire des guerres d'Italie*. Traduite de l'Italien de François Guichardin, Londres 1738。

根据马基雅维利的例子，倘若人们意图毁灭正义和人性，那无疑也会招致整个世界的毁灭。没有人肯满足于自己的财富，每个人都在嫉妒他人的财物，由于没有什么可以阻止他，他便会使用最令人厌恶的手段去满足自己的欲望。几乎是这个人还未完全吞下邻人的财物，下一个已经赶来，即将从他手中再次夺取一切。安全将不复存在，强者的权力将会成为此世的唯一法则，这样一种罪行的泛滥不久将会把尘世变成可怕和悲惨的荒野。于是，不义和野蛮令意大利君主丧失了国家，正如马基雅维利的错误原则无疑会败坏足够愚蠢从而会遵循它们的那些人。

毋庸讳言，某些意大利君主的怯懦，连同他们的卑劣，都会造成其覆亡。无论如何，那不勒斯国王的软弱导致了其灭亡。①即便如此，您尽可以告诉我您在政治学中想要表达的。您可以找出论据，构思体系，拿出例证，使用一切智术师式的吹毛求疵。但除非您想有意识地背离健康理智，否则您也将不得不回到正义上来。倘若马基雅维利意图传授其他原则，那他自己所能做成的只不过是个可怜的东西。无论他采取什么方法，也不能够令真理屈从于他的原则。对于我们这位政治家而言，本章的开始会令他不悦，因为他的恶毒让他陷入这样一种困境：他的精神搜寻着奇妙的阿里阿德涅线团，以便借助其找寻出路，但这只是徒劳无功。

笔者要以极其谦卑的态度质问马基雅维利，他下面这句话意欲表达什么：

---

①　阿拉贡国王（Friedrich von Aragon，1452—1504）于1501年丢掉了那不勒斯王国，西班牙人和法国人（天主教徒斐迪南和路易十二）合力瓜分了那不勒斯，直至二者闹翻，斐迪南于1504年将那不勒斯纳入西班牙统治之下。

因为一位新君主的行动比一位世袭君主的行动更加受人关注；如果他们被认为是有德能的，他们就会比古老的血脉世系更能赢得人心，更能把人们维系在身边，因为当前的事物比过去的事物更容易吸引人们，只要他们觉得现在很好，他们就会满足于享受它而别无他求。

马基雅维利难道认为，设若两个大丈夫同样勇敢和充满血气，那么人民会选择篡位者而不是正当的君主吗？抑或，马基雅维利心里想的是一位毫无德性的君主，和与之相对的大胆且能耐的狂妄强盗？第一个断不可能是作者的想法，它有悖于健康理智最朴素的概念。民众如果偏爱某个意图通过暴行成为君主但比起正当君主丝毫不具人格优势的人，那就像是无因之果。即便马基雅维利也以智术师的艺术作品——就笔者所见，即布里丹的驴子——为依据，他仍无法为我解答这个问题。①

第二个想法在这里也不适用。因为，它与第一个一样毫无根据。无论人们认同篡位者什么样的品性，都不得不承认，此人借以夺取权力的残暴行为本身就是一种不义。从一个凭犯罪出场的人那里，除了暴力和暴政之外，人还能够指望什么？可以联想一位在新婚之夜就被妻子戴了绿帽子的年轻人：在试过轻浮的新娘的忠诚之后，他还会指望什么太好的呢？

马基雅维利在本章对自己的原则进行了评论。他说得很清

---

① ［弗里德里希二世注］参培尔《词典》。［德文编者按］培尔词典的"布里丹"词条讲的是法国经院哲人布里丹（Jean Buridan，14世纪上半叶），据说是他讲了由于无法做决定而饿死在两团草料之间的驴子的寓言。这则寓言从经院哲学的视角——这是培尔所探究的——谈及人的意志自由问题。弗里德里希二世的《培尔历史考订词典选》未收该词条。

楚，倘若没有民众的爱戴，没有贵胄的倾慕，没有一支纪律严明的军队，君主就没有可能登上宝座。然而，似乎真理同时也在迫使他忠于真理——不过这差不多类似神学家的说法：堕落天使虽然也认上帝，但是会毁谤他。

因此，矛盾在于，要获得民众和贵胄的拥戴，就需要某种正派作风和德性。君主必须满有仁德，乐善好施，这样的心灵品质还需配有智慧地践行王位上繁重义务的能力，这样，人们才会对他抱有信任。这与马基雅维利所赋予君主的品性之间有太大的反差！要赢得民心，就必须具备笔者提到的品性，而且绝不能成为马基雅维利在作品中所教诲的那样，不义、残暴、虚荣且只关心扩大权力。

于是，这位治国术家的假面便被揭掉了，他在那个时代曾被视作伟大人物，许多大臣虽然已经看到他的危险性，却仍然追随他，其卑鄙的座右铭辗转传给了君主。迄今为止，仍无人恰切地对他作出回应，许多政治家仍以他为标杆，却没有人谴责他们。

能够成功地将马基雅维利主义从根基上摧毁的人有福了！笔者业已指出其缺少连贯性。尘世的主宰者必须做出合乎德性的表率——笔者要说的是，医治公众从治国术中得来的错误观念，是他们的职责。那种治国术只不过是君主治国手腕的汇总，可人们通常仍将其视为有关欺骗与不义的必读书。将锱铢必较和阴险狡诈从条约里排除，并赋予正派和诚实——说实话，这种品质在君主身上已经无迹可寻——新的力量，这些都是君主的责任。君主有责任表明他们绝不贪恋邻国的土地，而是热心于思考如何维持自己的国家。相应地，人们也应对君主报以敬意，这是一项义务，甚至是必需。

如果君主不那么花心思于增加财富，而是把全部注意力奉献给好的统治，他就会得到人们的爱戴。前一种表现是不安分的想象力在作祟，后一种表现是正义感的标志，它抓住了真实之物，并且赋予义务的可靠性之于虚荣的光芒以优先性。意欲占有一切的君主，就像一只狼吞虎咽为自己塞满肉食的胃，它没有想过自己没有能力消化。满足于善治的君主，则像一位有节制地用餐而肠胃消化得很好的人。

二五　机运在人类事务中有多大力量，
以及如何对抗她

　　把哲人的思辨赶入死胡同的诸多问题中，有一个就是人类自由的问题，这也是常常招致虔诚神学家谴责的问题。自由的捍卫者宣称，假如人不是自由的，那就是上帝在他们身上起作用，因此也就是说，上帝间接地通过他们去屠杀、偷窃以及犯下所有罪行。这明显有悖于上帝的神圣。其次，如果至高者是罪恶之父，是人所行一切不义的创造者，那就不能再去惩罚有罪者，世间也就无所谓犯罪和美德了。由于人们无法将这一可怕的教条思考到尽头而不意识到其中的矛盾，因此，除了认为人是自由的之外，别无选择。[①]

　　相反，绝对必然性的拥趸则宣称，相较于在黑暗中制作工具的盲目手艺人的糟糕情况而言，上帝的情况会更糟——倘若他在创世之后认识不到世界会发生什么的话。他们认为，钟表匠熟悉钟表最细微的齿轮的作用，因为他知道他赋予了它怎样的运动，规定了它怎样的目的。那么上帝，这个具有无限智慧的存在者，难道竟会只是人类活动好奇和无奈的看客吗？这样一位上帝——他的全部作品自身蕴含着秩序，整体遵循着设定好的不变且持久

---

　　①　在与伏尔泰的通信中，弗里德里希二世相信他已解释了信仰与知识、意志自由与宿命论之间的关系。

的法则——难道只赋予了人类对独立和自由的享受？

如果是这样的话，驾驭世界的就不再是天意，而是人的任性了。由于人们必须在创造者和被创造者之间做出选择，以便决定两者中谁像自动机一样运作，因此，比较理性的是相信这种运作方式适用于本来就柔弱的存在者，而不是那个作为权力化身的存在者。如此，理性与激情同时也就是看不见的锁链，天意之手凭借它将人类引入其永恒智慧所决定的事情，而且这些事情也是在世上必然会发生的，以便每个个体能够完成自己的使命。

就这样，人们为了躲开卡律布迪斯，却大大地靠近了斯库拉。①当神学家在黑暗中相互搏斗，并且出于爱邻人和极尽虔诚的信仰热情而相互诅咒时，哲学家们则将其同类逼到了荒谬的深渊边缘。这些派系相互攻讦，正如迦太基人和罗马人所做的那样。当罗马军队将要开到非洲时，战火也被引到了意大利。当身处罗马的人们意图摆脱令人丧胆的汉尼拔时，大斯基皮奥则被派去领导围攻迦太基的军团。哲学家、神学家以及大多数论辩中的能人，都具有法兰西民族的精神，也就是说，他们在进攻时充满勇气，而在防御上则一败涂地。

一个机智的头脑受此激发，就说上帝是一切教派之父，因为他赋予所有人相同的武器，以及强的和弱的方面。马基雅维利把这个关于自由或者说人之前定的问题，从形而上学引入了政治学。然而，对于该问题，这是个完全陌生的场所，在这里它无法展开。因为，在政治领域，重要的不是要论证我们是否自由，或

---

① 卡律布迪斯（Charybdis）是荷马《奥德赛》中墨西拿路上的海怪之一，它每天三次吸干海水又吐出来，斯库拉（Skylla）则是另外一只海怪，它栖身于对岸的洞穴中，吞噬所有路过的船员。奥德修斯不得不应对这一窘境，在两个会带来同样不幸的选项之间作出抉择。

者机运和偶然能够造成什么。在这里重要的其实仅仅是完善一个人的敏锐眼力，并拓展其深谋远虑。

机运和偶然是毫无意义的语词，它们产生于诗人的头脑。一切迹象表明，它们来源于世界曾经深陷的无知，彼时的人们用不确定的名称来指称那些他们无法洞察其原因的效果。[①]

严格来讲，民众口中所说的凯撒的机运，就是指促成了这位雄心勃勃者的计划的所有情形。所谓卡图的不幸，则意指降临在他身上出人意料的事故、厄运，它们的原因如此迅速地产生了后果，以至于他的审慎既无法预见也无法躲避它们。[②]

人们所理解的偶然可以用摇骰子得到最好的说明。人们说，是偶然让我摇到了12点而不是7点。倘若要从物理学上来解释这个现象，就必须注意一系列细节，比如：人是以什么样的方式把骰子放进骰筒的？人转动骰筒时手的姿势是较有力还是较频繁，从而使骰子落到桌面上时转动得较快抑或较慢？这些就是笔者提到的原因。总体来看，它们造成了所谓的偶然。这样一种有许多值得商榷之处的研究，需要一种细致的、哲学的精神。而由于这样

[①]　弗里德里希二世在这里附和丰特奈尔（Fontenelle，1657—1757）的观点，后者在其神话批判散文《论寓言的起源》（*De l'origine des fables*，1724）中认为，神话和寓言属于人类谬误的历史时期，应该用真实且理性的启蒙"哲学之诗"替代，这样才能恰当地应对哲学—科学的进步。自儿时起，弗里德里希二世就是丰特奈尔的细心读者，后者早在《关于世界多样性的对话》（*Entretiens sur la pluralité des mondes*，1686）中就使基于哥白尼学说的现代世界观一定程度上流行起来，并推动了法国启蒙运动。弗里德里希二世藏书中有至少七个版本的丰特奈尔作品，比如Paris 1724—1733; Den Haag 1728/1729。

[②]　关于凯撒的幸运和卡图的不幸，参孟德斯鸠，《罗马盛衰原因论》，第11章。

的深入研究并不是任何人都做得了的事，所以人们更愿意去偷懒。

笔者承认，满足于一个本质上无所指的名称，人会更轻松些。这也导致整个异教诸神世界遗留给我们的只剩下机运与偶然。不过这并不完全是件坏事，因为轻率的人愿意把他们遭受厄运的原因视作机运在与他作对。另一方面，那些没有特别功绩却在世上出人头地的人，则将盲目的命运拔高为神性，据说其智慧和正义再怎么赞美都不为过。

只要我们仍只是人，也就是说，仍只是十分有限的存在者，我们就永远无法超越所谓的厄运（coups de la fortune）。我们必须凭借智慧和审慎，尽我们所能摆脱偶然和种种风云突变。然而，我们的视野太过偏狭，因而无法认识一切，我们的思维能力太过有限，因而无法领会一切关联。但即便我们实际上是柔弱的，也不应以此为理由去忽视我们所具有的微小力量。完全相反，我们应该将它发挥到极致，而不应该把我们这样的存在者——恰恰因为我们并非诸神——降格到野蛮畜牲的水平以下。实际上，人们需要神性的全知——倘若他们想要将无限多的隐秘原因联系起来，想要从最细微的关系上认识风云突变，以便循此为未来建立起合理的猜想的话。

需要提及两个事件，它们清晰地表明属人的智慧无法预见一切。第一件是欧根亲王对克雷莫纳城的奇袭。这次行动是以万分的审慎和无穷的勇气去进行的，然而计划落空了。欧根亲王在清晨时分进城，通过先前与他达成一致的某位神职人员为他打开的下水道。不出意外的话，他已经成了该城的统治者——倘若不是当时发生了两件他无法预计的事情的话。首先，本应在那天清晨拔营的瑞士军团全副武装，对他进行了长久的抵抗，直至整个卫戍部队倾巢而出。其次，统帅找错了路，他本想将福德芒亲王带往另一个后者得去占据的城门的。结果，亲王这一支到达得为时过晚。①笔者认为，即便端坐在神圣三角凳上因愤怒而大发雷霆的德尔斐祭司，即便身怀一切秘密技艺的她，也无法预见到这些突发事件。②

笔者想要提及的第二个事件，是西班牙王位继承战尾声时英格兰人和法国人签订的特别和约。③无论约瑟夫皇帝的大臣们还是最伟大的哲人，抑或最精明的政治家，都无法预计一双手套竟可以改变欧洲的命运。然而，如人们所看到那样，这事确确实实发生了。

当马尔博罗公爵在布拉邦的战役中名利双收时，马尔博罗公爵夫人正在伦敦担任安娜女王宰相之职。④公爵夫人以自己身处的

---

① 奇袭克雷莫纳（Cremona）发生在西班牙王位继承战期间的1702年2月1日。弗里德里希二世对伏尔泰《路易十四》（第18章）的表述稍作了修改。

福德芒亲王（Charles Thomas de Vaudémont，1670—1704），在哈布斯堡家族队伍中作为骑兵将军参加了克雷莫纳战役。

② 位于帕纳索斯山陡峭山腰上的城邦德尔斐是古希腊的宗教中心。祭司皮媞亚守卫着德尔斐神谕，她宣告预言时坐在一张三角凳上，被三角凳下的地缝喷薄而出的蒸汽所笼罩。

③ 这份特别和约签订于西班牙王位继承战末期，指的是法国和英格兰于1711年10月签下的临时协定，后经《乌德勒支和约》认可。约瑟夫一世皇帝（1678—1711）的死促使英格兰退出了大同盟。

④ 马尔博罗公爵夫人萨拉·邱吉尔（Sarah Churchill，1660—1744）是西班牙王位继承战期间英格兰军队最高司令马尔博罗公爵之妻，英格兰女王安娜·斯图亚特（Anna Stuart，1665—1714；英格兰、苏格兰以及爱尔兰女王，自1707年为大不列颠女王；雅各布二世之次女，1702年继承威廉三世之王位）的闺蜜。安娜的女侍从是希尔（Abigail Hill，1670—1734），马沙姆男爵（Samuel Masham，1679—1758）夫人。弗里德里希二世充满想象力地、添枝加叶地叙述了这段也在伏尔泰《路易十四时代》（第22章）中提到的奇特插曲。

恩宠之位支持着英雄［丈夫］的党派，而英雄［丈夫］则通过接连不断的胜仗支持着夫人的威望。这位公爵夫人在女王面前无所不能，而他们的对手、寄望于和平的托利党人则完全无权无势。然而由于一件微不足道的契机，她失宠了。女王在自己的手套匠人那里定制了手套，而在同一时刻，伯爵夫人也做了同样的事。后者迫不及待地催促手套匠人，让她的手套赶在女王之前做好。与此同时，安娜女王也想要拿到自己的手套。

一位对伯爵夫人怀有敌意的女侍从向女王汇报了所发生的一切。她恶意扭曲事实，以至于女王从此开始将伯爵夫人视为狂妄到无法令人承受的宠臣。手套匠人以最阴暗的语调向女王描述了手套的故事，完全激怒了这位君主。萌芽虽然微小，却足以像酵母那样让全团都发起来，使一切与完全失宠相关的东西都造成影响。托利党人与前线的塔拉尔元帅利用了这一事件，它成为双方竞争中的重要一步。① 马尔博罗公爵夫人不久便失宠，随之而来的是辉格党人、盟友以及帝国皇帝等的失势。

世上最为重要的事物的游戏就是这样进行的。天意嘲讽着属人的智慧和庄严，常常是某些无关紧要且有时显得可笑的原因改变着国家和整个帝国的命运。在上面这个例子中，路易十四因为

---

① 塔拉尔元帅（Camille de la Baume d 'Hostun, Graf von Tallard, 1652—1728），西班牙王位继承战一开始就任法国元帅，自1712年成为大公。1704年，他在赫希施泰特（Höchstädt）被马尔博罗公爵指挥的英军俘虏，继而被带回伦敦，此前他曾于1698年至1700年作为路易十四的使节在此地驻留，与具有影响力的托利党人（斯图亚特家族的忠诚派，意图终止战争）过从甚密。辉格党人（托利党人在议会中的对手，斯图亚特家族的反对者，安娜死后，1714年，汉诺威家族登基之后，把持首相职位近五十年）垮台后，塔拉尔回到法国。据小道消息称，他在马尔博罗公爵被解职一事上发挥了作用。参 Voltaire, *Anti-Machiavel*, 246, Anm. 6。

妇人之间的小口角而摆脱了窘境——这是他的审慎、军队以及权势都无法帮他做到的，而盟友则被迫签订了合约。

不过，就笔者的观察，这样的事极其罕见。而且，上述例子也没有重要到可以完全驳倒审慎和敏锐。这种情形就类似于疾病偶尔会损害健康，但是无法阻止人们在大多数时候去享受强健体魄的好处。

若要统治世界，就必须无条件地磨砺敏锐眼光及其审慎。而这还不够。若想要扼住命运的咽喉，还必须学习使自己的性情服从于种种形势。这极其困难。

总的来说，笔者在这里只想提及两种性情。一种是大胆进取、充满活力的性情，一种是谨慎细致、深思熟虑的性情。这些道德事实有其自然原因，因此，君主几乎不可能强大到控制自己，使自己像变色龙那样获得每一种色彩。一些时代有利于征服者和胆识过人并且实干的大丈夫取得威名，他们生下来似乎就是为了有所行动，给世人带来天翻地覆的变革。革命、战争给他们带来优势，尤其是，令人盲目的猜忌心——它使君主不和——给他们带来机会去施展他们危险的天赋。总而言之，一切迎合那种不安于现状和实干性情的外部条件，都会使他们更容易成功。

在另外一些时代，世界似乎没那么不安宁，似乎只需要用温和便可顺利地加以统治。此时需要的就仅仅是审慎和周密了，于是，在政治中流行的是一种幸福的宁静，它常常于风暴过后才降临。在这样的时代，比起战斗，磋商要更为有效；也正是在这样的时候，笔锋所获得的远非长矛所能企及。

为了从所有时代的形势下受益，君主必须学会根据时机和天气去调整自己，就像熟练的舵手，风向有利时就扬帆。当风暴迫使他，使他只能忙于——凭借一切可能的手段、通过一切可能的路线——将航船驶向渴望的港湾时，就随风滑行，或者收起风帆。

倘若一位将军既深思熟虑，又能在正确的时机大胆进取，那么，他几乎会战无不胜。如果战争针对的敌人在物资方面不足以维持一场耗费巨大的长期战争，或者，如果在对方军队中出现了给养不足和食物短缺，他就会在必要时拉长战线。法比乌斯通过拖延打败了汉尼拔。①因为罗马人非常清楚，迦太基人在资金和兵源方面都很匮乏，只需静候不战，消耗掉汉尼拔的军队，一直等到他们由于劳损而减员。相反，汉尼拔的策略则在于速战。他的实力只能归功于偶然，他必须沉着地从偶然中取得最大优势，通过耀眼和英勇的壮举产生威慑，并通过攻城略地获得资源，从而使自己的实力得以持久和稳固。

假如1704年巴伐利亚选帝侯和塔拉尔元帅没有离开巴伐利亚，而是将大军向前推进到布林德海姆（Blindheim）和赫希施泰特（Höchstädt），那么，他们仍将主宰整个施瓦本地区，因为盟军的部队粮食短缺，无法在巴伐利亚坚持，将不得不退守到美茵河畔并解散。选帝侯将唯独攥在自己手中的命运寄托于一场战役——它对于德意志民族而言将值得永世纪念并享有无上光荣——的结束，这恰恰是在正确的时机缺乏深谋远虑。作为这种不审慎的惩罚，法国人和巴伐利亚人遭到全面打击，无论巴伐利

---

① 法比乌斯（Quintus Fabius Maximus Verrucosus，公元前280—前203年），人称"拖延者"（Cunctator），罗马执政官和监察官，在第二次布匿战争中作为将领和政治家达到其影响的巅峰。他与迦太基人作战时的策略是，有计划地避免与公开战斗中的强敌进行任何战役。利用拖延性的抵抗——这也是其外号的由来——来束缚迦太基人最为强大的力量，由此为其他战场上的胜利创造条件。

亚还是上普法尔茨与莱茵河之间的全部土地都丧失了。[①]莽撞的行为显得迷人，不得不承认，它会给人留下深刻印象并使人眼花缭乱。但是，这只是美丽的外表，下面掩藏着许多危险。审慎虽然不那么热烈，不那么耀眼夺目，但是，它以稳健的步伐毫不动摇地走着自己的路。

人们并不去谈论业已失败的冒险家，而只谈那些有机运相助的人。这就像在一千个虚幻和被遗忘的梦境和预言里面，人们只会记起实现了的极少数。世人应该根据引起事件的原因来评判事件，而不是根据事件来评判原因。

因此，笔者的结论是：被大胆进取的君主统治的民众岌岌可危，始终面临着危险，而一位深思熟虑的君主——即便他不适合做出伟大举动——似乎天生就具有可以更好地令治下的民众幸福的禀赋。如果攻城略地是冒险者的强项，那么，审慎者的强项则在于维持征服所得。

倘若前者与后者都要成为伟大者，那么，他们都必须在恰当的时机降临世上，否则，他们的禀赋给他们带来的就更多是不幸而非幸福。所有理性的人，尤其是那些宰治他人的天选之人，应该为自己制定一份人生大计，它得像一道几何证明题那样经过缜密思考并且有说服力。如果始终坚持这一整体计划，他就有了根据去坚持不懈地采取目标明确的行动。这样，他就可以从所有时势和风云突变中获得实现自身计划的东西，所有这一切都将有助于他规划的实现。

---

① 1704 年 8 月 13 日，西班牙王位继承战争期间，欧根亲王和马尔博罗公爵指挥的大同盟军队，在赫希施泰特（Höchstädt）和布林德海姆（Blindheim）战胜塔拉尔元帅指挥的法国军队和选帝侯马克西米利安二世（Maximilian II. Emanuel von Wittelsbach，1662—1726）指挥的巴伐利亚军队。

那么，谁才是这些我们要求其具备如此罕见天赋的君主呢？他们也不过是人，人们有理由说，他们天生不可能完全履行自己所有的义务。也许，遇到诗人的不死鸟（phénix）或者形而上学家的单子，比遇到柏拉图的人倒还容易些。①民众合宜的做法是满足于君主为追求完美所付出的努力。他们中间的至为完美者，是那些最为远离马基雅维利式君主的人。倘若他们的错误可以被善心和好的意图所抵消，人们就应容忍这些错误，这才是公平和公正。我们必须始终想到，世上没有什么是完美的，谬误和缺陷是所有人与生俱来的。君主和臣民之间的相互宽容在社会中散播着宜人的和气——没有它，生活会变成令人窒息的负担，而世界则会由欢乐的舞台变成悲伤的幽谷——这样的国土最为有福。

---

① 埃及神话中作为神鸟的不死鸟（[译按]即中国文化中的凤凰）在罗马诗歌中成为奇迹之鸟，据说它会在某个时间段（每500年或者1461年一次）自焚，然后重新从灰烬中新生。

二六　论磋商的各种可能性；
论开战的所谓正义理由*

我们在上文已经看到，当马基雅维利向人们推崇戴着伟大人物面具的恶棍时，他是以何种错误结论来误导我们。

笔者尽力去撕开马基雅维利在德性面纱下遮掩的罪行，并让世人看清为数不少的人在君主政治方面陷入的谬误。笔者斗胆向王者们坦陈，君主真正的智慧在于让自身的德性超越臣子，叫臣子们不必被迫看到他们责人不责己。[①]笔者认为，耀眼的壮举并不

---

* 《君主论》第26章标题为"劝谏夺取意大利，并将她从蛮族手中解放出来"。然而，弗里德里希二世的末章处理的并非马基雅维利《君主论》的论题。本编在这里所给出的第26章文本不是根据普罗伊斯编辑的版本（ *Réfutation du Prince de Machiavel*，见 *Œuvres de Frédéric le Grand*, t. VIII, 291-299 ），而是1876年在柏林书商福斯（ Christian Friedrich Voß ）处无意发现，后来被普鲁士秘密国家档案馆购得的最终手稿本。普罗伊斯当时还没有看到过第26章的手稿本（ 参Voltaire, *Anti-Machiavel*, 68-69, 93 ）。

本编的底本是1876年发现并被巴讷（ W. Bahner ）和贝尔格曼（ H. Bergmann ）收入《伏尔泰全集》（ *Œuvres complètes de Voltaire/Complete Works of Voltaire*, vol. 19: *Anti-Machiavel*, 395-406 ）中的手稿，只在书写和标点上谨慎地将其改为现代形式，并使之适应《驳马基雅维利》其余章节的语言水平。手稿中的标题得以保留。这说明，第26章本来就与其他章节情况不同。基于《伏尔泰全集》的编辑原则（ 参Voltaire, *Anti-Machiavel*, 100-101 ）也得以保留。

① 关于这种修法的例子，弗里德里希二世在第七章提到萨克森对于有关出轨的刑法的修改。

足以建立王者的名声，他还有必要做出有助于促进人类福祉的壮举；与野心相比，更可取的是善。只有给人民带来幸福的君主才能够引以为豪，他们的美名将会历千百年而不衰，一直延续到最遥远的后世。

笔者还要附上两点观察。其一涉及磋商，其二涉及开战的动机——人们大可称之为正义的动机。

君主派往他国朝廷的使者，是监视他国统治者行为的最佳间谍。他们会研究对方的计划，打探他们的手段，预见他们的行动，以便及时通知己方进入状态，预备应对对方可能损害自己利益的行动。他们主要的使命在于，使统治者之间的友谊纽带维系得更为牢固。但他们与其说是和平的促进者，不如说常常是战争的工具。为了诱使各位部长透露国家机密，他们奉承、耍计谋、搞引诱。凭借自己的机敏，他们可以赢得有弱点的人，通过美言，可以赢得傲慢者，通过礼品，可以赢得自私自利者。由于兼重自爱与责任，他们全身心地服务于主上。

因此，君主必须采取恰当的手段，来针对间谍的诡计和贿赂图谋。聪明的政府将会密切地监控他们，严密注意他们的各个步骤，令这些人危险的阴谋落空，并使审慎所禁止公之于众的机密在这些窥伺着的人面前得以掩饰。

倘若间谍们的阴谋已经足够危险，那么，磋商的对象越重要，这些阴谋的危险性就会越高。因此，君主必须采取一切严厉手段审查各个部长的举止，以便知晓他们是否已经被美人计软化了他们严肃的德性。[①]在就结盟进行磋商的紧要关头，审慎的君主

---

① 阿尔戈斯国王和欧律狄克的女儿达那厄（Danae）被化为金雨的宙斯诱奸，二者的儿子是珀耳修斯（Perseus），参Ovid, *Metamorphosen*, 4, 609f., 696f.。

必须比平常慎之又慎。因此，君主必须仔细权衡迫使他们做出许诺的事态本质，以便能够履行约定中的职责。倘若从各个方面审视一份盟约，并细致研究其后果，那么，这份盟约看起来将完全不同于人们所满足的对它的泛泛认识。一些乍看上去似乎是切实好处的东西，常常只不过是邻人狡计的效果。时常被视为国族间联盟稳固基础的东西，在进一步探究下，却被证明是可怜的权宜之计，可能使国家走向覆亡。除了上述预防措施之外，还必须注意仔细辨析盟约中的各种概念，这种情形下，咬文嚼字的语法学家必须总是比熟练的政治家先行一步，确保契约的言辞与精神不至于产生欺骗性，从而相互抵牾。

奥古斯都曾言，人在发火时必须数到一百，以免在怒火中做出后来不得不后悔的事情。似乎以宗教对性情的主宰为依据的神学家，则建议人们在这样的情形下去祈祷天父。为了那些想要签订盟约或者加入同盟的人的便利起见，应该将君主们在政治领域出于仓促所犯的一切错误蒐集起来汇编成册——我想这种罗列起码会像卡尔梅的著作那样规模庞大。他们用来阅读的时间会有助于他们的思考，而思考会给他们带来益处。①

磋商并不总是由全权代理的使者来进行。经常被派往他国的人员并没有一个特别的职务，他们在那里可凭更大的自由给出建议，因为他们相对较少危及主子的人格。帝国皇帝与法兰西之间上一次和约的预备性会谈就是以这种方式促成的，而帝国与一些海洋国家则被蒙在鼓里。这个协定是在某位领地位于莱茵河畔的

① 卡尔梅（Antoine Calmet, 1672—1757），法国本笃会僧侣，著有多种历史和神学作品，还有一部关于超自然现象的论著，这些作品的基本思想一方面有违启蒙运动科学理解的真理标准，另一方面却也让人们清楚看到，新派思想风格自身在多大程度上也被完全远离启蒙运动的思想世界所感染。

伯爵那里签订的。[①]

　　阿玛迪乌斯是他那个时代最为机敏和诡诈的君主，比起其他人，他最擅长用技巧来隐蔽自己的意图。他不止一次凭借狡猾的计谋欺骗了全世界，尤其是当卡提纳元帅身着僧袍，借口竭力拯救这位王者的灵魂，而迫使其背叛帝国皇帝一派并拥护法兰西的时候。这位国王和将军之间的此次磋商以极其微妙的方式推进，以至于法兰西与撒丁王国之间结成的同盟，在欧洲人的眼里就像一桩出奇且闻所未闻的政治现象。[②]

　　笔者之所以给王者们举出这个例子，并不是要为阿玛迪乌斯的行为辩护。笔者的笔锋所到之处，既不会隐去统治者的伪诈行为，也不会掩饰臣子们的不义。在阿玛迪乌斯的行为上，笔者只是想要称赞其娴熟和守口如瓶，这种品质只要以正派的方式去运用，就会被视为统治者身上绝对必要的品质。

　　因此，一般被视为普遍性规则的是，必须遴选出至为超拔的头脑，并把艰难的磋商委托于他们；搞权谋时不仅需要活络的臣子，他们足够灵活，可以逢迎拍马，还需要那些具有敏锐目光的人，他们能够从人们的表情读出人心中的秘密，这样就没有任何事情可以逃过他们的侦探，凭借他们的判断力，任何事物都难逃他们的法眼。

　　不过，绝不允许滥用诡计和手腕。它们就像调味品，如果在做五香肉丁时用得太频繁，就会使肉的味道变淡，最后还会完全

　　① 帝国皇帝与法兰西之间签订和约的谈判是在诺伊维德伯爵（Friedrich Wilhelm von Neuwied，1698—1737）的斡旋下进行的。1735年10月份议定的维也纳临时和约结束了波兰王位继承战，1738年的《维也纳和约》为之画上句号。

　　② 阿玛迪乌斯在普法尔茨王位继承战一开始是皇帝的盟友，后来转变阵营，于1696年与路易十四单独媾和，于是有了法国和撒丁王国的同盟。

掩盖肉香，习惯于此的味觉将丝毫尝不出它的味道。反之，正直在任何时候都是得体的，它就像朴素天然的粮食，会令所有的性情都满意，并且可以为身体提供力量而不会刺激它。一位以坦率闻名的君主无疑会赢得欧洲人的信任。不用欺诈的他将会是幸福的，仅仅是德性就会使他强大。

一国的和平与幸福，同时也是种种政治途径本应殊途同归的中心，它也必须是一切谈判的目标。欧洲的安宁主要基于维持那个明智的均势，其本质在于，某个君主国压倒性的实力会被其他君王联合起来的力量所抵消。一旦这种均势消失，人们就得小心，这会导致普遍的变乱（révolution universelle），在因不和而遭到削弱的王国废墟上将会建立起新的君主国。①

因此，欧洲君主国的政治似乎要求君主们任何时候都不能忽视同盟与和约，他们通过结盟，就能够抵消雄心勃勃的征服者的力量。他们必须当心那些意图在他们中间播撒不和与争执的人。我们可以回想那位执政官，为了向军队展示团结何其必要，他拽住马尾巴，意图一气拔光尾巴上的毛，但怎样使劲也拔不掉。不过，当他一根一根单独去拔的时候，很轻易便达到了目的。无论对于罗马军团士兵还是今时今日的君王而言，这个教训都有效。只有团结起来，才可以使他们强大，并且在欧洲维持和平与安宁。

亚历山大的后继者反感团结起来反对罗马人，就如同一些人厌恶放血治疗，这样的疏忽可能引起严重的高烧或者咳血，以至于其他救命药甚至都变得无济于事。

---

① 关于欧洲的势力均衡，参Kurt Kluxen, Zur Balanceidee im 18. Jahrhundert, in: H. Berding, K. Düwell, L. Gall u. a. (Hg.), *Vom Staat des Ancien Regéme zum modernen Parteienstaat. Festschrift für Theodor Schieder*, München, Wien 1978, 41-58。

对某个国族明显的偏爱、对某个国族表现出的厌恶、妇人之见、个人恩怨甚或鸡毛蒜皮的小事，所有这些绝不能在那些宰治民众的人做决定时影响到他们。他们的眼中必须是伟大和整全的事物，他们必须毫不犹豫地为了原则性的事物而牺牲微不足道的东西。

因此，与在司法中一样，在政治上一种公平和无偏见的精神也是绝对必需的。政治中需要它，是为了持续地遵循审慎信条；司法中需要它，是为了永不触犯公正信条。

倘若谈判是唯一能够使正义发挥效力，并在国族间重建和平与团结的手段，世人就有福了。人们将会使用论辩而非武器，将会相互讨论而不是取人性命。但可悲的必然性迫使君主们踏上一条更为残酷、致命以及可恶的道路。在一些情形下，我们不得不用武器捍卫民众总是被不义地践踏的自由；还有一些情形下，我们不得不用暴力获得人性的不义所拒绝赋予的温良所需之物。于是，君主作为民众争执的天然裁判，只有当他在较量中将争执交予战场上的机运时，才可以做出评判。在这些情形中，下述悖论得到了证实：好的战争创造并巩固好的和平。

一场战争会因为其动机而成为正义或者不义的事件。激情与野心常常模糊了君主的视野，并以对他们而言最有利的语调去描画最残酷的行动。战争是走出困境的最后选项。因此，只有在绝境中才可以慎重地利用它，并且应该详加检验被迫走到这一步的究竟是自负的错觉，还是充分和不可避免的理由。

一俟对手的敌意迫使君王采取无懈可击的反制措施，要用武力来反对暴力行径，他们就必须以牙还牙，用强劲的武力击退贪得无厌的邻人，用勇敢的军队保障臣民的安宁。他们在此情形下不得已开打的战争就是保卫战，这也许是一切战争中最为正义和自然的（les plus justes et les plus naturelles）战争了，因为它意味着反击僭越者或者公共安宁的破坏者，并拿起武器捍卫将性命托付给君主来庇护的民众。王者为臣民抵御敌人，也就履行了一项最为重要的义务。

由于对于王者而言不存在高等法院，任何法官都没有权力来裁决王者间的争执，因此他们不得不自行维护受到他人挑战的权利和诉求，手持武器打一场官司，让战斗来决定各自的法理是否站得住脚。打这样的战争是为了维护世上的公正，阻止对他人的奴役。这使开战变得神圣且必不可少。

还有一种为了预防而打的战争，打这样的仗是君主走的妙招。它们实际上是进攻战，但也绝不是非正义的。当某个国家力量超出范围，给人们造成印象，似乎它即刻就要越过河岸占领整个世界时，只要君主还可以当家作主，那么他审慎地筑起堤坝、堵住肆虐的河流就是合宜的。眼看着乌云开始密布，电闪雷鸣，暴雨将至。受此危险威胁的君王倘若无法独自避开这场暴风雨，如果足够审慎，就会与那些在同样的危险面前有共同利益的人团结起来。假如埃及、叙利亚、马其顿的王者们结盟反对罗马人的强力，那么，后者绝不能够推翻这些伟大的帝国。事先审慎商定的同盟和迅疾的战争本可以使罗马人雄心勃勃的计划落空，这样他们就不会奴役世人了。审慎要求君主在诸恶中选择较小的恶，选择最为稳妥的一方而排除不确定的一方。

因此，只要君主仍然有能力在橄榄枝和月桂花环之间进行选择，那他最好着手去这样做：采取进攻行动，而非等待绝望的时刻到来。他若到那时再宣战，只会将被奴役和灭亡向后推迟片刻。一个可靠的原则告诉我们，要先发制人，而非被人所制。当伟大人物运用自己的军队，而不是等到敌人采取会对他们产生制约并会摧毁他们军力的防御措施才行动时，他们的处境总是更胜一筹。

　　许多君主都是因为条约而卷入同盟者的战争，因为条约规定他们有义务提供一定数量的援军。由于君王没有盟友的话有些情况应付不来——因为没有任何人可以凭一己之力得以维持——所以，他们许诺在必要时互相援助，并以一定数量的士兵相互支持，这有利于他们自身的安全和保存。但每个事件都决定着盟友中的哪一个会享受同盟的果实。某个幸运的条件在此时有利于这个盟友，而某个有利时机在彼时则有助于另一个盟友。因此，正派和老练对君主们提出同样的要求：他们应该忠实于条约，奉之为神圣，甚至应该一丝不苟地予以履行。倘若同盟可以令他更有效地保护民众，他就应该做得更多。

　　因此，任何一场战争，如果其意图仅仅是击退僭越者、维护正当权益、保障世人的自由、阻止野心家的压迫和暴行，那么它就总是符合正义和公道。进行这类战争的君王不必自责引起了杀戮，因为他们是出于必要而行动。在这样的情形下，较之于和平，战争反而是较小的恶。

　　相应地，这个主题还可以让笔者谈谈另一类君主：他们利用民众的鲜血做着卑鄙的勾当。①他们的宫廷同时充当着拍卖行的角色，他们把军队卖给出价最高的人。军队本是用来捍卫祖国的机制。那些君主的败坏导致军队被罪恶地滥用，他们用士兵来满足个人的私欲，或者为自己的豪奢提供开销。多么无人

---

　　① 弗里德里希二世对"用本国青年做交易"的批评也指向其父王曾经的行为，后者"借"来他国的青年，并将其编入自己的军队。这也是《驳马基雅维利》之所以匿名发表的一个原因。关于弗里德里希·威廉一世治下的征兵政策，参 Max Lehmann, Werbung, Wehrpflicht und Beurlaubung im Heere Friedrich Wilhelms I., in: *HZ* 67 (1891), 254-289.

性！多么残暴！为了一己私利，他们牺牲掉本可以用来捍卫荣光的那些人。君主难道可以用这种方式践踏人性？

至于宗教战争，笔者在二十一章已经足够详细地表述过了。在这里需要补充的是，应该避免宗教战争，或者说，君主至少应该足够审慎地改变问题的提法。这样至少可以缓和怨气、苦毒和不依不饶的粗野暴行，因为它们始终与派系之争和信仰之争相生相伴。

此外，对于那些轻率地妄用正义、公道概念的人，用多么辛辣的词语抨击他们都不为过。他们极端恶毒地为自己可怕的野心披上至高者的保护伞。

军人同时也是一个国家——君王是其灵魂——的身体。倘若君王滥用军人的勇敢，倘若他贱卖他们的生命，他的处境就像这样一个人：他缺乏判断力和审慎，肆无忌惮地挥霍性情的活力和强力，因为自己的毫无廉耻而输光了大自然赋予他的种种优势。

战争充满了不幸，战争的结局充满不确定，战争的后果如此具有灾难性，以至于君主未及三思就被席卷进来。军队在敌国土地上犯下的暴行，与战争直接给开战君主的国家带来的不幸相比微不足道。开战是意义重大的严肃事务，多少王者却轻率地决定开战，真是令人咂舌。

笔者坚信，倘若君主们看一眼民众由于一次宣战而堕入的真切实在的恓惶图景，他们定不会不为所动。不过，他们的想象力不够活跃，无法忠于现实地去想象对他们而言完全陌生的、因他们的地位而免于遭受的苦难。

他们怎么可以设想把民众压得喘不过气的赋税？怎么可以设想强行征调一国青年的徭役？怎么可以设想令军队崩溃的瘟疫？怎么可以设想更残酷的战役和被包围的恐怖？怎么可以设想被敌人的剑夺去肢体——那是他们劳动和生计的唯一工具——的伤员

的绝望？怎么可以设想因丧父而失去自己柔弱之中的唯一支柱、唯一保护者——他们冒着无数危险赚取生活所需——的孤儿的痛楚？怎么可以设想被死亡过早收割的诸多国之栋梁的损失？再怎么残暴的暴君，也不可能冷血地犯下如此多暴行，但这些是战争不可避免会带来的。那些意图在此世给人们带来福祉的君主，在他们出于微不足道和虚荣的理由让人们蒙受这些灾难之前，应该考虑人们最为忧虑的事情。

将臣子视为奴隶的君主，会无情地将他们置于危险境地，毫无怜悯地眼睁睁看着他们走向灭亡。而那些视人如己，并且在某些方面将民众视作自己主人的君主，则不肯让臣子多流一滴血，而且会吝惜他们的生命。

笔者要在本书结尾恳请君王们：万勿对笔者用来对他们说话的自由感到厌恶。笔者的意图在于，以应有的严肃向真理致敬，而非奉承任何人。笔者如此看重当今世上施行统治的君主，认为他们值得听取上述真理。人们担心类似于尼禄、博尔贾这样没有人性的怪物和恐怖的暴君会毫不迟疑地作恶和犯罪，因此不敢向他们吐露真言。谢天谢地，我们在欧洲的君主中再也看不到这样的怪物。人们能够给予欧洲君主们最美的赞美就在于，人们得蒙允许在他们面前毫无顾忌地谴责他们的罪行和恶习，因为这些事有辱王者之威，并且与人性和正义的情感相悖。

马基雅维利《君主论》终

弗里德里希

1740 年 2 月 1 日于柏林

论精神谬误的无害

［德文编按］在伏尔泰《牛顿哲学原理》（1738）的激发下，弗里德里希二世写下了哲学对话《论精神谬误的无害》（*Dissertation sur l'innocence des erreurs de l'esprit*），并于1738年9月30日寄给伏尔泰，信中称："您难道不认为，类似于在形而上学中，在物理学中同样存在许许多多不确定？我觉得自己被种种疑惑所包围。本以为占有了真理的我，检视过这些真理，继而发现我判断的理由是肤浅的。即便数学的真理也不例外，尽管您不愿意听……我认为，只存在极少数显明的真理。这些思考促使我给出我关于谬误的看法，而且是以对话形式。我想表明，无论是在哲学抑或宗教中，绝不应该让人们纷纭的意见松弛了友谊和人性的纽带。我不得不证明精神的谬误是无辜的，而我也是这么做的。"

弗里德里希二世生前未发表《论精神谬误的无害》，在他身后，此文被收入 Frédéric II, roi de Prusse, *Œuvres posthumes*, éd. Jean Charles Thibault de La Veaux, t. VI, Berlin, chez Voss et fils et Decker et fils 1788, 189-218。本编根据普罗伊斯（J. D. E. Preuss）版本，见 *Œuvres de Frédéric le Grand*, Berlin 1848, t. VII, 31-46。

我的先生，我认为自己有必要对您说明我的闲暇，并说说我如何度过我的时间。您知晓我对哲学的好感。它于我而言是一种激情，忠实地陪伴着我走过所有的道路。一些友人知道我身上这股强烈的爱好，常常同我探讨一些有关物理、形而上学或者道德等纯理论的问题，这要么是为了迎合我的品味，要么是因为他们本人也乐在其中。我们的交谈通常都不值一提，交谈主题都是众所周知或者并不值得开明学者重视的。不过，我昨晚与斐兰特的交谈，[①]在我看来却值得给予更多的重视。交谈所涉及的主题是几乎整个人类都感兴趣的，而人们对此却意见纷纭。我立即想到了您。在我看来，我应该向您汇报一下这次谈话。散完步之后，我立即回到屋子，尽我所能地将谈话后萦绕在脑海的鲜活想法记录下来。我的先生，请您告诉我您对此的看法。倘若我有幸与您取得一致，那么，您的坦诚就会是对我辛劳的奖赏，如果我的劳作并不令您反感，我将会认为自己受到了莫大的鼓励。

昨天的天气是世上最美妙的。太阳比以往更为明媚，天空碧蓝，万里无云。整个下午，我都在学习。为了劳逸结合，我就和斐兰特一起前去散步。关于人们所享受的幸福，我们聊了很长时间，还聊到大多数人的麻木，对于温和美妙的阳光以及纯洁宁静的空气，他们并不感到愉悦。我们一个观察接着一个观察探讨下去，最后发现，谈话不断地拉长了我们的散步，倘若要在天色暗下来之前赶回去的话，也是时候了。斐兰特首先回过神来，继而认为是我的错。我为自己辩护，告诉他，与他的聊天令我太愉悦，以至于在他的陪伴下忘记了时间，

---

① 斐兰特（Philante）是拉布吕耶尔（Jean de La Bruyère，1645—1695）《品格论》（*Caractères*，1688）中的人物，此人富有思想、正直、有功勋、举止优雅（参 La Bruyère, *Les Caractères ou Les Mœurs de ce siècle*, in: *Œuvres complètes de la Bruyère,* hg. v. J. Benda, Paris 1951, 250）。弗里德里希二世藏有至少三个版本的《品格论》（Amsterdam 1731, 1754, 1759），他多次不提拉布吕耶尔的名字而直接引用。

并且我以为时间还早，想着等见到太阳落山再考虑返回也不迟。

他重复着说道：什么？看到太阳下山？您还是一位哥白尼主义者吗？难道您按照民间的言谈方式行事，并且接受了第谷·布拉赫的错误？[①]

我回答道：不要这么激动！您的结论下得太着急。我们亲密的对话完全与哲学无关，倘若我触犯了哥白尼，那么，我的错误也会像约书亚的错误那样很容易被原谅，[②]后者令太阳静止，他一定真正懂得有关自然的奥秘，因为他得到过上帝的启示。约书亚那时就是像民众那样说话。而我正在和一位开明的先生谈话，无论我如何表

---

① "哥白尼主义者"在这里指启蒙者。哥白尼（Nikolaus Kopernikus，1473—1543），天文学家、数学家，对于伏尔泰和弗里德里希二世——二者在此方面都处在丰特奈尔的传统——而言标志着理性时代的开端。在18世纪早期关于推行新的科学 – 哲学范式的讨论中，哥白尼被视为建立了现代科学世界观的参照物。伏尔泰称赞哥白尼是牛顿的先驱（*Éléments de la philosophie de Newton*, 1738, 3. Teil: 3., 5., 8. Kap.）。自从与弗里德里希二世通信伊始，伏尔泰就致力于为牛顿主义者的事业争取普鲁士太子。为了给弗里德里希二世解释地球的运行轨迹，伏尔泰称呼他为"哥白尼式的王子"（1738年4月25日），动因是弗里德里希二世把自己写的一首诗歌寄给了伏尔泰，诗中说地球旋转着接近太阳。这是一个伏尔泰不会放过的错误，因为，在启蒙者看来，即便是诗人，也不能让基于科学知识的真理成为诗句韵律或者美妙的牺牲品。

第谷·布拉赫（Tycho Brahe, 1546—1601），天文学家、数学家，在伏尔泰看来，第谷与哥白尼相反，代表着"人类谬误"的历史时期。伏尔泰认为，他的"谬误"在于，不能作出决定接受哥白尼的日心说世界体系，而是发展出一种自己的——伏尔泰批评其为复杂且无法领会的"钟表"——体系，该体系基于一种谬误，即哥白尼可被驳倒（参*Éléments de la philosophie de Newton*, 3. Teil: 11.& 15. Kap.）。该体系也针对笛卡尔（*Principia philosophiae*, III, 41）。

② 约书亚，摩西的继任者，在攻打基遍的战斗中呼喊："日头阿，你要停在基遍，月亮阿，你要止在亚雅仑谷。于是日头停留，月亮止住。"（参《圣经·约书亚记》10：12-13；伏尔泰致弗里德里希二世，1738年4月25日）。

达，他都可以正确地理解我。不过，既然您在这里要攻击第谷，那就请您允许我也对您发起进攻。您对哥白尼的热情看起来太过强烈。您会立即责罚所有与您意见相悖的人。我很愿意相信他是有道理的。不过，这真的确定无疑吗？谁向您保证的？是自然，抑或它的创造者，向您启示过有关哥白尼的可靠性？就我而言，我只看到一个体系，即哥白尼与自然现象相合的观点的集合。

激动的斐兰特反驳道：我，我看到的是真理。

我：真理？您的真理是什么？

他回答说：存在并发生的事物的真正的显明性。

我继续追问道：那什么是认识真理？

他回答道：即，在真实存在或者存在过的事物和我们的观念之间，以及在过往或当下事实和我们对它们的理解之间，建立确切的关系。

我告诉他：亲爱的斐兰特，如果是这样的话，我们几乎不敢大言不惭地说认识真理。几乎所有的真理都是不可靠的，按照您刚刚给我的定义，至多有两个或三个颠扑不破的真理。即便感官的证据，哪怕是我们所拥有的最可靠的，也并不总是可以信赖。我们的眼睛看到远处的塔楼是圆形，而在近处看时楼却是四方形的，此时我们的眼睛欺骗了我们。有时，我们以为听到了声响，其实它们只是在我们的想象里回响，只是源于耳朵无声的印象。与其他感官一样，嗅觉同样不可靠。有时候我们以为在林中和走廊闻到了花香，而那里却什么花也没有。就在我与您交谈的眼下，我从手上的一滴血觉察到我被蚊子叮了，然而我们热烈的谈话让我没有感觉到疼痛，我的触觉置我于不顾。因此，倘若我们所以为的最为可靠的却那么不可靠，您怎么能够如此确信地大谈抽象的哲学事物？

斐兰特反驳说：因为它们是显明的，因为哥白尼体系是由经验证明的。它以令人惊叹的准确性规定了星体的运行轨迹，并以令人称奇的精确性计算了日月食。简言之，这个体系完全解释了自然的奥秘。

我反对说：如果我给您呈现一种体系，它绝对与您的体系迥异，在明显错误的前提下也会像哥白尼体系一样解释相同的奇迹，您会怎么看？

斐兰特回答说：我认为，您指的是马拉巴尔人的谬误？①

我：是的。我正要谈及马拉巴尔人的山。亲爱的斐兰特，无论那个体系里存在多少谬误，它总归完全解释了天文学的自然现象。令

---

①　在弗里德里希二世看来，"马拉巴尔人的谬误"清楚表明一种哲学"体系"是如何运作的。在写给伏尔泰的信中，他认为，有那么多不同的体系和哲人，每一种体系都有着某种或然性，然而一切又互相抵牾（1738年6与17日）。他还给出例子："马拉巴尔人计算出星体的运行轨迹，他们认为太阳围绕着他们国家的一座大山旋转，而他们计算正确。"相反，伏尔泰认为，"马拉巴尔人的谬误"代表着"无知的物理学家"的谬误，他们自以为是地否认了哥白尼不可辩驳的行星体系（1738年4月25日、1738年7月15日）。这一切都暗示了，马拉巴尔人宇宙学观念或者"马拉巴尔人的谬误"的讨论的源头，是两位新教传教士格林德勒（Johann Ernst Gründler，1677—1720）和齐根巴尔克（Bartholomäus Ziegenbalg，1682-1719）编辑的《马拉巴尔通信集》（Malabarische Korrespondenz）。该通信集由99封信构成，在这些信中，泰米尔人（1712年至1714年间）对两位德意志传教士就他们生活世界和观念等具体问题作答。书信于1714年或1717年在哈勒出版（见Hallesche Berichte）。

书信的出版成为轰动性事件，因为，欧洲读者首次可以在这里学到同时代印度人的观念，而且是根据印度作者自己而非欧洲人的表述。书信英译本于1717年问世，不久之后法译本也问世。参Johann Ernst Gründler, Bartholomäus Ziegenbalg, *Die Malabarische Korrespondenz. Tamilische Briefe an deutsche Missionare. Eine Auswahl, eingeleitet u. erläutert v. Kurt Liebau*, Sigmaringen 1998。在柏林主要是法国学者拉克罗茨（Mathurin Veyssière de La Croze，1661—1739），《印度基督教史》（*Histoire du christianisme des Indes*）的作者、柏林法语文理中学哲学教授、科学院成员、普鲁士宫廷的王子教育者，他在作品中援引了《马拉巴尔通信集》，并将其引入谈话，弗里德里希二世可能是通过这个途径获得了关于"马拉巴尔人"的认识。

人称奇的是，那些天文学家能够像您的哥白尼那样，如此精确地预言这些运行轨迹和日月食，即便他们的前提是那么荒谬：该前提认为，太阳仅仅围着野蛮人国度的大山转动。马拉巴尔人的谬误是粗野的，而哥白尼的谬误可能只是不那么显眼。也许某一天，我们会看到，某位新哲人将从其名声的高度上提出新的教条，以傲慢的态度对待虽不重要但仍可作为新体系之基础的发现，将哥白尼主义者和牛顿主义者视作一群卑劣的人，认为甚至不值得去证明他们的谬误。

斐兰特：不错，新哲人总是擅自滥用战胜旧哲人的权利。笛卡尔击垮了经院哲学的圣人，却被牛顿踢落神坛，而牛顿也在等待着那个令他遭遇相同命运的后继者。①

我：那么原因会不会是，自爱（amour-propre）就已经足以

---

① 经院哲学融合了亚里士多德的学说和基督教的启示。弗里德里希二世把笛卡尔——他眼中的物理学家——和牛顿对举，无疑跟从的是伏尔泰，后者在《哲学书简》第14、15封信里视笛卡尔的漩涡理论是梦游者的谬误，而其哲学"体系"不过是小说，而牛顿则被他称赞为智慧者，其发现是取代笛卡尔科学的杰作。自英国驻留之后（1726—1728），伏尔泰致力于介绍牛顿的科学知识，这在其《牛顿哲学原理》（1738）中达到高潮。在弗里德里希二世与伏尔泰的通信中（尤其从1736年至1740年），法国启蒙者关于践行作为新科学范式的牛顿主义——具体来说是针对18世纪上半叶在法国学术界盛行的笛卡尔主义——的争论得到持续和讽刺性的评论。

在法国，除了伏尔泰，另一位接受牛顿思想的关键人物是莫佩尔蒂（Pierre-Louis Moreau de Maupertuis, 1698—1759），他是数学家，自1723年成为科学院成员，1736年至1737年，受科学院委托在拉普兰探险，其间他证明了地球两极的扁率（Abplattung），由此证实了牛顿在这方面的假设。他作为最早的科学家之一，使牛顿的观点在法国为人所知，尤其是在《论行星的不同形象》（*Discours sur les différentes figures des astres*, 1732）中，弗里德里希二世藏有此书。弗里德里希二世将莫佩尔蒂召至柏林，1746年5月任命其为科学院主席，从而使柏林科学院成为牛顿主义的中心，就此而言也成为欧洲大陆现代思想的中心，参Hartmut Hecht (Hg.), *Pierre-Louis Moreau de Maupertuis: eine Bilanz nach 300 Jahren*, Berlin 1999。

让人建立一套体系？对自己成就的过高理解会产生一种永不出错的感觉，于是，哲人就建立了自己的体系。他开始时盲目地相信一切他想要证明的东西。然后，他就去寻找根据，为自己的体系赋予或然性的假象，继而从中产生出谬误源源不断的源泉。其实他必须用恰恰相反的方式，开始时基于一定数量的观察，从一个结论前进到另一个结论，并单纯地观察它会引向何处以及结果是什么。这样，人们才不会轻易地相信什么，通过小心翼翼地谨慎迈步，人们才会学会以明智的方式去怀疑。

斐兰特激动地反驳道：那么您的哲人一定是天使，因为，哪里有完全中立和毫无偏见的人呢？

我：因此，谬误是我们与生俱来的。

他：上帝保佑！我们是为真理而生的。

我：我正要向您证明事实恰恰相反，倘若您愿意耐心地倾

意大利启蒙哲人阿尔加罗蒂（Francesco Algarotti, 1712—1764）作为牛顿学说的普及者，在欧洲范围内也广受认可，他曾在伏尔泰推荐下于1739年9月在莱茵斯堡拜访弗里德里希二世。1737年，其自然科学—哲学对话《给妇人的对话》（*Newtonianismo per le dame. Dialoghisopra la luce, i colori e l'attrazion*）问世，该书献给丰特奈尔。同年出版的法译本（Francesco Algarotti, *Le Newtonianisme pour les dames ou entretiens sur la lumière, sur les couleurs et sur l'attraction,* trad. de l'italien par Duperron de Castera, I-II, Paris 1738）和意大利语版都见于弗里德里希二世藏书。该书英译本于1739年问世，题目为 Theory of Light and Colour。

自从第一次会面后，弗里德里希二世便与阿尔加罗蒂进行着友好的书信往来。登基之后，弗里德里希二世立即召阿尔加罗蒂入宫，封其为伯爵。1747年，他任命后者为宫廷总管，并表彰其为"功勋勋章骑士"（Chevalier de l'ordre pour le Mérite）。阿尔加罗蒂是柏林科学院成员，参加了无忧宫的圆桌会议。1752年，他将新版的《给妇人的对话》献给弗里德里希二世。参 Correspondance de Frédéric avec le comte Algarotti (Okt. 1739 bis Juni 1764), in: *Œuvres de Frédéric le Grand*, t. XIII, 3-130。

听。既然我们现在离住所不远了，那就让我们在这条长凳上落座，因为我认为，散步让您劳累了。

斐兰特的脚力并不很好，他出来散步更多的是为了散心，几乎是不由自主的，并不是经过深思熟虑决意去散步。因此，他很高兴现在可以坐下来。我们徐徐坐定，我于是又开始说：

斐兰特，我刚刚告诉您，谬误是我们与生俱来的。现在，我要向您证明这一说法。这个谬误的来源不止一处。造物主似乎没有打算让我们占有大量的知识并在知识王国中取得巨大进步。他将真理深藏在深渊之中，我们不牢靠的知识不得而知，他还在周围布满严密的荆棘。真理之路处处都是深渊，我们不知道，究竟应该选择哪条路径，才能避免危险。如果有幸避过危险，又会在途中陷入迷宫，阿里阿德涅的线团在其中也毫无助益，再也找不到出路。[①]一些人追随着虚假的幻影，这幻影用奇迹欺骗着他们，让他们费力不讨好。他们就像旅行者那样迷失了自己，后者在黑暗中追随着鬼火，而鬼火的亮光则误导了他们。

另外一些人揣度着这些至高的玄妙真理，以为揭开了自然的面纱，他们提出猜想，而人们不得不承认哲人在那个国度取得了巨大的收获。但真理是那么地远离我们的视野，以至于会变得可疑，并且恰恰因为这一距离而显得模棱两可。几乎没有什么无争议的真理，因为没有什么真理不是具有正反两面的。观察这一面，真理看起来似乎颠扑不破，而观察另一面，它竟然是谬误本身。请您将有关赞成与反对的意见综合起来，详加思考，慎重考虑，好好权衡。但即

---

① 迷宫是克里特岛上弥诺陶洛斯在克诺索斯的监狱，一个布满歧路的建筑。在克里特国王米诺斯之女阿里阿德涅的帮助下，杀死怪物的忒修斯找到了进路和出路。参 Homer, *Odyssee*, 11, 321-325; *Ilias*, 18, 590-592。

便如此，您也无法知晓究竟应该如何决定，因为这些单纯只是众多的可能性（vraisemblances），它们为人的意见赋予了权重。[1]倘若他们错过了某个赞成与反对的可能性，那么，他们就会选择错误的。由于他们的想象力永远不能够以相同的力量呈现赞成与反对，他们所做的决断总是受到弱点的局限，让真理在眼皮子底下溜走。

让我们假设，某个城市坐落在平原，十分狭长，仅有一条街道。我们再假设，某个从未听说过该城的旅者来到此地，看到了如此狭长的城市。他一定会认为它是一座巨大无比的城，因为他只看到了它的一面，但他的判断完全错误，因为我们已经看到这座城只由一条街道组成。[2]在真理这件事上也并无两样，我们只是部分地去观察它们并由此得出整全。我们可以正确地评价某个部分，但是，对于整体我们会错得离谱。为了企及对重要真理的认识，我们必须预先储备一些朴素的真理，它们会引导我们，或者可以用来触及我们所探究的复合真理（vérité coruposée）。然而，我们缺乏这样的真理。我说的并不是猜想，而是显明、可靠、不可更改的真理（rérités évidentes, certaines et irrévocables）。

---

[1]　法国启蒙运动哲学的观点是，对真理的发现、定义以及捍卫都必须借助理性。"意见"并非真理，而是将视作或然的事物"信以为真"。参 Hegel, *Vorlesungen über die Geschichte der Philosophie I*, in: Georg Wilhelm Friedrich Hegel, *Werke*［in 20 Bänden］, Bd. 18, hg. v. E. Moldenhauer u. K. M. Michel, Frankfurt a. M., 1986, 28ff.。

[2]　弗里德里希二世在这里遵循伏尔泰，援引的是新的观看理论，贝克莱（George Berkeley, 1685—1753）在他的《视觉新论》（*Essay towards a new theory of vision*, 1709；法译本1734）中表达了这种理论，伏尔泰在《牛顿哲学原理》（第二部分第七章）对该理论作了说明。

哲学上来看，我们一无所知。我们知道某些真理，对其有个含糊的概念，并用相应的语言工具弄出某种声响，我们称之为科学术语。它们的响声令我们的耳朵满足，我们的精神认为理解了它们。但是，仔细来看，它们只是为我们的想象力提供了混乱和模糊的概念，以至于我们的哲学简化为使用晦涩表达及我们几乎无法理解的字眼的习惯，简化为深入思考那些被遮蔽了原因的或者完全不为我们所知的结果。继而，这些臆想的可怜汇总，却被美其名曰为"杰出的哲学"，作者用庸医的大吹大擂叫卖这最为稀罕、对人类最为有用的发现。好奇心驱使您更为细致地探究这个发现，您以为找到了某些东西。

多么痴心妄想！不！这个如此稀罕、如此珍贵的发现，本质上只不过是新词汇的发明，比起以往所有流行的表达方式，它更加粗鄙。根据我们这位庸医的意思，这个新词汇以令人惊叹的方式解释了一个不为人知的真理，比日光的照耀还要辉煌。一旦您仔细审视他的观念，检验它们并将其与外面包裹的术语系统剥离，它们便所剩无几：相同的晦涩，如同以往的那般晦暗。它们只是装饰品，会消逝，同时也会摧毁自身幻象所具有的诱惑力。

对真理的真正认识一定完全不同于我刚刚向您介绍的那样。必须能够给出所有的原因，必须回到首要的原则去认识它们，并由此得出本质。卢克莱修一定深有感触，因为这位诗哲曾言：Felix qui potuit rerum cognoscere causas ［能够探究世界本质的人有福了］。① 生物的首要原则的数量和自然的动力要么太大要么太小，以至于哲人

---

① 卢克莱修在18世纪人的眼里是一位具有象征意义的作家。在1730年代，援引卢克莱修是一件智识上的冒险。他的教诲诗《物性论》代表着对世界的唯物主义解释。穷其一生反复阅读卢克莱修的弗里德里希二世藏有

无法察觉或认识它们。因此，就产生了有关原子和物质无尽的可分性、充溢和空无、运动、政制类型的争论。①这些都是我们永远无法解决的棘手问题。

　　人似乎只属于自己。我以为我是自己的主人，我探究并认识自己。然而我并不认识自己。我究竟是机器，还是造物主用手拨弄的自动装置，抑或是与这位造物主无关的自由存在者，②仍悬而未决。我觉得我有能力自行活动，但我不知道什么是运动，它是偶

大量法文译本，如 Lucrèce, *De la nature des choses avec des remarques sur les endroits les plus difficiles*. Traduction nouvelle, I-II, Paris 1708。

　　这句诗并非来自卢克莱修，而是来自维吉尔，参 Vergil, *Georgica*, II, 490, in: ders., *Landleben*, Lateinisch-Deutsch, hg. v. J. und M. Götte, München, Zürich 1987。

　　①　笛卡尔主义者和牛顿主义者之间的学术论争，即关于原子和物质的无限可分、充溢和空无、神的创造等等的论争，一方面随着伏尔泰着眼于更大读者群的《牛顿哲学原理》而激化，另一方面也随着在学术界持牛顿主义的莫佩尔蒂的学术工作而得到激化。在笛卡尔看来，神的创世中不可能存在 le vide［虚无、空无］，同样，原子或者物质的粒子也不可能不可分（参 *Principia philosophiae*, II, 16-20; *Die Prinzipien der Philosophie*, Hamburg 1955, 38ff.）。《牛顿哲学原理》第二版出版之际，伏尔泰在致弗里德里希二世的信中（1738年9月1日）说："当人们想要为笛卡尔分子祛除他们赖以为食的宝贵心魔时，他们像疯子一样大喊大叫。他们以为倘若在自然中产生了真空，自己就会穷困潦倒"。在布瓦洛那里，"充溢"和"空无"也得到讨论，参 Boileau, Epître V(1674), in: Nicolas Boileau-Despréaux, *Epîtres, Art poétique, Lutrin*, éd. Ch.-H. Boudhors, Paris 1952, 29。

　　②　在一封致伏尔泰的信中（1737年12月25日），弗里德里希二世说明了信仰与知识、意志自由与宿命论的冲突，并表达了自己创世之神概念，后者像一位钟表匠，他创造世界就像钟表匠造钟表，隐藏的弹簧精确地根据他的计划去活动。而比起钟表的体系，人的体系"则无限精密、自身更不受限制、更为多样"。由于一切都理由充分，一切事物的根都寓于其前提之中，"我发现每个人的性情和状态的根基都在于他的身体机制"。弗里德里希二世当时仍深受沃尔夫—莱布尼茨形而上学的影响。伏尔泰在回信（1738年1月

然的抑或是实质。某位学者扯着嗓子说它是偶然的，另外一位则信誓旦旦地说它是实质。两位吵得不可开交，廷臣以此为乐，尘世的诸神蔑视他们，民众对他们一无所知，也不知晓他们争吵的动机是什么。您难道没有注意到，如果人们用理性去处理如此难以理解和抽象的对象时，不就使理性脱离了其影响范围吗？在我看来，我们的理智对于如此无限的知识无能为力。

我们就像那些沿着海岸扬帆的人，他们以为陆地在动，他们并不认为是自己在运动。但是，恰恰相反，海岸固若金汤，而他们则正被风驱动。我们的自爱总是误导我们，所有我们无法理解的事物，都被我们称作晦涩的，而无论什么事物一旦处于我们的能力范围之外，就变得无法理解。这就是我们精神的特征，它令我们缺乏企及深刻认知的能力。

不容置疑的是，存在永恒真理。然而，要理解这些真理，要穷根究底地认识它们，人的记忆就必须比现在的大百万倍。人们必须能够全身心地致力于认识真理，就像玛土撒拉那样老，甚至更老。人们必须一辈子沉思，搜集各式各样的经验，最后还要投入一种我们无法承受的专注力。现在就请您判断，造物主的意图

---

23 日，D1432）中反驳了沃尔夫的宿命论，最后告诫说："因此，我认为，我给陛下写信，不是写给一个自动装置，他被造成为成千上万属人傀儡的头脑，而是写给上帝屈尊创造的最为自由、最为智慧的一个存在者……因此，请您以人性之名暂且认为，我们是有些许自由的"。

不过，弗里德里希二世一开始继续致力于解决意志自由与宿命论的对立问题（参1738年2月书信）。伏尔泰也立场坚定（1738年3月8日），他于复活节寄给弗里德里希二世《牛顿哲学原理》一书。"形而上学的深渊"（1738年4月19日）把弗里德里希二世纠缠到1738年夏（1738年6月17日）。把人类身体视作机械装置的看法可追溯到笛卡尔，参 *Discours de la méthode* (1637), 5.Teil: Traité du Monde et de la Lumière.

是不是真的要使我们成为聪明人。因为，这些障碍似乎都来自他的意志，经验告诉我们，我们几乎不具备理解力，几乎生不出什么勤奋，我们的精神也不足以优越到能逼近真理，还有，要领会对于这种美好且辛劳的研究而言必要的一切知识，我们的记忆也不够广阔和可靠。

还有另外一个障碍妨碍我们接近并认识真理，人们甚至是亲手将其置于途中，仿佛这条道路还不够艰辛似的。这个障碍在于教育带来的偏见（préjugés de l'éducation）。很明显，大多数人都信奉错误的原则。他们的物理学十分欠缺，他们的形而上学一文不值，他们的道德本质是卑鄙的自私自利和毫无节制地盯着尘世的财富。在他们那里所谓的伟大德性，被证明是对未来的聪明的预防，他们由此得到的先见之明可以为家族保障生计。您一定会看到，这类人的逻辑学与他们日常的哲学相称，也非常可怜。他们理性思考的艺术就在于口若悬河，决断一切，不容忍任何反驳。

这些渺小的家族立法者从一开始便不可思议地热衷于为后代灌输自己的理念。父亲、母亲、亲戚，所有人都致力于使自己的谬误变得永恒。还没有等孩子离开摇篮，人们已经忙于给他灌输有关仆从鲁普莱希特和狼人的概念。① 紧接着这些美妙知识的，通常是其他具有相同价值的知识。学校也会贡献自己的一份力量，在那里，您会从柏拉图的看法而被引向亚里士多德

---

① ［译注］根据北部和中部德语区民间传说，仆从鲁普莱希特（Knecht Ruprecht）是圣尼古拉斯的随从，每年12月6日晚上陪同圣尼古拉斯看望小孩。

的看法，继而突然被引入漩涡一般的奥秘之中。[①]等到您离开校园时，记忆已不堪词语的重负，精神充满迷信的观念、充满对古老心魔的畏惧。理性的老年不期而至。您要么摆脱谬误的桎梏，要么会比起父母还有过之而无不及。如果说他们片面，那么，您则会盲目；如果说他们之所以信了某些事物是因为他们决心去信它们，那么，您现在则是出于固执而信。于是，您还钟情于成为许多固执己见之人的榜样。他们的掌声是令您满足的权威，只要这些人的数量够多。民众中流行的谬误孳生新信徒，并且获胜。随着时间的推移，这些根深蒂固的谬误最终得以强化。请您想象一株小树，它细弱的树干随劲风而弯折，逐渐成长，用骄傲的枝桠迎对浮云，最终，为伐木工的斧头贡献出难以撼动的树干。

----

① 17、18世纪，今天流行的柏拉图文本尚不为人所知也未被翻译。对这位苏格拉底的学生的认识，一方面要归功于西塞罗，另一方面要归功于意大利文艺复兴期间尤其是由斐奇诺翻译的柏拉图文字（不过常常只有节选）。达西埃（André Dacier，1651—1722）的柏拉图译文（始于1691年，于1721年结束）在整个18世纪为法国的柏拉图接受提供了源泉，他为自己的翻译增添了评注和一部柏拉图传记。达西埃采纳了已经由丰特奈尔（*Digression sur les andern et les modernes*, 1688）和培尔（*DHC, Art. Aristote*）表述的对柏拉图的批评意见，即柏拉图是一位狂热分子，其观念论太晦涩。此外，他还将柏拉图置于基督教的符号下，这使得柏拉图哲学看起来不够清晰，参Michèle Mat-Hasquin, *Voltaire et l'antiquité grecque*, Oxford 1981,4. Kap., 254ff.。

弗里德里希二世藏有多个版本的达西埃翻译的柏拉图作品集（*Œuvres de Platon. Avec des remarques et la vie de ce philosophe* par A. Dacier［Paris 1699］, u.a. Amsterdam 1700, Paris 1701, 1744）。弗里德里希二世对柏拉图的看法与他对亚里士多德和笛卡尔的看法类似，都基于对他们的形而上学的晦涩，以及他们有关物理学观点之错误的批评之上。《培尔历史考订词典选》收了"亚里士多德"词条。

有人会说："怎么？我的父辈就是如此思考，我也如此思考了六七十年。你们要求我立刻开始转变思想，那得是怎样的不义啊！难道要我再次成为学生，在你们的引导下，成为你们的学徒？饶了我吧！我更情愿跟着习惯的脚印前行，而不愿与你们一起像新的伊卡鲁斯那样振翅高飞。①想想他是怎么坠落的，这是新学说的报应，也是等待着你们的惩罚！"

顽固常常也是偏见的一部分，某种被人们称为虚假热情的野蛮，总是毫无疑问会提出诸多专断的原则。

这些就是儿时偏见的后果，它们在这个脆弱年龄时期的头脑的接受能力中扎下的根子更深。最先的印象最为鲜活，与此相比，判断力所产生的影响似乎有些无关痛痒。

亲爱的斐兰特，您看，谬误是人类与生俱来的。在我向您逐一介绍过一切原因后，您无疑会理解，人们都痴迷于自己的看法，从而不认为应该超越谬见，人们自己业已稳坐在马鞍上，从而不敢把他人拉下马。

斐兰特：令我极其惊讶的是，我开始认识到，那些囿于谬误中的人们的谬误是无法克服的。我专注并且愉快地倾听了您所讲的，倘若没有搞错的话，我很好地记住了您所列举的谬误的原因。如您所言，那就是我们的视野与真理的巨大距离，我们微不

---

① 伊卡鲁斯为代达罗斯之子，与其父借助蜡制的翅膀逃离监狱。不过，他未听从父亲的警告，飞得离太阳过近，蜡化掉之后，他跌入大海。参Ovid, *Metamorphosen*, 8, 195ff. 231ff.。弗里德里希二世藏有大量的法译本奥维德作品，尤其是《变形记》译本，比如 *Les métamorphoses d'Ovide* en latin traduites en françois avec des remarques et des explications historiques par M. l'Abbé Banier, ouvrage enrichi de figures en taille-douce gravées par B. Picart et autres habiles maître. I-II, Amsterdam 1732。

足道的知识，我们精神的弱点和不足，以及教育带来的偏见。

我：精彩呀，斐兰特！您恰恰有神一般的记忆。倘若上帝和自然愿意塑造一个能够领会他们崇高真理的有死之人，那么，这个人无疑就是您，您集广博的记忆、热烈的精神以及更为可靠的判断力于一身。

斐兰特：不要奉承了！我更喜欢哲学性思考，而不是您的赞扬。这时我需要的不是为我大唱赞歌，而是公开地为学者的傲气谢罪，并且谦虚地承认我们的无知。

我：斐兰特，倘若需要展示我们深刻且明显的无知，我将会完全站在您一边。我非常乐意写一份忏悔录。我甚至会上溯到皮浪主义，[①]我认为，对于所谓的经验真理，人们更应该去怀疑而不

---

① 皮浪主义乃是以古希腊哲人皮浪的学说命名，后者是早期怀疑学派的建立者，他否认理论定律的可证明性。培尔词典中有"皮浪"词条（*DHC*, Art. Pyrrhon），弗里德里希二世将其收入《培尔历史考订词典选》。培尔之所以正面地评价皮浪主义，是因为它区别于激进的怀疑论，为发现并领会真理的可能提供了前提。伏尔泰推崇皮浪主义作为"形而上学思维方法"的解药——后者带来的是"机械装置的上帝"。他还将皮浪主义作为不懂人类自由的厄运的二选方案，"请您用智慧者的天平来权衡，虽然莱布尼茨和沃尔夫们在盘中投入的重量惊人，但是请您把蒙田的这句话当作座右铭：Que sais-je［我知道什么］？"

伏尔泰致信弗里德里希二世，是为了使后者免受迷惑或者形而上学"深渊"的危害（1738年5月20日）。弗里德里希二世藏有关于18世纪怀疑主义思想的核心文本，法译本恩披里柯（Sextus Empiricus）的《皮浪假说》（*Les hipotiposes ou institutions pirroniennes*, trad. du grec avec des notes, s. 1. 1725）。关于当时从神学立场对皮浪主义的批判，参Jean-Pierre de Crousaz, *Examen du pyrrhonisme ancien et moderne*. à la Haye, 1733。

是信从。斐兰特，您走在一条坦途上。怀疑主义很适合您。①皮浪
在吕凯昂学园与您所讲的别无二致。②我必须承认，我是学园之
友，③至少有一点儿是吧。我从各个方面观察事物，我怀疑并悬置。
这是远离谬误的唯一方法。凭借这种怀疑主义，我虽然并未如荷
马所言大踏步地接近真理，却可以免遭偏见的圈套所困。

斐兰特：既然您可以很好地抵御谬误，为何您还惧怕它？

我：呜呼！很遗憾，有的谬误是那么甜美，以至于人们宁可
选择它而不是真理。这类谬误会用讨人喜欢的想象来令您心满意
足，会用您自己并不具备而且永远不会享用的财富去充实您。在
您的不幸中，它如影随形。即便在您奄奄一息的时候，在您即将
丧失所有财富和自己性命的时候，它们还让您憧憬另外一些比您
正在丧失的更为可取的财富。它们为您应许了极其空洞的福乐，

---

① 作为哲人的弗里德里希二世拥护怀疑主义（或者皮浪主义），这
表明他和伏尔泰是培尔的学生。他藏有对于宗教怀疑主义而言非常重
要的作品，即西塞罗对话《论神性》，参 *De la nature des dieux*, latin et
français avec des remarques critiques et historiques, dédié à Monseigneur
de Fleury, par M. Le Masson. I-II. Paris 1721。弗里德里希二世没有附和
同时代以不断进步作为既定前提的趋势，而是作为哲人始终顾及怀疑主
义和蒙田意义上的"权衡"，就此而言，他的哲学立场具有原创性。弗里
德里希二世藏书中有至少七个版本的蒙田《随笔》（比如 Paris 1734），此
外还有大量怀疑主义新派辩护者的作品，比如蒙田的学生沙朗（Pierre
Charron，1541—1603），*De la sagesse* (1601), Amsterdam 1662；于
埃（Pierre Huet，1630—1721），*Traité philosophique de la faiblesse de
l'esprit humain*（Amsterdam, 1723）。

② 吕凯昂是雅典的学园，亚里士多德在这里建立了逍遥学派。

③ 学园最早是柏拉图教学的地方，后来成为柏拉图建立的哲学学派。
这里指的是中期学园，它持有一种针对廊下派教条主义的激进怀疑主义，培
尔将其明显地区别于皮浪主义。

以至于让您的死亡变得甜美，倘若可能的话，还使之变得惬意。这使我想到了有人给我讲的一则有关精神病人的故事。也许，它可以为您补偿我冗长和刻板的说教。

斐兰特：我的沉默足够向您表明，我在津津有味地聆听，并且对您的故事感到好奇。

我：斐兰特，您会感到满意的，前提是，您不后悔让我滔滔不绝。

在巴黎的疯人院曾经住着一位出身高贵的疯人，他的精神疾病令所有亲人极度苦恼。他理性地思考着一切，唯独不思考自己的幸福，他以为自己由基路伯、撒拉弗以及大天使陪伴。他整日在这些不朽神灵的剧场歌唱，并且因欢乐的幻象而自豪。天堂就是他的居所，天使是他的友伴，灵粮吗哪（Manna）就是他的饮食。这位幸福的疯子在精神病院享受到圆满的幸福，直到有一天，很不幸，某位医生或外科医生造访了他所在的医院。这位医生答应他的家人医治这位幸福的人。您可以想象，人们会向医生许诺一切，倘若医生动用他的一切技艺会产生奇迹的话。

长话短说，医生成功了，甭管他是用了放血还是其他药剂，总之他使疯子恢复了健康的人类理智。然而，疯子深为讶异，自己竟然不是在天堂，而是身在极其类似于监牢的地方，并且由一群面目可憎之人所包围。于是，他怒火中烧，斥责医生道：我在天堂感觉很好，您无权将我从中拽出来，我愿您受诅咒，亲自去填补地狱里被诅咒者的国度。①

斐兰特，您看到了，存在一些令人幸福的谬误，向您证明它

---

① 疯人与医生的寓言讨论的是癫狂与理性的关系。在法国古典时期的思想中，癫狂与理性的界限分得很清楚。癫狂作为非理性，与理性直接相矛

们是无害的并不难。

斐兰特：很好。因为晚饭吃得晚，我们至少还有三个小时。

我：我要对您说的话花不了这么久。我不会浪费我的时间和您的耐心。

您先前已经同意，身处谬误之中的人犯谬误是不自愿的，他们自认为占有了真理，但这是自欺。事实上，他们需要得到原谅，因为他们真的以为可以确定地拥有真理。他们的信念是好的，但是假象欺骗了他们。他们把影子当成了本体。请您想想，那些陷入谬误的人的动因是值得称赞的。他们在探寻真理，在中途迷路，倘若没有找到，至少他们的意志是好的。他们没有向导，也许更糟的是，向导是坏向导。他们在探寻真理，但是体力不济，无法到达目标。

盾。在社会实践中，对理性者世界和——似乎缺乏健康人类理智的——癫狂者世界的划分，导致人们将疯人隔离在"小屋"（Petites-Maisons）中。法国古典时期的文学将"小屋"描述为非理性（déraison）的避难所，自16世纪，疯人院就在法国被叫做"小屋"，因为病号都被关在小房间里。尤见 Nicolas Boileau-Despréaux, *Satires*, éd. Ch. -H. Boudhors, Paris 1952,38；Madame de Sévigné (Brief vom 20. Nov. 1675)，或 Fontenelle, *Sur l'histoire* (cf. Fontenelle, *Œuvres complètes*, éd. A. Niderst, Paris 1989, Bd. 3,180)。

伏尔泰在《论英国人》（第3封信）中谈到"小屋"。弗里德里希二世藏书中有上述作家的作品。弗里德里希二世藏有三个不同版本的塞维涅夫人（Madame de Sévigné）书信集，尤其是 *Recueil des lettres de Madame la marquise de Sévigné à la comtesse de Grignan, sa fille*. I-VI, Paris 1735-1737。与古典时期不同，启蒙哲学质疑癫狂和理性的简单对立。作为哲人和爱人类者的医生为了医治癫狂，就应该探究癫狂，法哲学则应该重新定义法学主体和个人的法权能力。非理性绝不会仅仅只是在理性彼岸，这个经验在道德哲学上得到新的反思。参 Michel Foucault, *Folie et Déraison. Histoire de la folie à l'âge classique*, Paris 1961; dt.: *Wahnsinn und Gesellschaft. Eine Geschichte des Wahns im Zeitalter der Vernunft*, übers, v. Ulrich Köppen, Frankfurt a. M. 1969.

人们难道要谴责横渡宽阔大江而溺水身亡的人，只因为他力气不足以抵达彼岸？除了没有人性的人，所有人都会同情溺水者的悲惨命运，也会为这位如此勇敢的人感到惋惜，他虽然有能力去做如此伟大和冒险的行为，但是自然没有给他足够的襄助。他的大胆似乎值得拥有更好的命运，人们会用泪水打湿他的骨灰。每个思考着的人若要认识真理，就必须努力。这样的努力值得我们尊敬，即便它超出了我们的气力。就其深不可测而言，这些真理对于我们来说真是大不幸。但是我们不能蔑视那些在发现新世界时沉船遇难的人，从而使不幸变得更加糟糕。为了邦民福祉而直面危险的，是高贵大度的阿尔戈英雄。在想象的国度里寻路，无疑是一项特别艰难的工作。这些领域的气候对我们来说极其不利，我们不通当地居民的语言，也不清楚如何穿过飞沙地。

斐兰特，请相信我，我们应该容忍谬误，它是一剂美妙的毒药，它潜入我们的心灵，而我们却没有发觉。就是与您谈话的我，我也不敢保证自己是否也受其毒害。让我们永远不要被那些所向披靡、言辞被当作神谕的学者们可笑的狂妄给迷住。让我们宽和地对待那些最为明显的谬误，并且谨慎地对待那些与我们同在一个社会生活的人们的观点。我们缘何要为了连我们自己也不完全信服的意见，而扯断将我们统一在一起的温柔纽带？我们切莫让自己像个捍卫不为人知的真理的英勇斗士，让我们也承认每个人的想象力都有将观念变为小说的自由。童话英雄、奇迹、狂热骑士的时代已经成为过往。堂吉诃德也许会令塞万提斯啧啧称奇，但是，法拉蒙、罗兰、阿玛迪斯或者甘达林却会招致所有理性者的嘲笑，①那些步其后尘的骑士们也会遭遇同样的命运。

　　另外，请注意：倘若人们要消灭世间的谬误，也必定会消灭整个人类。请相信，对于社会福祉而言，重要的不是我们如何思考纯理论的问题，而是我们如何行动。无论您是第谷体系还是马拉巴尔人体系的拥护者，只要您是合乎人性的（humain），我都乐意原谅您。但是，倘若您是所有博学者中最为顽固的，并且品

---

　　①　法拉蒙（Pharamond）是卡尔普莱尼德（Gautier de Costes de La Calprenède，约1610—1663）所著同名12卷本小说的主人公（*Pharamond ou l'histoire de France*, 1661—1670），该小说是一部传奇的法国史，根据传说，主人公是墨洛温王朝的首位国王（历史上值得商榷）。根据弗里德里希二世姐姐的说法，弗里德里希二世儿时喜欢阅读骑士小说（参 B. Krieger, *Friedrich der Große und seine Bücher*, 3）。弗里德里希二世藏书中有卡于扎克（Louis de Cahusac，1706—1759）的戏剧作品 *Pharamond. Tragédie*, Paris 1736，作者是拉莫最为重要的歌剧脚本作者和《百科全书》词条作者（词条"舞蹈""歌唱""歌剧"）。

　　17、18世纪，法拉蒙成为法国历史书写中持有"议会观"（thèse parlementaire）的那部分的参照人物。这种历史写作鼓吹作为法兰克战士等级继承人的贵族享有参与权，将历史集中于分权的传统。相反，持有"王室观"（thèse royale）的历史书写，则关注君主制的正当化，尤见 Gabriel Daniel, *Histoire de France* (1696弗里德里希二世藏有的版本是 Paris 1722, 10 Bde.)；Abbé Dubos, *Histoire critique de l'établissement de la monarchie française dans les Gaules*, 1734。对聚焦君主制的历史书写的批判，援引法拉蒙，以强化议会的正当性。弗里德里希二世认为"议会观"在历史上已过时。这样的立场在法国启蒙运动时期十分流行，因为议会被看作遗留的法学观之场所、特权社会的捍卫者、敌视革新的冉森派天主教的堡垒。值得注意的是，早在1730年代晚期，弗里德里希二世在这方面就持有一种在18世纪下半叶才由狄德罗、伏尔泰等市民启蒙者所赞成的立场。伏尔泰在《巴黎议会史》（1769）中将议会看作开明君主制的大敌。

　　罗兰（Roland）是古代法国英雄叙事诗《罗兰之歌》（*La Chanson de Roland*，约1075—1110）的主人公，他是卡尔大帝十二骑士之一，也是其在撒拉逊人的战斗中最为勇猛的大臣，这场战争构成《罗兰之歌》的历史背景。

性残暴、冷血、野蛮，那么，我会永远地憎恶您。

斐兰特：完全赞同。

说到这里，我们突然听到不远处传来低沉的私语声，好像有人在叽里咕噜地责骂。我们转身，令我们大为吃惊的是，我们看到了皎皎月光下的家庭神甫，他这时离我们仅仅数步之遥，似乎听到了我们大部分的谈话。

我对他说：我的神父！这是怎么了，这么晚碰到您？

神父回答说：今天是礼拜六，我正在为明天的布道做准备，就听到你们谈话中的一些奇谈怪论，这迫使我听完剩下的部分。上帝保佑，为了我的灵魂可以得到拯救之故，我最好什么都没有听到！您激起了我正义的怒火！您玷污了我虔敬的双耳，我们那不可言说的真理的神圣容器！你们这些不圣洁的人，败坏的基督徒，你们宁可选择人性、仁爱以及谦卑，而不是宗教权力和我们神圣的信仰？听着！你们会受到诅咒，会戴着镣铐在沸腾的油锅中饱受折磨，就如同被诅咒者——你们也是一分子——注定的那样！

我：我的神父，求求您！我们并没有谈及任何宗教问题，我们只是谈到完全无所谓的哲学对象，倘若您不愿意让第谷或者哥

阿玛迪斯（Amadis）是骑士小说《高卢的阿玛迪斯》（*Amadis de Gaula*）的主人公，甘达林是其持盾随从，这部小说是16世纪以优雅的法语撰写的最为重要的骑士小说（西班牙原型则出自14世纪）。

弗里德里希二世甚至藏有一个16世纪的版本，*Amadis de Gaule*［...］，Paris 1557–1582。骑士小说在18世纪是一种流行的读物。1770年代，书商科斯塔尔（Costard）在特鲁瓦发行了所谓的"蓝色书系"（Bibliothèque bleue），即小说系列，尤其是骑士小说和童话，大获成功。吕利（Lully）在《阿玛迪斯》（1684；脚本作者为奎诺）歌剧中为路易十四谱了阿玛迪斯故事的曲子，该歌剧直至1771都是巴黎皇家音乐学院的保留曲目。

白尼成为教父，我不认为，您有什么可以抱怨的。

神父：好吧！明天，我要给你们布道，天知道，我之后将如何让你们滚蛋。

我们正要回答他，他就很突然地走开了，嘴里还骂着一些我们无法听清的字眼。我相信，那只是圣洁的叹息，而斐兰特认为，他听到几句出自大卫王诗篇中的修辞性诅咒。①

于是，我们往回走，深受我们刚刚经历的奇遇的打击，并且对我们应该采取的措施感到非常不知所措。在我看来，我们没有说什么可能伤害任何人的东西。我就谬误的好处而说的那些话，符合正直的理性，因此也符合我们至为神圣的宗教的诸原则，我们的宗教甚至命令我们相互担待错误，不去刺激、不去伤害弱者。

我认为我的想法是纯粹的，然而，我唯一担心的是虔敬者的思维方式。我们知道，他们的信仰热情会多么过分，而他们一旦打算败坏那些被他们憎恶的人的名声，他们说无辜者坏话的能力又是多么强大。斐兰特尽他所能地安慰我。晚餐后，我们每个人都陷入沉思，脑子里似乎还萦绕着谈话的主题，以及和神甫这个尴尬的突发情况。我一点不敢耽搁地回到屋子，花了大半个晚上给您写下这次对话中所能记住的内容。

––––––––––––

① 在旧约大卫王的诗篇（3-41）中有大量的诅咒诗。培尔的"大卫"词条在弗里德里希二世看来写得极好（参1765年11月25日致伏尔泰），被收入《培尔历史考订词典选》，而且一开始是以培尔的原始版（*DHC*, 1. Aufl. Rotterdam 1697）形式，该版因为其过于详尽（复述了大卫的情史）而招致教会的愤怒。为了安抚批评者，培尔又为后来的版本提供了净本的"大卫"词条。参 Gerhard Knoll, in: Friedrich II. König von Preußen, *Totengespräch zwischen Madame Pompadour und der Jungfrau Maria*, hg., übers., u. kommentiert v. G. Knoll, Berlin 2000, 2. Aufl., 55 f.。

论立法或废除法律的诸缘由

［德文编者按］《论立法或废除法律的诸缘由》
（*Dissertation sur les raisons d'établir ou d'abroger les loi*）作
于1749年，完稿于1749年12月1日，并于1750年1月22日
在柏林科学院宣读。本文的独特之处在于，作者以眉批的方
式指出了文献出处。本编以脚注形式给出这些眉批，并增加
了作者以缩略方式提到的作者或者作品的文献提示。弗里德
里希二世的文献提示尽量顾及1749年之前出版以及在他的藏
书中可以找到的版本。

孟德斯鸠《论法的精神》出版后不久，《论立法或废除
法律的诸缘由》就开始写作。不过，无论在正文还是眉批
中，弗里德里希二世都没有提到孟德斯鸠。在弗里德里希二
世藏书总目里，有至少六个不同版本的《论法的精神》，但
其中未见1748或1749年的本子，尽管该书出版前两年印刷
了22次。孟德斯鸠撰于1749年10月，并于1750年在日内瓦
匿名发表的《为〈论法的精神〉一辩》，则见于总目。可见，
弗里德里希二世撰写《论立法或废除法律的诸缘由》时有可
能知道《论法的精神》。毕竟这是一位他敬仰的作者所写的
一部他期待已久的作品。

孟德斯鸠的《为〈论法的精神〉一辩》（ cf. Montesquieu,
Œuvres complètes, éd. R. Callois, Paris 1951, t. 2, 1121—1166 ）

见于弗里德里希二世藏书，可以说明弗里德里希二世也知晓孟德斯鸠反驳 *Nouvelles Ecclésiastiques* 杂志上的攻击时所捍卫的作品，同时这也是因为弗里德里希二世一直委托他在巴黎的文学代办在第一时间购买最重要的法国作家（孟德斯鸠即为其中一位）的新书，并将书寄到莱茵斯堡、柏林或者波茨坦（cf. B. Krieger, *Friedrich der Große und seine Bücher*, 39-80）。

此外，并不是弗里德里希二世的所有藏书都见于藏书总目。比如，《罗马盛衰原因论》（1734）的一个版本就没有收入其中，而这个版本上面有弗里德里希二世的亲笔眉批。众所周知，拿破仑在其1806年10月份的无忧宫之行中顺手牵羊带走了这本书，并把它纳入自己的藏书（参 Max Posner, *Die Montesquieu-Noten Friedrichs II.*, in: *HZ* 47［1882］, 193-288）。从1753年4月致达尔热（Darget）的信中（cf. *Œuvres de Frédéric le Grand*, t. XX, 39），可以得知弗里德里希二世读过《论法的精神》，他在信中提到孟德斯鸠，并暗示了其对德意志人心性的积极评价——从意思来看，该评价见于《论法的精神》卷三十。

关于弗里德里希二世对孟德斯鸠的接受，参 Detlef Merten, Friedrich der Große und Montesquieu. Zu den Anfängen des Rechtsstaats im 18. Jahrhundert, in: W. Blümel u. a. (Hg.), *Verwaltung im Rechtsstaat*, Köln 1987, 187-208。

弗里德里希二世推动了自己论文的发表，它载于 *Histoire de l'Académie, Année 1749*, Berlin, 1751, 375-400，先前已发表在 *Œuvres du Philosophe de Sans-Souci. Au donjon du château. Avec privilège d'Apollon*, t. III, 1750, 263-312，继而发表在

Mémoires pour servir à l'histoire de la Maison de Brandebourg. D'après l'original, Berlin, Chrétien Frédéric Voss, 1767, t. III, 104-154（参 Preuss, *Avertissement de l'éditeur*, in: *Œuvres de Frédéric le Grand*, t. IX, X）。本编底本见普罗伊斯主编的《弗里德里希二世全集》（*Œuvres de Frédéric le Grand*, Berlin, 1848, t. IX, 9-33）。

如果要得到有关立法或者废除法律之缘由的详尽知识，人们只能从历史中获取。而历史向我们表明，每个民族都曾有自己独特的法律，这些法律都是逐渐确立的，要获得某种理性的事物总是需要很长的时间。我们在历史中还可以看到，那些制定经世之法的立法者是这样一些人：他们以普遍的幸福为旨归，并且最能懂得他们治下的民众的精神。[①]

这些观察迫使我们在这里对一些有关法律史的细节，以及最为文明的国度里立法的方式方法做一些说明。

也许最早的立法者是家族的家长。为家族确立秩序的需求促使他们毫不犹豫地制作家族的法度。这段最早的时期过后，当人们开始一起在城市定居时，那些来自私人判例的法律被证明无法

[①]　弗里德里希二世在这里与孟德斯鸠是一致的，后者探究了法律与气候、风俗、宗教、历史尤其是"民族精神"的关系。作为立法至高原则的"普遍幸福"位于开明思想的中心地位。孟德斯鸠简洁地表述过这一原则，不过已经到了《论法的精神》第26卷（第23章），那里的上下文是在解释不同法律类型的冲突（自然法、神法、国际法、国家法、民法等等）。写法上的着重——LE SALUT DU PEUPLE EST LA SUPRÉME LOI［人民的福祉是至高的法则］（强调出自原文）——强调了该原则的重要性，使其愈发显眼。18世纪法国关于幸福的讨论，参Robert Mauzi, *L'idée du bonheur dans la littérature et la pensée françaises au XVIIIe siècle*, Paris 1960。

再适用于人口更为庞大的社会。

在独处时人心里面似乎打盹了的小算盘，会在广阔天地中重新变得活跃。如果说，能把性情最相近的人聚拢在一起的人际交往可以给富有德性的人带来友伴，那么，它也会给犯罪者带来帮凶。

城市中的无序愈发增多，新的恶行得以滋生，最关心遏止这些的家长为了安全之故，一致同意对付这种肆无忌惮。因此，他们颁布了法律，并派遣法官来监视这些法律的执行。人心的败坏如此之甚，以致人们为了能够和平幸福地生活，不得不通过法律的强力，给这种败坏设立边界。

最早的法律只是遏制了最大的恶行。民法管理对诸神的侍奉、土地的分配、婚姻的契约以及遗产的继承。严厉的刑法只针对会产生最令人惧怕的影响的罪行。之后，根据意想不到的恶行和新的无序状况的滋生程度，新的法律又会被创造出来。

共和国产生于城市的联合。由于变革的倾向——这是一切属人事物所特有的——统治形式经常发生改变。厌烦了民主制的民众，便转向贵族制，甚至用君主制将其替换。后者以两种方式进行：要么人民把信任给予同胞中某位德性卓越之人，要么某位野心家凭借诡计违法篡夺了统治权。几乎没有国家没有经历过这些不同的政制，不过，各个国家有着迥异的法律。

奥西里斯（Osiris）是世界史提到的第一位立法者。[①] 他是埃

---

① 在埃及神话中，奥西里斯是死神和法官，任何死去的人都必须在他面前申辩。他被当作统治者和立法者崇拜。伊西斯是他的妹妹和伴侣。弗里德里希二世在这里援引的是 Charles Rollin, *Histoire ancienne des Égyptiens, des Carthaginois, des Assyriens, des Babyloniens, des Mèdes et des Perses, des Macédoniens, des Grecs*, Amsterdam 1734—1736 (1. Bd., 6. Kap., 88ff.)。

及国王，并在那里立法。甚至统治者也服从于这些法律，它们不仅规约着王国的治理，其效力也延伸到个人的行为举止。

国王只有根据法律行事，才会赢得民众的爱戴。[①]奥西里斯指定了三十位法官，他们中的领袖在金项链上戴着真理的形象。他用这个形象触碰谁，谁就算赢了讼案。

奥西里斯管理着事神、土地分配以及阶层的区分。此外，他也绝不会希望负债人遭受牢狱之灾，任何诡辩和煽动手段在审判中都是禁止的。埃及人典押父辈的尸骨，把它们当作押金寄存在债主那里，倘若在去世前不去赎回这些尸骨，就会被视作毫无羞耻心。这位立法者认为，此生的惩罚还不够，因此，他还设立了一个法庭，在人们死后进行责罚，从而让附着在责罚上的耻辱鞭策着活人，督促他们心向德性。

罗兰（Charles Rollin，1661—1741）是当时最重要的一位史家，曾任巴黎大学校长，致力于复兴希腊研究，是18世纪上半叶古代史研究的权威。弗里德里希二世与罗兰有书信往来。1737年元月，时年二十五岁的太子写信告诉时年七十五岁的史家，他满怀热情地读了罗兰的古代史（1730—1738，13卷）。

在此之后，二人书信不断，可以看出，弗里德里希二世细致地读过罗兰的作品，在他的藏书中有多个版本的罗兰著作集。参Correspondance de Frédéric avec Rollin, in: Œuvres de Frédéric le Grand, t. XVI, 229-246。关于埃及文化的接受，参Erik Hornung, *Das geheime Wissen der Ägypter und sein Einfluss auf das Abendland*, München 2003; Jan Assmann, *Erinnertes Ägypten. Pharaonische Motive in der europäischen Religions- und Geistesgeschichte*, Berlin 2006。

① 作者眉批为"希罗多德，西西里的狄奥多罗斯"。弗里德里希二世藏有希罗多德（约公元前484—前430年）《原史》的法文译本，*Les Histoires d'Hérodote*, trad. en françois par M. Du-Ryer, Paris 1713, vol. I-IV，同样，还有古希腊史家西西里的狄奥多罗斯（Diodoros von Sizilien，公元前1世纪）的普遍历史法译本，*Histoire universelle*, trad. en françois par M. l'Abbé Terrasson de l'Académie françoise, Paris 1737-1744, vol. I-VII。

在埃及人的法律之后，就数克里特人的法律最古老了。米诺斯（Minos）是他们的立法者，他自称是宙斯之子，宣称这些律法出自父亲宙斯，以便为它们带来更多的威望。①

拉克岱蒙的国王吕库戈斯（Lykurg）用他在埃及之行时搜集起来的奥西里斯法律，对米诺斯的法律做了损益。②他在自己的共和国中禁止了金银、钱币以及任何多余的艺术。他平等地把土地分配给邦民。

这位立法者的意图在于培育卫士，他不希望任何类型的激情损害他们的血气。因此，他允许在邦民中成立妇女团体。这样一来，城邦人口得以增加，而个人也不至于过分地被禁锢在甜蜜和温柔的婚姻中。所有的儿童都由国家出资养育。如果父母可以证明他们的孩子天生病弱，就可以将孩子杀死。吕库戈斯认为，没有能力拿起武器的人，不配活命。

他规定，公役（即一种奴隶）垦殖农田，③斯巴达人只专心于

---

① 作者眉批为"罗兰，古代史"。

米诺斯，宙斯（或者朱庇特）和欧罗巴之子，克里特国王，据说为克里特带来了最早的法律，而且这些法律来自他的父亲。参 Ovid, *Metamorphosen*, 8, 99-103。

② 作者眉批"普鲁塔克"。弗里德里希二世藏书中有大量法译本的普鲁塔克（46—119）的《古希腊罗马名人比较列传》，比如 *Les vies des hommes illustres de Plutarque*, trad. en françois avec des remarques historiques et critiques par M. Dacier, Amsterdam 1735，尤参普鲁塔克关于斯巴达传奇立法者吕库戈斯的记述。同样援引了普鲁塔克的孟德斯鸠，在《论法的精神》中分析了斯巴达的法律和吕库戈斯对于斯巴达生活方式的教育意义（(4. Buch, 6. Kap.; 5. Buch, 7. Kap.; 19. Buch, 16. Kap.)）。

③ 公役（Heloten）是没有人身自由、被限制在土地上的农人，属于国家。他们必须垦殖土地，将收成的一半上交给斯巴达公民，在战争期间他们还必须给公民做侍从。对斯巴达奴隶制的批判，参孟德斯鸠，《论法的精神》，卷15，第10章。

进行使自己能够上战场的训练。

儿童无论男女相互搏斗，他们全裸着身体，在公共的场地锻炼。

他们的餐饮时间是规定好的，所有邦民，不分阶层，在一起进餐。

异乡人禁止在斯巴达驻留，以免他们的习俗败坏了吕库戈斯引入的习俗。

人们只会惩罚笨贼。吕库戈斯的意图是建立军事性的共和国，他是成功的。

德拉孔实际上是雅典人的首位立法者。[①]不过，他的法律太过严厉，以至于人们说他的法律是用血而不是笔墨书写的。[②]

我们在上文已看到，埃及和斯巴达的立法是怎样的。现在我们看看，法律在雅典如何得到改造。

笼罩在阿提卡的无序状态，以及可想而知的糟糕后果，迫使人们寻求一位智者的庇护，他必须能够以一己之力消除如此多的不检行为。因为负债而不得不遭受富人百般刁难的穷人，谋划着选举一位领袖，将他们从债主的残暴中解放出来。

梭伦在这样的不和中被一致推选为执政官和最高法官。普

---

① ［弗里德里希二世注］德拉孔会对最细小的过失判以死刑。他甚至审判无生命的事物，比如，一次有个雕塑跌落砸伤了一个人，于是他判这个雕塑被逐出城邦。

② 作者眉批为"普鲁塔克，梭伦传，达西埃注释"。弗里德里希二世藏有达西埃翻译的普鲁塔克所著梭伦传记（含注释），见 *Les vies des hommes illustres de Plutarque*, Amsterdam 1735。

德拉孔（公元前 7 世纪），雅典立法者，他在约公元前 621 年为雅典制定法律，流传下来的只有一部分刑法。德拉孔法律严酷的惩罚后来演变为一个成语。

鲁塔克说，富人欣然接受他这位富人，而穷人则欢迎他这位正直之人。①

梭伦为欠债的人减轻负担，并赋予邦民设立遗嘱的自由。

他允许那些与无生殖能力的男子结婚的妇女在亲戚中选择另外一个结婚。

这些法律惩罚无所事事的人，释放那些杀死出轨者的人，并禁止把儿童的监护委托给下一位继承人。

谁若是戳瞎独眼之人的另一只眼睛，就会被判罚失去双眼。放荡的人不敢在人民大会上说话。

针对弑父，梭伦没有制作任何法律。在他看来，这样的犯罪是骇人听闻的。他认为，禁止它，更多意味着教人学坏。

他希望，他的法律可以被记录在战神山议事会中。②这个由克刻洛普斯（Kekrops）建立的议事会一开始由三十人组成，后

---

① 梭伦（约公元前640—前561年），雅典政治家和立法者，公元前594年被选为执政官，裁决贵族与大部分负债累累的农民之间的社会和政治争纷，进行了一次法律改革。他后来被看作雅典民主制的建立者，列为七贤之一。莱茵斯堡时期（1736—1740）的弗里德里希二世就已经关注梭伦和吕库戈斯，"这些智慧的立法者，他们的戒律令祖国繁荣，是伟业的基石，这是古希腊人一般不敢去追求的"（致伏尔泰，1736年11月4日，参übers. v. Hans Pleschinski, in: *Voltaire—Friedrich der Große, Briefwechsel*, 17）。

② 作者眉批为"默莱里（Moréri），词典，罗兰，普鲁塔克"。弗里德里希二世藏有17、18世纪主要的法文词典和百科全书，比如Louis Moréri, *Grand dictionnaire historique*。

为国事指明方向的贵族议会早期的时候在战神山（Areopag，根据雅典的山丘命名，位于卫城西边）上议事，负责监视公务员和政治司法。梭伦推行的改革限制了最高法院的权力。

克刻洛普斯是古希腊神话中雅典最古老的国王，据说他颁布了最早的法律，并制定了最早的社会制度。

来上升到五百人。高等法院在夜间开会，讼师直接在这里进行诉讼，他们不可煽起人们的激情。

雅典的法律后来被引入罗马。由于这个帝国的法律成了它所战胜的万民的法律，我们必须在这里更为详细地予以探究。

罗穆卢斯是罗马的建立者和首位立法者。流传下来这位君主所立之法的点滴如下：①

他希望王者在诉讼和宗教事务上具有无限的权威，希望人们不要相信讲论诸神的故事，但是要对其流露出神圣和宗教情感，不应该给这些幸福的存在者附加任何有失尊严的东西。普鲁塔克补充说，认为天神会对有朽的美人的魅力感到快乐，是一种渎神行为。然而，这位几乎不迷信的王者却规定，没有事先询问占卜官，就不应有所行动。②

罗穆卢斯令贵族在元老院任职，让平民在部族任职。③ 奴隶不属于共和国成员的一分子。

丈夫倘若被证明有外遇或者酗酒，就没有处死妻子的权利。

---

① 作者眉批为"李维，普鲁塔克，西塞罗，哈利卡尔纳索斯的狄奥尼西奥斯，罗马考古学"。所给出的文献来源皆见于弗里德里希二世藏书，其中重要的是李维的罗马史，参 *Histoire romaine* de Tite-Live, trad. par M. Guérin, I-X, Paris 1739/40。弗里德里希二世藏书中有多个版本的哈利卡尔纳索斯的狄奥尼西奥斯著《罗马史》法译本，比如 *Antiquités romaines*, trad. du grec par le P. Gabriel François le Jay, Paris 1723, 1-II。

② 占卜官是罗马最为重要的祭司团体之一。据说他们可以增进罗马人民的福祉，在重要的国家行动中求问诸神的意志。只有贵族才获准进行求问神的仪式（比如在清晨观察鸟儿飞翔）。人们会给高级公职人员配备占卜官，他们可以立即提供必要的意见，或者通过告知不利的迹象促使该公职人员作出相应的法律行动。

③ 罗马元老院在王政时期和共和时期是最高的政治机构，最早由贵族家族的领袖组成。共和国时期，享有较高社会声望的平民也加入进来。元老

父亲对孩子所行的权力没有界限。如果孩子天生畸形，他们可以杀死孩子。弑父者会被判死刑。欺骗被保护人的保护人会被憎恶，[①] 人们应听凭家神报复殴打公公的儿媳。罗穆卢斯希望人们把城邦的城墙看作神圣。他之所以杀死弟弟雷慕斯（Remus），是因为后者触犯了这条法律：他越过了罗穆卢斯建造的城墙。

这位君主还设立了避难所。比如，在塔尔皮亚山崖附近就曾有一座。[②]

努玛（Numa）对罗穆卢斯的这些法律作了新的补充。[③] 由于这位君主十分虔敬，而且他的宗教很朴素和纯粹，他禁止用人或者兽的形象表现诸神，因此，在罗马建城的前一百六十年，神庙中没有任何画作。

为了鼓励民众繁衍生息，荷斯提利乌斯（Tullus Hostilius）命

院决定外交事务，掌控财政，同时还负责宗教事务和立法，元老院有时还是政治演讲的中心。部族（最早指的是三个部落）是罗马领土所分成的三十五个行政区。每个罗马公民的籍贯都是这些行政区中的某一个。部族在罗马被看作次级分区和重要人民大会的表决单位。

① 罗马贵族及其受保护者之间存在保护关系，受保护者是那些收入较少、并非贵族的人。受保护人与保护人之间是依赖关系，两者之间经常交流，这对两者都有利。受保护人为保护人提供劳作和支持形式的效劳，而保护人则为被保护人提供保护，为其操心。

② 塔尔皮亚山崖是罗马的行刑场所，变节者从这里被扔下山崖。孟德斯鸠曾说："在罗马人那里，凡偷盗的奴隶都从塔尔皮亚山崖被推落。"（《论法的精神》，卷29，第13章）

③ 作者眉批为"普鲁塔克，努玛传"。根据传说，努玛（公元前712—前672年）是罗马的第二任国王和传奇立法者。

令，如果有妇女同时生下三胞胎，那么，这些孩子应该由国家出资抚养到成年。①

在塔奎尼乌斯（Tarquinius）的法律中，我们要强调的是，他要求每位公民向国王交一份财产清单，倘若他们不这么做的话，就会面临惩罚的威胁。此外，他还规定了每个公民应该向神庙奉献的牺牲。他还允许获得自由的奴隶被纳入部族。这位君主的法律对负债人多有照顾。

以上就是罗马人从他们的王者那里获得的最为重要的法律。帕皮里乌斯（Sextus Papirius）将所有的法律收集在一起，人们以他的名字将这些法律命名为《帕皮里乌斯法典》（*Codex Papirianus*）。②

这些法律中，为君主制国家制作的大部分法律都随着国王的被逐而被废除。

---

① 作者眉批为"达内，古代词典"。即 Petrus Danetius, *Dictionarium Antiquitatum Romanarum et Graecarum in usum Serenissimorum Delphini et Serenissimorum Principum Burgundiae, Andium, Biturigum* [...]，Amsterdam 1701。在弗里德里希二世藏书中的这部词典里，达内神父（Pierre Danet，1640—1709）给出关于古希腊罗马的历史、宗教、社会、政治制度、立法史（比如十二铜表法，土地分配法）、神话、历史人物等的参考性词条。弗里德里希二世藏书中也有 Pierre Danet, *Grand dictionnaire françois et latin pour Monseigneur le Dauphin et Messeigneurs les Princes*, Lyon 1736。

荷斯提利乌斯是罗马第三任传奇国王（公元前672—前642年在位），而根据传说，塔奎尼乌斯是第五任（公元前616—前578年），参孟德斯鸠，《论法的精神》，卷11，第12-14章。

② 有残篇遗世的《帕皮里乌斯法典》曾在罗马政治家和法学者卡西奥多罗斯（Flavius Magnus Aurelius Cassiodor，约490—580年）的文献集中被提到。

普布里科拉（Valerius Publicola）是布鲁图斯（Lucius Brutus）任执政官——这是给罗马人带来喜闻乐见的自由的一个机构——时期的同僚，作为一位受人民爱戴的执政官，他颁布了一系列适合于他先前引入的政治制度的新法律。[①]

这些法律允许人民针对法官的判决提出上诉，同时禁止一个人未经人民同意便接受公职，违者以死罪论处。普布里科拉降低赋税，并且许可杀死那些渴望僭政的公民。

在他之后，高利贷方才盛行。罗马的大人物将利息提到百分之十二点五。[②]负债者倘若未能清偿债务，就有牢狱之灾，他本人和全家都会成为奴隶。这部法律的严苛对于常常沦为受害者的平民来说难以承受。他们起身反抗执政官，但元老院顽固不化，群

———————

[①]　执政官是罗马当时最高政治和军事官职，与其他官职一样，有任职期限、有同僚辅助。执政官的政治权力和地位极高，他们对军队有命令权，有裁判许可权，以及在元老院和人民大会中的政治动议权。

根据传说，普布里科拉自从流放国王以来（公元前509年）四次担任罗马执政官。他的同僚布鲁图斯于公元前509年成为执政官。在罗马共和国建国神话中，他被视作自由的英雄和共和国的建立者。

[②]　作者眉批为"李维所著罗马史的卷二；埃沙尔，卷二，第2章；塔西陀，编年史"。这里提到的文献出处指的是李维，卷二；Laurent Échard, *Histoire Romain edepuis la fondation de Rome jusqu'a la translation de l'empire par Constantin*. Traduit de l'anglois, I-XII, Paris 1737 (2. Buch, 2. Kap.); *Les annales et les histoires de Tacite avec la vie de Jul. Agricola*. Traduction nouvelle par M. Guérin, Paris 1742（弗里德里希二世藏有包括《编年史》在内的塔西陀作品的所有法译本，而且是多个版本）。孟德斯鸠在《论法的精神》分析了罗马人的债务法和利息（卷22，第21、22章），作为文献出处，他同样列出了李维、塔西陀（《编年史》卷6）以及哈利卡尔纳索斯的狄奥尼西奥斯。

情激愤的人民退到圣山。①他们在那里与元老院议员平等地商议，他们返回罗马的唯一条件就是清除债务，并设立法官，这些人作为护民官被授权代表人民的权利。后来，这些护民官把利息降到百分之六点五，并最终在一段时期内完全废除了利息。

构成罗马共和国的两个阶层不断地构思雄心勃勃的计划，为的是以牺牲对方为代价使自己脱颖而出。这导致了不信任和嫉妒。一些迎合民众的叛乱者不断抬高民众的要求，而一些充满激情的年轻元老院成员性情火热、趾高气昂，则导致元老院作出的决议往往过于严厉。

关于分配新占领国土的《土地分配法》（*Lex agraria*），往往给共和国带来不和。罗马建城后的第267年就有这样的传言。元老院试图通过几场战争转移这些不和，但它们总是死灰复燃，一直持续到建城第300年。

罗马人最终认识到采取能够使双方都满意的法律的必要性。他们派遣阿尔布斯（Spurius Postumius Albus）、曼里乌斯（Aulus Manlius）以及卡莫里努斯（Publius Sulpicius Camerinus）前往雅典，去搜集梭伦的法律。②这些使者返回后，成为十人委员会（Dezemvirn）的成员。③他们制定的法律随后由元老院以公告形

① 退守到远离城邦的圣山上的平民，倘若要求得不到满足，就拒绝做工。他们的故事作为第一次"平民罢工"被记入历史。孟德斯鸠在《论法的精神》中也讨论了这个事件（卷22，第22章）。

② 作者眉批为"李维，卷三，第31章"。公元前454年的使者是如下几位罗马贵族：阿尔布斯（公元前466年任执政官）、曼里乌斯（公元前474年任执政官）以及卡莫里努斯。

③ 十人委员会（Dezemvirn）指的是一个罗马公职人员或者祭司人员团体或者选举出来的十个贵族家族代表组成的委员会，该委员会受委托执行特殊的任务，比如分田地。

式，并由人民以表决投票的方式得到确认。人们把法律刻在十块
铜表上，一年之后，又加入了两块新的。于是，产生了众所周知
的法律集"十二铜表法"。①

　　这些法律给家长的权力设定了界限。欺骗被监护人的监护者
将受到惩戒，人们可以随自己的意思把财产遗留给某个人。②后
来，三巨头规定，立遗嘱的人有义务把四分之一的遗产留给继承
人。这是所谓的"合法部分"的由来。③

　　父亲死后十个月之内来到世上的子女，会被认为是婚生子
女。哈德良皇帝把这个特权延长至十一个月。

　　此前不为罗马人所熟悉的离婚，直至"十二铜表法"颁布之
后才得到规定。还有专门针对行为上、言语上以及字面上侮辱人
的惩罚。

　　仅仅有弑父的想法，也会被判死刑。

　　罗马公民有权杀死带武器的或者夜闯民宅的小偷。

　　凡做假证的人都要从塔尔皮亚山崖上推下去。在刑事案件
中，原告有两天时间陈明自己的控诉，并把它呈送法院。被告

---

　　①　十二铜表法（记录了习惯法）是最为古老的传世法律作品，于公元
前451年由十人委员会编纂。公民的合法权利被编入十二铜表上记录的法律。
该法被公之于众，在西塞罗的时期（公元前1世纪），每位罗马学生仍要熟背。
一直到早期帝制时期，十二铜表法都是罗马民法（Ius civile）的根基。
　　②　作者眉批为"达内，古代词典"。
　　③　［弗里德里希二世注］只有两类法定继承人，即子女和男性亲属。
［德文编按］规定遗产税的法律《法尔其第法》（Lex Falcidia）在护民官法
尔其第乌斯（C. Falcidius）的建议下颁布。参孟德斯鸠，《论法的精神》（卷
27，卷29，第16章）。

人则有三天时间为自己辩护。①倘若证明原告在诽谤被告，那么，他所受的惩罚就是原本他告别人所犯罪行应得的惩罚。

以上就是十二铜表法的核心内容。塔西陀曾说，它们是良法的精要（fin des bonnes lois）。埃及、古希腊以至为完善的内容——这是人们在十二铜表法那里所熟悉的——对这些法律做出了贡献。这些如此正义和公平的法律只在一种情形下限制公民的自由，即对自由的滥用损害到家族的安宁和共和国的安定时。

始终与人民的权力对立的元老院权力，大人物过分的野心，平民日渐增长的诉求，以及其他许多原本属于历史范畴的原因，一再地掀起激烈的风暴。格拉古兄弟和萨图尔尼努斯（Saturninus）颁布了一些煽动性的法律。②在内战的混乱期间，大量法规随着事件的发生而出现，随着事件的消失而消失。苏拉废

---

① ［弗里德里希二世注］被告人作为请愿者，与亲戚及其受保护者一起，去面见法官。

② 护民官格拉古（Tiberius Sempronius Gracchus，公元前162—前133年）颁布的《土地分配法》（Lex agraria），于公元前133年引起很大轰动，该法旨在规定对罗马国有土地的分配并扩大自由农民的数量。由于该法违背了元老院的意志，于是引起了类似于内战的动乱，让人无法忽视罗马共和国的危机。在元老院的一致建议下，格拉古及其追随者被处死。格拉古的弟弟（Gaius Sempronius Gracchus，公元前153—前121年）于公元前123年和前122年被选为护民官，试图延续兄长的改革政策，并通过法制改革限制元老院的势力。后者宣布紧急状态（Notstand），格拉古及其支持者被杀于卡皮托尔山。随着围绕格拉古兄弟改革计划的冲突，内战时期开始。

萨图尔尼努斯（Lucius Appuleius Saturninus，公元前138—前100年），公元前103年和前100年被选为护民官，颁布的法律旨在强化护民官的权力，并规定由国家确定谷物价格，以及通过分地来保证退伍军人的给养。与格拉古兄弟一样，他也被政敌所害。参孟德斯鸠，《罗马盛衰原因论》，第4章。

除旧法，引入新法，而雷必达（Lepidus）又将其废除。随着内部不和而日益增长的世风日下，导致了无休止的立法。被选举出来改革这些法律的庞培，颁布的一些法律也是因人而废。在二十五年之久的内战和动乱期间，既没有法律，也没有习俗，也没有正义。混乱中的一切直至奥古斯都的统治才告一段落，他在其第六任执政时期重新引入旧法，并废除了共和国动乱时期产生的所有法律。①

查士丁尼（Justinian）皇帝最终遏止了法律诉讼中因为法律的增多而产生的混乱。他命令总务官特里波尼安（Tribonian）编纂一部可以垂范后世的《法律大全》（*Corpus juris*）。后者将这部法律大全总为今存的三卷，即包含了最重要的法学者观点的《学说汇纂》，包含了皇帝敕令的《法典》，以及展现了罗马法概况的《法学阶梯》。②

这些法律极其卓越，以至于罗马帝国灭亡之后，最为闻名的各个民族都采用它们，将其作为法律诉讼的基础。

罗马人把自己的法律带到了他们占领的国度。当凯撒征服高卢，使之成为罗马一个行省后，高卢也获得了这些法律。③

---

① 雷必达（Marcus Aemilius Lepidus，公元前87—前13年），执政官，内战期间与凯撒同一阵线，于公元前43年与安东尼和屋大维组成后三巨头。庞培（Gnaeus Magnus Pompejus，公元前106—前48年），政治家和将领。参孟德斯鸠，《罗马盛衰原因论》，第11章。

② 东罗马皇帝查士丁尼（Justinian，527—565年）命人编纂帝王法律和法学家作品，改革帝国秩序。其最为重要的法学家是法学学者特里波尼安，此人负责帝国司法体系，罗马法权威作品《法学大全》就在他的领导下成书。《学说汇纂》是《法学大全》的一部分，包括了法学家作品的摘录，这些作品涉及诉讼的所有领域。

③ 作者眉批为"丹尼尔神父，法国史"。

公元5世纪，随着罗马君主制崩坏，北方诸民族占据了部分欧洲。这些各自不同的野蛮国族给他们所战胜的敌人引入了自己的法律和习俗，高卢被西哥特人、勃艮第人以及法兰克人攻陷。

克洛维一世认为，让新的臣民在胜者和败者的法律间作选择，是施予他们的恩惠。他颁布了《萨利克法》（ *Lex Salica* ），[①] 而他的继承者在统治期间经常制定其他法律。勃艮第国王冈都巴德（ Gundebald ）颁布了一道敕令，要求那些不愿信守誓言的人进行决斗。[②]

一开始封建主都有权独立地进行判决，当事人不可以针对他们的判决提出上诉。

"胖子"路易六世统治期间，法国将国王的裁判权作为最高裁判权。[③]后来我们可以看到，查理九世致力于改革诉讼并缩短

---

① 作者眉批为"根据丹尼尔神父，为487年"。克洛维一世（Chlodwig I., 466—511），自482年成为法兰克国王，是第一位基督徒君王和法国的建立者。《萨利克法》是日耳曼部落最早的法律汇编，包含了法兰克王权法以及习惯法规范。参孟德斯鸠，《论法的精神》，卷18，第22章；伏尔泰，*Dictionnaire philosophique portatif* (1767), Art. *Loi Salique*。

② 作者眉批为"埃诺，法国史简编"（［德文编按］即 Charles-Jean-François Hénault, *Nouvel abrégé chronologique de l'histoire de France jusqu'à la mort de Louis XIV*, 2. Aufl., Paris 1746）。弗里德里希二世藏有至少五个不同版本的《简编》（1744）。埃诺（1685—1770），作家，法国科学院成员（自1723年），巴黎议会议长。

冈都巴德（卒于516年），自501年为勃艮第国王。

③ "胖子"路易六世（Louis le Gros, 1081—1137），自1108年成为法国国王，与教会结盟，通过征服法兰西岛大区贵族，统一了王土，促进了法国王室的崛起。参孟德斯鸠，《论法的精神》，卷28，第19章。在18世纪的法国，人们仍然把王室同如下观念相联系，即国王最重要的职位是最高法官之职。

程序，从穆兰（Moulin）敕令可以清楚看到这一点。在不安定的时代可以颁布如此智慧的法律，这很值得注意。不过，埃诺议长（Präsident Hénault）认为，守护祖国利益的是掌玺大臣洛皮塔尔（de l'Hôpital）。最终，路易十四下令将克洛维以降直到他的时代的所有法律汇编成集，该法以他的名字命名，是为《路易法典》（*Codex Ludovicianus*）。[1]

与同被罗马人奴役过的高卢人一样，不列颠人也获得了占领

---

[1] 作者眉批为"德·图"。德·图（Jacques Auguste de Thou，1553—1616），史家，撰写了当时最为重要的历史作品 *Historia sui temporis*（1604—1608），该作品探讨1543年至1607年这个时间段的欧洲和美洲。弗里德里希二世藏书中有该书法译本 *Histoire universelle depuis 1543 jusqu'à 1607*，Londres 1734。启蒙分子极其看重这部作品，因为德·图曾支持亨利四世，在后者的委托下，德·图撰写了《南特敕令》。1590年，德·图出任巴黎议会议长（参伏尔泰，《英国书简》，第12封信）。

查理九世（1550—1574）自1560年成为法国国王。

洛皮塔尔（约1505—1573），作家、法学家、政治家，巴黎议会议长，参与了《穆兰敕令》的拟定（1540），该敕令旨在简化法国的司法，此人自1560年成为总理。他的宽容政策和对新教与天主教的调和以失败告终，曾撰有回忆录《论结束内战的必要性》。培尔（词条Hôpital，见《历史考订词典》）称赞其为伟大政治家，因他把宽容作为政治活动的基础，与宗教狂热和迷信作斗争，始终支持王权反对僧侣和议会的权利诉求。积极评价议会是不可或缺的"中间力量"，并认为绝对君主制是暴政的孟德斯鸠，则对洛皮塔尔持保留意见，参《论法的精神》，卷29，第16章。

1660年，路易十四委托编纂法律集《路易法典》，1661年起由部长科尔贝（Jean-Baptiste Colbert，1619—1683）开始编写。该法典统一了法律，改革了法律制度，既照顾到法国南部有效力的、成文的以及在大学教授的罗马法，也顾及到法国北部的习惯法，参孟德斯鸠，《论法的精神》，卷28，第42章。弗里德里希二世藏有匿名出版的科尔贝回忆录，*Mémoires de M. de ***pour servir à l'histoire des négociations depuis le traité de Riswick jusqu'à la paix d'Utrecht*，à la Haye 1757。

者的法律。①

这些民族在被占领之前由德鲁伊统治，他们的教条具有法律效力。

在这些民族中间，家长对妻子和子女的生死具有决定权，所有与外界的交流都是禁止的。战俘被杀掉用来祭祀诸神。

罗马人对这些岛民施加的强力和法律一直持续到霍诺留（Honorius）统治时期，他于410年以隆重的仪式把自由归还给英格兰人。②

随后，与苏格兰人结盟的皮克特人袭击不列颠人。③这些只得到罗马人的微弱支持且总是被敌人打击的不列颠人，通过萨克森

---

① 作者眉批为"拉潘·图瓦拉，导言"。弗里德里希二世藏书中有迪朗（David Durand）修订扩充的第三版图瓦拉（Paul Rapin de Thoyras，1661—1725）《英格兰史》，*Histoire de l'Angleterre*, Den Haag 1749。法学家图瓦拉的《英格兰史》（初版，海牙，1724—1735，13卷）对于法国启蒙运动的历史书写而言是关键作品。作者是加尔文主义者，《南特敕令》被取消后（1685）他只得离开法国，移居英格兰。伏尔泰的《英格兰书简》中称："谈到（［德文编按］英格兰的）好的史家，笔者还不认识，曾经有必要让法国人写他们的英格兰史。或许，要么太冷漠要么太狂热的英格兰思想还没有学会质朴的雄辩、高贵和单纯的历史艺术，也或许，蒙蔽了视野的党派思想使得他们的历史书写者不可信……不错，眼下有一位名叫哥尔顿（Gordon）的先生，是一位优秀的塔西陀译者，有能力写他的祖国的历史，不过拉潘·图瓦拉更胜一筹。"（第22封信）伏尔泰在《路易十四时代》（写于1732年，自1736年，弗里德里希二世一直阅读手稿。初版1752年，柏林）中也对拉潘·图瓦拉说了同样赞许的话，在那里图瓦拉被称作"用法语写作的唯一精彩的英格兰史"作者。《哲学辞典》（Fable词条）把图瓦拉推荐给所有想要阅读不带狂热、不讲童话的历史作品的人。

② 霍诺留（Flavius Honorius，384—423），自393年成为西罗马皇帝，410年最后一批罗马军队离开不列颠。

③ ［弗里德里希二世注］皮克特人是来自梅克伦堡的民族。

人（Saxons）获得支持。在持续了一百五十年之久的战争后，萨克森人征服了整个岛屿，于是，被请来援助不列颠人的那些人反成了不列颠的主人。

益格鲁 - 萨克森人（Anglo-Saxons）为大不列颠引入法律，这些法律与先前在德意志所使用的法律一样。他们把英格兰划分为七个分区统治的王国，所有王国都有其公共大会，[①]这些大会由大家族、市民、农民阶层的代表组成。这种同时兼有君主制、贵族制、民主制要素的政体一直延续到今天。国家权力仍然由国王、上院、下院所分有。

阿尔弗雷德大王为英格兰确立了最早的汇编为法典的法律。尽管这些法律十分温和，但这位君主对于那些被坐实受贿的法官却不讲情面，根据历史记载，他在一年中绞死了四十四名违法的法官。

根据阿尔弗雷德大王的法典，任何英格兰人若被控犯了某样罪，与他犯同样罪的人可以来审判他。这项特权如今在英格兰依然保留着。[②]

在诺曼底大公威廉征服英格兰后，[③]英格兰获得了新的形制。这个占领者设立了新的最高法院，其中的财政法院如今还存在。

----

① ［弗里德里希二世注］这些大会叫做"贤人会议"（Witenagemot），或者指着议会。他们统治的时代称为"七国时代"（Heptarchie）。［德文编者按］益格鲁 - 萨克森的七国时代指的是肯特、萨塞克斯、威塞克斯、埃塞克斯、诺森布里亚、东益格利亚、麦西亚。它们在 5 至 6 世纪由益格鲁人和萨克森人建立，在 827 年统一之前一直相互争战，参伏尔泰，《英国书简》，第 9 封信。

② 作者眉批为"图瓦拉，890 年"。阿尔弗雷德大王（848/849—899），自 871 年成为威塞克斯国王，后来成为所有益格鲁 - 撒克逊人的国王，是英格兰统一的开创者。他成功地逼退丹麦人和诺曼人，并扩充了自己的统治范围。他采取了一系列文化和法政措施，比如编纂英国法。他颁布的法律强化了国王权力。

③ ［弗里德里希二世注］他于 1066 年在伦敦加冕。

这些法院都服从国王一人。[1]他区分了宗教裁判权与世俗裁判权。他以诺曼底语言公布的法律中，最为严格的是禁止打猎，若有违反，会被处以肉刑甚或死刑。

自从征服者威廉以降，后来的国王陆续颁定了一系列宪章。亨利一世，人称"儒雅者"，允许贵族遗产继承人占有遗留给他们的财产，而不用向封建主上交赋税。他甚至允许贵族不经君主同意就结婚。[2]

我们也注意到，国王斯蒂芬也颁布了一部宪章，[3]他在其中宣称，他的权力来自人民和僧侣。他承认教会的特权，并废除了征服者威廉的严苛法律。

此后，"无地王"约翰也向臣民颁布了所谓的《大宪章》（Magna Charta），该宪章由六十二条组成。[4]

---

[1] 征服者威廉一世（1028—1087），自1035年成为诺曼底大公，自1066年成为英格兰国王。可以追溯至征服者威廉的财政法院在18世纪是具有司法豁免权的王室衙门，在这里协商和解决所有涉及王室度支和权利的事务。财政法院院长在政府中占有最为重要的职位之一，弗里德里希二世时期，相当于部长的位置。

[2] 作者眉批为"于1100年"。

"儒雅者"亨利一世（1068—1135），自1100年成为英格兰国王，为臣民颁布了《自由宪章》（Carta libertatum），以防滥权，并以文字形式确立了君主制中央集权的基础。

[3] 作者眉批为"于1136年"。斯蒂芬（1097—1154），自1135年成为英格兰国王。

[4] 作者眉批为"图瓦拉，卷八；于1215年"。

"无地王"约翰（1167—1216），自1199年成为英格兰国王，并不得不于1215年向贵族承认《大宪章》（Magna Charta）。《大自由宪章》（Magna Charta Libertatum）是英格兰自由观念依据的法权传统的核心。该宪章限制了王权，确认或者扩大了贵族和城市的司法以及经济特权。参伏尔泰在《英格兰书简》第9封信（"论统治"）中对《自由宪章》自由概念的批判。

其中最为重要的条款对再次分封和寡妇所得遗产份额做出了规定。规定禁止强迫寡妇改嫁。《大宪章》令遗孀保证，绝不在没有封建主同意的条件下改嫁。这些法律使法院获得固定席位，并禁止议会在没有下院同意的情况下增加赋税，[①] 除非是为了给国王赎身，为了王子获得骑士头衔，或者为了给公主做嫁妆。此外，这些法律还规定，按照王国法律，没有受到同胞谴责之前，任何人不得被关押、被剥夺财产或者施以绞刑。另外，国王有义务不向任何人售卖或者拒绝给予判决权。

爱德华一世颁布的《威斯敏斯特法》只不过是对《大宪章》的革新，[②] 值得提及的是，该法禁止永久管业（Tote Hand）人购买田产，并将犹太人逐出了王国。[③]

尽管英格兰有许多明智的法律，但是它也许是欧洲最不遵守这些法律的国家。如图瓦拉（Rapin Thoyras）十分确切地说明的那样，由于政制中的一个错误，国王的权力总是与议会权力处于对立之中。双方都视对方为对立面，要么为了保留自

---

① "平民"（Commons）指英格兰下议院的成员，而勋爵即贵族则是上议院的成员。

② 作者眉批为"于1274年"。爱德华一世（1239—1307），自1272年成为英格兰国王，颁布了《威斯敏斯特法》（*Statutes of Westminster*），该法是英格兰私产社会形成过程中的里程碑，确定了封建贵族地产的法律基础，同时，通过设立和扩大王室法庭强化了英格兰王权。

③ main-morte［永久管业］（Tote Hand）是出自中世纪和近代早期法律史的概念，指有教会背景的法人（教会社团、机构、基金会）不得再次出售曾经购得的财富（比如田产）。将这种制度称为tote Hand［译按：德语直译为"死手"］，原因是它们购入时往往是为了用在亡者身上，而且这些很大程度上无需上缴的财富对于国家和城市而言是"死的"，因为它们不再参与自由的不动产交易。参*Handbuch der deutschen Rechtsgeschichte*, Art. Tote Hand, Bd. 5, Berlin 19。

己的权威，要么为了扩张自己的权力。这妨碍了国王和国族的代表恰当地维护司法。他还注意到，这个不安定和震荡的政府不停地通过议会修法，以适应情形和事件的要求。由此可以得出，英格兰比任何王国都更有必要对其司法体系作出改革。

我们还需要三言两语来谈谈德意志的情况。当罗马人征服日耳曼时，我们便获得了罗马的法律，之所以还保留着这些法律，是因为皇帝离开了意大利，将帝国所在地迁到我们这里。然而，帝国内所有辖区，所有这样的小侯国，也都有着不同于其他地方的习惯法。这些法律随着时间的推移，都具有了法律效力。

看过法律在最为文明的民族中如何被颁定之后，我们可以确认：在所有经由公民同意而引入过法律的国度，对这些法律的需求导致了它们广为采纳；胜者为战败者立法；此外，它们逐渐以相同方式越发增多。如果乍看上去人们惊讶地发现，诸民族竟能够按照如此迥异的法律得到统治，那么，细致观察后则发现，这些法律几乎在所有地方都是一样，如此人们就会见怪不怪了。——笔者说的"一样"指的是为了维持社会而惩治犯罪。

研究最智慧的立法者的做法，我们还会注意到：法律必须符合政制，并符合采纳这些法律的国族精神；最佳立法者着眼的是共同利益；一般来看，除了少量例外，最佳法律都是那些与自然公正（l'équité naturelle）最相符的法律。

众所周知，吕库戈斯面对的是一个雄心勃勃的民族，所以他对他们的立法，更适合于把这个民族教化成卫士而不是邦民。当他把金子禁止在城邦之外时，就发生了这样的情况，因为在所有恶行中，与追求荣耀和光荣最为对立的就是贪欲。

梭伦曾说自己给雅典人的不是最完善的法律，而是他们所能采纳的最佳法律。①这位立法者不仅顾及了这个民族的精神，还顾及了雅典位于海岸的位置。出于这个原因，他惩罚懒散，促进手工业，但是没有禁止金银，因为他预见到，只有当贸易繁荣了，他的城邦才能够变得强大。

这些法律无论如何必须与诸国族的精神（génies des nations）相一致，否则就不能指望持久存在。罗马人想要民主制，他们憎恨所有可能会改变这种政制的一切，这导致《土地分配法》因过多叛乱而无法得到推行。罗马人希望通过分配田产，可以再次在公民的富裕生活中带来某种平等，然而，这再次导致常常由取消债务而引起叛乱，因为债主即罗马贵族以非人的方式对待他们的债务人，即平民。不过，使人们对阶层差别的憎恨无以复加的，是富人可以逍遥法外地欺凌生活贫苦的人。

人们可以在所有国度看到三种类型的法律。首先是决定政治并确立政制的法律，其次是基于习俗、惩戒犯罪的法律，再就是规定继承、监护、利息以及契约的民法。在君主制中颁布法律的立法者，往往自己就是统治者。他们的法律如果温和且公正，就会经久不衰，因为每个人从中都可以看到各自的好处。他们的法律如果严苛且残暴，就会很快被废除，因为这样的法律必须用暴力来维持。作为孤家寡人的暴君面对的是整个民族，而后者心里想的只是清除这些法律。

在许多共和国里，立法者是一些公民，在这里，法律只有在能够使政府的权力和公民的自由得到公正的平衡时，才会得到延续。

只有在那些基于习俗的法律中，立法者一般在共同原则上才

---

①　作者眉批为"普鲁塔克，梭伦传"。

是一致的，只是在对待某些犯罪行为时严格程度多少会有不同。无疑，只有当他们认识到国族最倾向去犯的恶行时，才能做到这一点。

由于法律同时也是阻止罪恶泛滥的堤坝，立法者必须通过使人畏惧惩罚为法律赢得尊重。施加最少惩罚的立法者虽然不是最严厉的，但至少是最人性的，这个说法是恰切的。

民法之间的差异通常是最大的。民法的立法者会发现某些习俗在他们之前早已引入，他们不敢去废除它们，免得伤害这个国族。他们尊重习传性，人们根据这种习传性认为习俗是好的，他们采纳这些习俗——尽管它们不公正——单单只是因为它们年代久远。

若有人留心从某种哲学立场去观察这些法律，一定会找到许多乍看上去与自然公正相悖的法律，即便实质上并不如此。笔者谨举一例，即长子权。没有什么比在所有子嗣中间平等地分配父亲的遗产更为公正的了，然而，经验告诉我们，倘若要把遗产分为许多部分，即便是最大的遗产，也会随着时间使最为富有的家族一贫如洗。这就使家长们宁愿剥夺晚生的子嗣的遗产，也不愿使家族走向确定无疑的没落。出于同样的原因，一些在私人看起来麻烦和严苛的法律，一旦着眼于整个社会的利益去看，就不那么不明智了。让一位开明立法者坚持牺牲部分的，乃是整体。

毫无争议，债务立法要求于立法者的周全和审慎最多。倘若法律偏向债权人，债务人的处境就太过艰难，一次不幸的偶然就会永远地决定其命运。相反，如果这些法律偏向债务人，它们就有损于公众的信任，会令基于诚信的契约成为一张废纸。

公正的中庸之法既能维持契约的有效性，又不会令无力偿还的债务人喘不过气。这种中庸在笔者看来，是判决中的哲人石。

关于这一点我们不再细说，这篇论文的形式并不允许我们探讨细节，因此，这里只限于粗浅的观察。

在统治技艺的领域中，人类精神的杰作将是完善法律的集合。人们一定会在其中发现计划的统一性以及极其细微和相互配合的规则，它们使得根据这些法律来统治的国家就像一个钟表，里面的所有发条都指向同一个目标。人们在其中会看到对人心和国族精神的深刻认识。惩罚是有节制的，也就是说，它们可以维护良俗，但是既不过松也不太严。清晰、详细的法令绝不会给争执任何机会，它们把民法所表达的最佳部分精选出来，并以巧妙和明了的方式适应国族的习俗。一切都得到预见，一切都相互配合，没有什么可以带来损害。不过，完善性并不属于人类的范畴。

倘若立法者在诸民族面前，可以把自己置身于曾经制作最早法律的家长的相同精神处境，那么，这些民族就可以心满意足了。他们爱自己的子嗣、给予他们教谕，只是为了家族的幸福。

智慧的法律不需要很多，就可以使一个民族幸福。众多法律会令司法判决无所适从，这与好医生不会给病人开过于复杂的药方是一个道理。一位娴熟的立法者不会用泛滥的法律给公众增加负担。过多的药物会彼此相克，抵消药物的效果。过多的法律也会变成迷宫，法学者和司法会迷失在其中。

当出现太过频繁的政权更替时，罗马人的法律就会花样迭出。任何一位认为自己得到幸运眷顾的野心家，都自己做了立法者。如我们已经谈到的，这种混乱一直持续到奥古斯都时代，是他废除了所有不正当的敕令，赋予旧法以效力。

　　当法兰克人征服法国并引入自己的法律时，法国的法律变得繁多。路易九世的意图在于总结这些法律，按照他自己的说法，在自己的王国实现一法律、一度量。[①]

　　人是习惯动物，他们——至少大部分人——依赖于一些法律。尽管可以用一些更好的法律替代旧法律，但触及旧法可能招致危险。这样的改革在司法中所引起的混乱也许会带来更多灾难，甚于新法律可能造就的益处。

　　尽管如此，也存在一些情形，改革似乎势在必行，比如，当法律有悖于普遍利益和自然公正时，当法律表述含糊不清、难以理解时，最后，比如当法律在含义或者术语表达上存在矛盾时。

　　关于这个主题，我们稍作解释。

　　比如，奥西里斯关于盗窃的法律就属于我们上文提到的第一类范畴。[②]该法规定，那些想要操小偷手艺的人，应该在头领那里登记，并把他们偷窃的东西立即交给头领。被偷了东西的人之后可以去找贼窝的头目索要自己的财物，如果原主人支付财物价值的四分之一，就把所偷之物还给他。立法者认为，这样的权宜之计让民众有可能支付少量金额拿回本属于自己的东西。然而，要把所有埃及人变成小偷，这是最佳的手段了。不过奥西里斯立法时无疑不会这么想，除非有人想说，他虽未明说，但他的确将偷窃看作一种他无法阻止的恶行，就如同阿姆斯

---

　　① 圣路易九世（Saint Louis，1214—1270），自1226年成为法国国王，中世纪最为重要的统治者之一，改革了法制。他禁止了从前法律所允许的决斗和争执（1258）并设立了最高法庭。参孟德斯鸠，《论法的精神》，卷28，第23、29、37-39章。

　　② 作者眉批："西西里的狄奥多罗斯"。

特丹政府容忍风月场所，罗马政府容忍获得特许的"同志"之家一样。

然而，倘若奥西里斯的这个法律很不幸在某个地方施行了，良俗和公共安定则会要求它被废除。

法国人在这方面所做的恰恰是埃及人的反面。如果说埃及人太过温和，那么，法国人则太过严苛。法国法律的严苛令人触目惊心：所有小偷都会被判死刑。他们为自己的辩护是：如果严厉地惩罚了扒手，就可以将盗匪和杀人犯扼杀于萌芽状态。[①]

自然公正要求犯罪和惩罚之间有一种恰当的关系。严重的盗窃应该判死刑，而没有用暴力手段进行的盗窃有时会揭示出许多方面的问题，它们促使我们同情犯案者。

富人和穷人的命运天差地别。前者盆满钵满、富得流油，后者不被幸运眷顾，甚至缺乏活命之物。如果某个不幸的人为了生存，窃走了某个丝毫不会注意到财富损失的人的几只金器、一只金表或者类似的小物件，这个不幸的人就必须被献祭给死神吗？很明显，制作该法律的，是那些富人。

> 为何没有人怜悯我们的悲惨境况？你们若有慈悲心，你们若有人性，就会帮助处于困境中的我们，而我们也不会对你们行窃了。你们自己说说：此世的一切幸福都给了你们，却让我们背负不幸，这公平吗？

穷人们这么说，难道没有道理吗？

---

① 关于法国刑法的严苛，尤其是偷盗方面，参孟德斯鸠，《论法的精神》，卷6，第16章。

普鲁士司法判决在埃及人的宽容和法国人的严苛之间找到了
一条中道。他们的法律不会判轻微的偷盗死刑，而仅限于判有罪
的窃犯监禁。或许，更好的方法是再次施行犹太人中间流行的报
复法：根据该法，小偷必须给被盗者付双倍的价值，或者在被他
偷窃财物的人那里服债务拘留刑。倘若人们满足于用温和的惩罚
为轻微的过失定罪，那么，最高的惩罚就将是针对盗匪、凶杀犯
以及杀人犯的。这样一来，惩罚就总是和犯罪相当。①

斯巴达和罗马的父亲们掌握孩子的生死大权，没有什么法律比
这更令人性感到气愤的了。在古希腊，一位太过贫穷而无法抚养人
丁兴旺的家庭的父亲，会杀死多余的孩子。在斯巴达和罗马，如果
一个孩子天生畸形，则父亲绝对有权夺去孩子的生命。因为这些法
律与我们的法律大相径庭，所以，我们会感受到它们的野蛮。不过，
我们可以稍作探究，是否我们这里也同样有不正当的法律。

在我们惩罚堕胎的方式中，是不是就有一些太过严苛？上帝
原谅我会原谅那位美狄亚的可怕行为，②她残忍地对待自己，对血

---

①　报复法（la loi du talion）暗示可以上溯至十二铜表法的罗马报复法
（Ius talionis），该法说明，应该以相同的报复相同的。摩西立法中的原则是
"以眼还眼，以牙还牙"（2. *Mos.* 21,22-25; 3. *Mos.* 24,19-22; 5. *Mos.* 19,21）。
债务拘留在罗马法（已经记载在十二铜表法）中意指无偿还能力的债务人要
进行债务服侍，因为债权人对身体和性命享有全权。

②　美狄亚在古希腊神话中是科尔喀斯国王埃厄忒斯的女儿，伊阿宋的
妻子，也是一位女巫，帮助伊阿宋获取金羊毛并与他和阿尔戈英雄一道逃
跑。后来被伊阿宋背叛。出于报复心，美狄亚杀死了孩子以及伊阿宋的第二
任妻子。参 Euripides, *Medea*, Ovid, *Metamorphosen*（7,9ff., 74fF., 394-397），
Seneca, *Medea*，弗里德里希二世有上述作品多个版本的法译本，以及高乃
依的第一部悲剧 *Médée*（1635），他是拉辛之外对于弗里德里希二世而言法
国文学最重要的悲剧诗人。关于文化史中的美狄亚形象，参 Gerlinde Maurer,
Medeas Erbe. Kindsmord und Mutterideal, Wien 2002。

气向他说话的声音充耳不闻——倘若允许我这么说——在她的后代可以一睹世界的光亮之前，消灭了他们！不过，请读者排除所有习传的偏见，稍稍注意下面的思考。

　　法律不是从一开始就认定私下分娩是不怎么光彩的事么？受好色之徒海誓山盟欺骗的、具有最为温柔性情的女孩子，难道不是因为自己的轻信，而面临不得不在失去尊严与失去不幸的胎儿之间做出抉择的处境？难道不是法律的错，使她陷入如此可怕的境地？难道不是法官的严厉同时剥夺了两位臣民：被扼杀的孩子，以及本可以用正当的后代大大补偿这种损失的母亲？有人会反驳说：不是有育婴堂么？笔者清楚，那些育婴堂拯救了无数非婚生儿童的生命。但是，不再将不慎重和欠考虑的爱情带来的后果视作耻辱，从而让那么多将在困境中死去的可怜生灵得以活命，从根子上避免可能的罪恶，这难道不更好吗？[①]

————————

　　① 作者眉批为"西塞罗，维勒斯"。本编编者认为此指《驳维勒斯》（公元前70年），法译本见于弗里德里希二世藏书。《弗里德里希二世全集》编者普罗伊斯对弗里德里希二世眉批的注释是，他不清楚"这一不完整的引用"所指为何，见 *Œuvres de Frédéric le Grand*, t. IX, 28。本编编者为弗里德里希二世的写法 Verrine 添加了缺失的复数形式。西塞罗驳西西里总督维勒斯的演说起因于一次刑事诉讼，西塞罗例外地做了原告，系统地举证了维勒斯所有可以设想的罪行。

　　弗里德里希二世不仅仅在启蒙运动的语境中把溺婴和堕胎看作社会和国家政治问题，他还致力于推行现实的改革建议。作为立法者，他主张宽刑，并且采取了阻止溺婴的倡议，这一点与孟德斯鸠一致，后者在《论法的精神》中说，"一位好的立法者关心的更多是预防而不是惩罚犯罪"（卷6，第9章），并在《波斯人信札》第120封信以及《论法的精神》（卷23，第11章）中探讨过堕胎问题。弗里德里希二世已于1740年废除了由他父亲推行的不过，最残忍的莫过于酷刑了。罗马人把它用在被他们视为家畜的奴隶身上，但绝不用在公民身上。[①]

在德意志，已被证明有罪的罪犯仍会被严刑拷打，以便让他们亲口承认自己的犯罪行为。在法国，则是在查证罪行或者追查同犯时会用酷刑。[②]英格兰人在早期的时候曾用过神裁法（Ordal），[③]或者火刑和水刑验罪法。[④]今时今日，他们都还有某种比常见的不那么严酷的酷刑，但是结果几乎差不多。

如果笔者大声清晰地反对酷刑，就请原谅他吧。笔者冒昧站

"娼妓刑罚"溺刑，参 Werner Ogris, *Elemente europäischer Rechtskultur*, hg. von T. Olechowski, Wien, Köln, Weimar, 2003, 184。

"七年战争"之后，尤其在日益进取的人口政策趋势下，弗里德里希二世颁布了一份制止溺婴的公告（1756年8月17日），并于1765年2月8日颁布了轰动一时的《反对杀死非婚生新生儿、隐瞒怀孕、分娩敕令》（*Edict wider den Mord neugebohrener unehelicher Kinder, Verheimlichung der Schwangerschaft und Niederkunft*, Berlin 1765），参 Eberhard Schmidt, *Beiträge zur Geschichte des preußischen Rechtsstaates*, Berlin 1980, 45。关于相关的司法改革及其局限，参 Kerstin Michalik, *Kindsmord. Sozial- und Rechtsgeschichte der Kindstötung im 18. und beginnenden 19. Jahrhundert am Beispiel Preußen*, Pfaffenweiler 1997。

① 作者眉批："西塞罗，克卢安提乌斯辩护词。"弗里德里希二世藏有法文译本。

② 作者眉批："图瓦拉。"

③ 神裁法，即上帝的判决（拉丁文为 Ordalium/Iudicium Dei），流行于中世纪欧洲。不过，这种审判见于所有的文化，它基于如下信仰：上帝是法律的守护者，他不会容忍在世俗的诉讼中有罪者逍遥法外，而无辜者却受牢狱之灾。

④ ［弗里德里希二世注］在火刑验罪法中，会在被告人手中放上烧红的铁块。如果他足够幸运不会被烧死的话，就被判无罪，否则就会被判有罪。在水刑验罪法中，会将被告人绑着扔进水里，倘若他游上来，就会被判无罪。

在人性一方，反对这种无论对于基督徒还是文明民族而言都是一种耻辱的习俗，笔者还要大胆地补充说：它既残忍，又没用。

昆体良，这位最为智慧和雄辩的修辞家，关于酷刑曾说：这里关键的是体质。[①] 健壮的恶棍会否认他的罪行，而一位天生软弱的无辜者则会被迫认罪。有人成了被告，也存在一些犯罪的蛛丝马迹，但是法官并没有把握，他要求澄清真相，于是那个不幸的人就遭受了酷刑。倘若他是无辜的而让他遭受这样的折磨，那将多么野蛮！倘若剧烈的折磨强迫他说出违心话，那么，单单出于怀疑而使富有德性的公民惨遭最为强烈的痛苦，并判他死刑，这种非人性是多么令人发指！加恩于二十个有罪者，也比牺牲一位无辜者更好。倘若颁布法律应该为了人民的利益，那么，人们允不允许容忍这些使法官可以系统地作出天怒人怨的行为的法律？

酷刑在普鲁士被废除已有八年。现在人们不用担心搞混无辜者和有罪者，而司法判决则在有条不紊地进行。[②]

我们现在来观察表述不清的法律和亟需改革的司法程序。

英格兰曾有一条禁止重婚罪的法律。一个男子被人起诉，说他有五个妻子，但由于法律对此没有任何确定的说明，并且此事

---

① 作者眉批："昆体良，卷五，论证明和辩护。"弗里德里希二世藏有多个版本的《善说术原理》（*Institutiones oratoriae*）法译本，比如Quintilien, *De l'institution de l'orateur*, trad, par M. l'Abbé Gédoyn, Paris 1712。

② 登基后不久，弗里德里希二世便推行了早在其父亲统治时期已经预备的司法改革，1740年6月3日的敕令废除了用来逼供的刑罚，一开始保留了一些例外（叛君罪、叛国罪、杀人罪），后来在1754年8月4日的敕令中完全取消。弗里德里希二世的1740年6月3日和1754年8月4日敕令见 *Deutsche Richterzeitung*, August 1988, 298-299。关于弗里德里希二世的改革，参 Wolfgang Neugebauer, *Die Hohenzollern*, Bd. 2: *Dynastie im säkularen Wandel*, Stuttgart 2003, 27-32。

被按照法律的字面给予了解释，于是诉讼程序被叫停。为了清晰和明白无误起见，这条法律必须这么说："人若所纳之妻多于一人，就应受惩罚。诸如此类。"英格兰这些表述不清的法律及其字面解释导致了极为可笑的对法律的滥用。①

得到确切表述的法律不会给任何刁难以可乘之机，它们必须从字面意义去理解。而当法律不细致或者表达晦涩时，它们就迫使人去探问立法者的意图，于是人们忙于解读法律，而不是断案。

通常，当涉及继承和契约事务时，才会导致刁难的发生。故此，触及这类内容的法律必须具有最大的清晰性。如果人们在写作无关紧要的思想作品时尚得用心去润饰表达，何况在撰写法律条文时，难道不应该更为负责地予以权衡吗？

法官需要警惕两种陷阱，即腐败和疏忽。他们必须保护自己的良知不受第一种侵害，立法者则必须使法官免受第二种的侵扰。得到清晰表述的法律不会给歧义释法可乘之机，这是第一个辅助手段，朴实的辩护演说是第二个。辩护人可以将演说限制在描述事实，可以用一些证据来支撑，然后用结束语或者简短的总结来结束。没有什么能比一位懂得挑起人们激情的雄辩家的演说取得更大效果。辩护者将法官的精神迷惑住，赢得他们的兴趣，感动并震撼他们，虚幻的同情就蒙蔽了真相。

无论吕库戈斯还是梭伦，都禁止辩护者的这类劝说。我们在德摩斯梯尼的《反腓力辞》和埃斯基涅斯的《论王冠》中看到这

---

① ［弗里德里希二世注］穆拉特说，某人割掉了朋友的鼻子。人们想要惩罚他致人肉体残疾，但是他称他所割掉的并不属于肢体。于是议会规定，鼻子以后需被视作肢体。［德文编者按］参 Muralt, *Lettres sur les Anglois et les François*, Bd. 1, 148。

类演说时，^①必须考虑到，这些并不是在最高法院面前，而是在民众面前的演说：《反腓力辞》属于劝说性的，而《论王冠》与其说是诉讼性的，不如说是教育性的。

罗马人并不像古希腊人那样，在对待演说者致辞时那么审慎。西塞罗的演说没有不饱含激情的。笔者虽然为他感到惋惜，但是从他为克卢安提乌斯（Cluentius）所做的辩护可以看出，他一开始是给对方辩护，克卢安提乌斯的案子似乎对其不很有利，但演说者的技艺使他赢得了诉讼。西塞罗的杰作无疑是封泰乌斯（Fontejus）辩护词的结尾，由于这个结尾，封泰乌斯被判无罪，尽管他似乎是有罪的。^②倘若人们利用雄辩术的魅力，去解除最为智慧的法律的力量，这是对雄辩术多大的滥用！

普鲁士人遵循的是古希腊的典范。如果说辩护词中雄辩术危险的手段遭到了禁止，那得归功于司法部部长的智慧，^③他的正

---

①　埃斯基涅斯（Aeschines，公元前390/389—前315/314年）的《论王冠》是对德摩斯梯尼同名演说的答辩，他在《反克忒斯丰》演说中提到德摩斯梯尼的演说，参 *Die Reden des Aechines und Demosthenes über die Krone oder wider und für den Ktesiphon*, übersetzt v. Friedrich von Raumer, Berlin 1811。

②　西塞罗的《克卢安提乌斯辩护词》和《封泰乌斯辩护词》。

③　普鲁士法学家和司法部部长（自1747年）柯采伊（Freiherr Samuel von Cocceji，1679—1755）受弗里德希二世委托，拟定司法改革方案，目的是统一所有的司法部门和法院，将其置于国家监督之下，以便为在普鲁士国家范围内实行唯一普遍有效的法律创造条件。柯采伊构思了新的审判秩序（比如1747年6月6日的 *Codici Fridericiani Pomeranici* 草案和1748年4月3日的 *Codici Fridericiani Marchici* 草案），并制定出《弗里德里希二世法典草案》（*Projekt des Corpus Juris Fridericiani, das ist Seiner Königlichen Majestät in Preußen in der Vernunft und Landesverfassung gegründete Landrecht*, 1749, 1751）。

弗里德里希二世的波茨坦宫廷图书馆藏有改革计划的法文翻译 Samuel von Cocceji et autres, *Projet du corps de droit Frédéric ou corps de droit pour les états de S. M. le roi de Prusse, trad, de l'allemand par Alexandre Auguste de*

直、洞识、勤勉，为曾几何时人才辈出的古希腊和罗马共和国带来了荣誉。

　　关于法律的晦涩难解方面，还需要注意一点，即在审判程序和诉讼告一段落之前，诉讼双方都不得不因此而跑遍大量相关部门。无论是给他们带来不义的坏法律，还是歪曲其权利的狡猾的辩护词，或者是脱离争论核心、夺走双方正当利益的延宕和离题，所有这一切造成的后果都是相同的。虽然其中一种恶比另一种大一些，但是所有的不当都需要改革。倘若诉讼拖得很久，相对于穷人，这就会给富人带来大量的好处，因为富人可以找到种种方法和途径，把诉讼从一个部门拖到另一个部门，令对手感到疲惫不堪，从而令其破产。最后，只有富人可以在战场上全身而退。

　　以前，在德意志有些诉讼曾经长达百年。即便某个案件已经由五个法院下了结论，完全蔑视司法的反对方依然可以委托诸多大学上诉，而法学教授们经过深思熟虑后可能再次修改判决。倘若上诉人在五所大学——天知道多少所大学——里找不到待价而沽、可以收买的灵魂，那么，他得多么不幸。现在这些习惯已经被废除，[①]诉讼在第三个部门就已经得到最终裁定，按规定，即便最有争议的情

Campagna, conseiller privé du roi, Halle 1750。参 Herman Weill, *Frederick the Great and Samuel Cocceji. A Study in the Reform of the Prussian Judicial Administration. 1740-1755*, Madison, Wisconsin 1961; Walter Hubatsch, *Friedrich der Große und die preußische Verwaltung*, Köln, Berlin 1973, 212-221。

　　① 　这于 1746 年 7 月 13 日得以实现，参 No. XV. *Des Königl. Cammer-Gerichts-Perordeni, wie mit allergnädigster Approbation in einigen Puncten die Processe zu verkürtzen. Vom 13. Juli 1746 (v. Görne), in:* [*Christian Otto Mylius*], *Corpus Constitutionum Marchicorum Continuatio III. Derer in der Chur- und Mark Brandenburg und incorporirten Landen ergangenen Edicten, Mandaten, Rescripten, &c. von 1745 biß1747 inclusive*, 81-84。

形，法官也必须在一年之内结案。

我们还需对法律稍费些口舌：无论在术语表达，还是在含义上，法律自身中都隐藏了矛盾。

如果法律在一个国家里没有成文，那么，必定总是有一些相互矛盾的法律。这些法律是根据不同计划行事的不同立法者的作品，因此就会缺乏对于所有重要事物而言本质的和必要的统一性。

昆体良在论演说家的书中探讨了这个主题。[①] 在西塞罗的演说词中，我们可以看到，他常常把一个法律同另外一个相对比。同样，我们在法国历史中可以发现诸多敕令，它们时而赞成时而反对胡格诺教派。[②] 将这些规定汇总起来的必要性之所以愈发刻不容缓，是因为法律威严——人们始终感受到它们是用智慧来推行的——被贬低更多是因为明显和不容忽视的矛盾，而不是其他。

禁止决斗的敕令[③]十分公道，十分公正，非常好。但是，它并没有达成君主们颁布该敕令时所着眼的目的。比这个敕令更为古老的偏见傲慢地对它视而不见，被错误观念渗透的公众似乎心照不宣地达成了一致，不去服从这个敕令。某种被错误理解但又广为流传的荣誉概念，会与君主的权力相违背，他们只能借助某

---

① 作者眉批："昆体良，卷七，第七章"。

② 作者眉批："1598年南特敕令，被路易十四废除"。

③ 针对决斗的敕令由弗里德里希·威廉一世于1717年3月22日颁布，敕令宣布在决斗中杀死对手或者重伤对手使其活不过九天的人应判死刑，参 *Sr. Königl. Majestät in Preussen und Churfurstl. Durchl. zu Brandenburg Erklärtes und erneuertes Mandat, wider die Selbst-Rache, Injurien, Friedensstörungen, und Duelle*, Berlin 1717。关于弗里德里希二世对决斗的看法，参 Werner Ogris, *Elemente europäischer Rechtskultur*, hg. von T. Olechowski, Wien, Köln, Weimar, 2003, 184f.。

种暴力的方式来维持这个合法的法律。谁若是不幸被粗鄙的家伙
侮辱了，而他却不去报复这样的侮辱并将那个侮辱他的人杀死，
那么，他在世人面前就会被看作是懦夫。如果一个有地位的人遇
到同样的事情，这个有贵族头衔的人在人们眼中就会有失身份。
倘若他出身行伍，无法解决争端，他就会在别人的谩骂声中带着
耻辱离开他服役的军团。在整个欧洲，他将无处服役。因此，陷
入如此棘手事端的人要如何措手？难道他应该遵守法律而令自己
颜面扫地？或者，为了拯救自己的好名声，他难道应该拿自己的
生命和幸福来冒险？

　　需要解决的困难实质上在于找到一种手段，既保护个人的荣
誉，又毫无保留地维护法律的有效性。

　　就连最伟大的王者的权力也无法对抗野蛮的风气。路易
十四、弗里德里希一世、弗里德里希·威廉都曾颁布针对决斗的
严格敕令。这些君主所造成的影响，除了决斗改头换面，被当作
Rencontres［交锋］，极多被杀的贵族就好像暴毙一样躺进了坟墓
之外，别无其他。①

---

　　① 自从"三十年战争"结束以来，禁止决斗的敕令无论在法国还是在
勃兰登堡—普鲁士都愈加增多。"交锋"（偶然相遇，没有预备的碰面）是决
斗的别称，是为了避免刑事追责的无害化形式。弗里德里希二世批评贵族决斗
者对皇家决斗禁令视而不见——在绝对王权时期十分流行——这凸显了要
求垄断国家权力的绝对王权和贵族自决权的冲突，后者在决斗中践行某种自
我裁决、挑战上层权力，否定了国王作为最高法官的威严。决斗者坚持搞作
为 point d'honneur［攸关荣誉］的决斗，伤害的是绝对专制国家的至高权力。
拉布吕耶尔批评当时把荣誉和名声挂钩的决斗这种时尚，就路易十四颁布的
决斗禁令，他认为，"治疗人民的这种愚蠢病，也许可被视为某位伟大王者一
生中最伟大的壮举之一"（参 *Les Caractères*, „ De la Mode ", in: *Œuvres complètes
de la Bruyère*, hg. v. J. Benda, Paris 1951, 391f.）。孟德斯鸠在《论法的精神》（卷
28，第 20 章）分析了作为"攸关荣誉"的决斗问题。

　　如果欧洲所有君主不召开一次会议，一致判定那些无视禁令而在决斗中互相杀戮的人是可耻的，如果他们——笔者要强调——不能一致同意不为这类谋杀者提供庇护所，并严厉惩罚那些用言词、文字或者行为侮辱同类的人，那么，决斗就会一直存在。

　　但愿人们不要责备笔者采纳了圣皮埃尔神父的看法。[①]私人把他们的仇恨——以及涉及他们幸福的争端——交给法官去裁决，在笔者看来完全可行。君主们就意义不大的主题已经开过那么多不了了之的会议，他们有什么理由不就人类福祉召开一次会议？笔者重复强调一遍，这是唯一可以在欧洲废除这种不得体的荣誉概念的手段，它让许多正直人丢掉了本可以为祖国做出巨大贡献的生命。

　　以上是法律引发笔者做出的一些简短思考。笔者仅限于给出

---

　　① 圣皮埃尔神父（Abbé de Saint-Pierre，1658—1743），《论永久和平》（*Projet pour rendre la paix perpétueüe en Europe*，1713）的作者，撰写过一篇伏尔泰编《驳马基雅维利》（1740）书评，将其发表后寄给了弗里德里希二世，*Reflexions sur l'Antimachiavel de 1740* par Mr. l'Abbé de Saint-Pierre, Rotterdam, 1741。弗里德里希二世登基之际，圣皮埃尔神父曾来到柏林，庆祝这位年轻的国王和启蒙世界的希望承载者，并兜售自己的"永久和平"方案，认为这一和平应通过欧洲裁判法庭得到保障。对于圣皮埃尔而言，评论《驳马基雅维利》是一个良机，可使他重提他的"和平方案"，并督促在同一时期将军队开往西里西亚的普鲁士国王践行和平政策。参 Charles-Irenée Castel de Saint-Pierre, Réflexions sur l' Antimachiavel de 1740 / Betrachtungen zum Antimachiavel von 1740, in: ders., *Kritik des Absolutismus*, hg. v. H. Hömig, F.-J. Meissner, München 1988, 257-304，以及 Olaf Asbach, *Staat und Politik zwischen Absolutismus und Aufklärung. Der Abbé de Saint-Pierre und die Herausbildung der französischen Aufklärung bis zur Mitte des 18. Jahrhunderts*, Hildesheim, Zürich, New York 2005。

一个速写，而不是整幅画面，就算这样，笔者也担心已经说得太多了。

最后，笔者的印象是，在那些还未完全开化的国族，需要严格的立法者，而在具有温和习俗的文明民族，则需要人性的立法者。

把所有人看作魔鬼并以残忍行径迫害他们的人，所具有的是一个野蛮恨世者的眼光；把所有人看作天使并令其放荡不羁的人，则会像单纯的嘉布遣会修士那样做着白日梦。[①]谁若是认为人既不是都善良，也不是都邪恶，并以远超于其价值的方式奖赏善行，而以更温和的方式惩罚应受惩罚的恶行，对人类的弱点施以宽容，以人性对待所有人，那么，他的举动就像是一个理性之人所必需做出的举动了。

---

① 法国启蒙者眼中的僧侣即便不是不谙世事，也是迷信的狂热守护者，尤其是方济嘉布遣会修士，即方济各改革修会，该修会的名称来源于他们僧衣上的尖形风帽。据说具有魔力的方济嘉布遣会修士在16、17世纪是反宗教改革的促进力量。启蒙者把他们当作迷信僧侣团体的典型代表瞄准打击。所谓的"尖帽之争"在18世纪是一个受欢迎的反僧侣讽刺噱头。比如，伏尔泰在《哲学书简》第13封信结束时说道："现代哲人的所有作品加起来，也不会在世上引起方济各会曾经就袖子和尖帽样式的争论那么大的轰动。"在狄德罗和达朗贝尔的《百科全书》中，这个争论——以狡猾的方式放在一个不起眼的位置，以避开审查——被放在宗教批判性的词条"尖帽"下（Capuchon，卷二，1751），且被揶揄为"方济各会的百年战争"。

论爱国书简

（1779）

［中译按］本文选自《德译弗里德里希二世作品集》（*Die Werke Friedrichs des Grossen in deutscher Übersetzung*）卷8，原题为 *Lettres sur l'amour de la patrie, ou Correspondance d'Anapistémon et de Philopatros*，见普罗伊斯编，*Œuvres de Frédéric le Grand*, Berlin 1848, t.IX, 213-244）。脚注无特别说明，均出自德文编者。

一 阿那匹斯忒蒙来信

有感于在您庄园受到的友好招待，我迫不及待想要表达对您的谢忱。在您的圈子中，我发现了人人都能够分享的最大财富，那就是友谊和自由。由于担心会滥用您的善意，我怀着深深的遗憾离开。那些天在您那里度过的幸福时光，永远不会从记忆中磨灭。我们所遇到的美好是暂时的，然而不幸却在持续。且对于所享受到的幸福的回忆，反倒更延长了这种不幸。

我的记忆仍全然充斥着我的所见所闻，尤其是我们晚上在桌边的最后一场闲谈。我只是有些遗憾，您在说明公民职责时，只是局限在一些一般性的观念，而没有进入细节。倘若您愿意进一步对这个对象做一说明，对我而言将是很大的乐趣。这个对象关涉所有人，因此值得予以彻底的说明。我不得不向您承认，生活在恬静中且更多是致力于享乐而非观察的我，完全没有思考过社会的纽带、公民的职责。成为正派人、遵纪守法，在我看来已经足够。我认为无需再进一步。可是我是如此信赖您，以至于在我眼里，没有谁比您更有能力就这个对象对我施以教诲。您可以为我解释的一定有不少东西，不过，我只满足于此。因此，请您发发善心，告诉我所有您通过研究和思考该对象所获得的认识。每个人都在行动，而鲜有人思考。您不属于不思考者的行列，相反，您仔细地考察事物，权衡正反面，仅仅接受显而易见的真理。您可以说与古代和现代的作家往来，学会了他们所有的知识，这使得您的谈话如此富有魅力和引人注目，以至于在与您分别、远离您的言谈时，人们仍想要阅读您，聊以慰藉。倘若您愿意发发善心，满足我的求知欲并告知我您的见解，您就可以为我对您的敬佩和友爱之情增添感激之情。再会！

二　斐洛帕特罗斯回信

您对于我奉上的那些溢美之言，只是过分的客套之词。我只将这些溢美之词归功于您的谦恭，而非我对您的招待。您认同我的良好意图，尽管我的行动并不与我所希望的那样相符。我本应该用轻松和愉快的闲扯令您感到愉悦才是，可是，我却将谈话转向了严肃且重要的对象。罪责全在我一人。我的生活方式是深居简出的，受病痛困扰，我远离了广阔世界的喧扰。通过阅读，我的精神渐渐专注于沉思，我的兴致一去不返，阴沉的理性取而代之。

我当时与您的交谈是无意而为之，正如每当我独自一人在书房时会思考一样。当时，我满脑子都是斯巴达和雅典城邦——我阅读过有关它们的历史——以及您希望得到详尽说明的公民职责。您令我倍觉光荣。您将我视作吕库戈斯，视作梭伦，然而，这个我从未立过法，除了致力于我在退隐中生活了多年的庄园的管理，并没有服务于政府。可是，由于您想要知道在我看来一位好公民的职责是什么，因此就请相信，我之所以满足您的愿望，只是为了服从您，而非对您施教。

　　新派哲学不无道理地要求，要避免误解并确定有关对象的看法，首先应定义概念和问题。因此，下面我先定义什么是好公民。他是这样一个人：作为社会的一分子，他竭尽全力去做有利于社会的事，这是他始终不渝的原则。之所以如此，是出于如下理由：作为个体，人无法持存。即便最野蛮的民族也会形成小的集体。由社会契约①粘结起来的文明国族，应该相互协助。他们自己的利益和共同福祉要求他们这样做。一旦他们不再相互帮助、提供协助，就会产生种种普遍的混乱，这也会导致个人的衰败。上述原则并不是什么新事物，毋宁说，它们是所有共和国的根基，这是古代流传给我们的记忆。古希腊的城邦都基于这些法则。即便是罗马共和国，也具有同样的根基。如果说它们后来消亡了，那是因为古希腊人由于不安分的精神和相互间的嫉妒心，而招致了落在他们头上的不幸；那是因为，一些对于共和国而言权力过大的罗马公民，在肆无忌惮的野心中摧毁了统治；最后，还因为世间没有什么是持久的。您若把历史告诉我们的一切总结起来，就会发现共和国的隳亡

---

　　① 卢梭在其《社会契约论》（1762）中用来指称从自然法学说假设而来的契约的词语，也见于弗里德里希论政制和统治者职责的论文（参本编卷7，页225及以下）。

只归咎于某些因激情而盲目的公民，他们将自己的利益置于祖国的利益之上，破坏社会契约，如同他们所属集体的仇敌一般胡作非为。

我想起来，您认为，公民或许只能从共和国中而无法在君主国中找到。请允许我向您澄清这个谬误。今时今日，用智慧宽和统治的好君主国，在政制上更接近于寡头制而非专制，统治的只是法律。我们来讨论细节。请您想象一下这么一群人，他们就职于枢密院、司法、财政部门、外交使团、贸易、军队、内政部门等。请您也算上那些在邦议会中占有一席之地并且有发言权的人。所有上述这些人都参与了统治。因此，君主绝非恣意妄为的暴君。必须将君主视作中心，所有边缘路线都汇集于他一身，这种政制确保了咨议时的保密，而共和国中则缺乏这种保密性。千差万别的管理分支既然得到了统一，就会在相同的轨道上并驾齐驱，如同罗马人的四架马车，从而共同促进全体的福祉。此外，在君主国中——倘若有果决的君主作为领袖——您会发现党派思想更少，相反，共和国则经常被相互倾轧的公民的阴谋所撕裂。

在欧洲，唯一的例外也许会是土耳其帝国，或者其他什么政府，它搞错了自己真正的利益，并没有把臣民的利益足够紧密地与统治者的利益联系起来。一个统治得好的王国必须像一个家庭，父亲是君主，而子女是公民。大家共同分担幸福与不幸，因为，倘若人民处于水深火热之中，统治者就无法幸福。倘若这种统一性很好地得到巩固，那么，感恩的义务就会产生出好公民，因为他们与国家的联系如此内在，以至于无法摆脱它。如若不然，那他们只会失去一切，而不会有任何好处。您需要例子吗？斯巴达的统治曾是寡头制，那里产生了大量奉献祖国的伟大邦民。罗马在丧失自由之后，仍然产生过阿格里帕（Agrippa）、特拉西亚·帕埃图斯（Paetus Thrasea）、赫尔维迪乌斯·普里斯库斯（Helvidius Priscus）、科布洛（Corbulo）和阿格里科拉（Agricola），[①]以及提图斯、马可·奥勒琉、图拉真、尤利安等皇帝，总之，产生了一系列阳刚、有气魄的灵魂，他们将公共的康乐置于自己的利益之上。

我不知道，自己是否不经意间已经离题太远了。我本来是要给您写信的，但是倘若我继续这么写下去，就会写出一篇论文了。千百次地请您见谅！与您交谈的乐趣令我心驰神往，我担心会给您带来负担。不过，请您放心，亲爱的朋友，在鄙人所属的政治体成员中间，您会是我最乐意侍奉的那位。致以最高的敬意，您的斐洛帕特罗斯。

三 阿那匹斯忒蒙来信

千百次感谢您如此努力地说明我几乎未做过研究而对其只具有不确定概念的对象！在我看来，您的来信一点儿也不长，反而太短。因为我已经知道，你肯定不得不解释其他东西。如果我现在提出一些异议，请您不要感到讶异。请您澄清我的无知，消除我的偏见，或者，如果我的观点正确，请您在此帮我巩固它。

人们真的可以爱他的祖国吗？这种所谓的爱难道不是某位哲

---

① 阿格里帕（Marcus Vispanius Agrippa），奥古斯都皇帝的友人兼军队将领；帕埃图斯（Paetus Thrasea）和普里斯库斯（Hevidius Priscus）皆为罗马元老，都因纯粹的品格而受到尼禄皇帝的迫害；科布洛（Gnaeus Domitius Corbulo），克劳迪乌与尼禄时期的将领；阿格里科拉（Gnaeus Julius Agricola），韦斯柏芗和图密善时期的将领。

人或者好玄思的立法者的发明？他们这些人所要求的人之完美，超出了人们的力量。人们如何爱民族？倘若不曾亲眼见到君主国的某个州省，人们如何能为这个州省的福祉去献身？对我来说，这一切都导向这样的问题：人们如何能够热烈地、充满热情地去爱某种完全不了解的东西？这些完全从精神中不由自主产生的思考让我相信，对于一个有头脑的人而言，最明智的就是过一种无忧无虑、不用辛劳的植物般的生活，尽可能地不去奋力而为，直至躺进人人注定要进去的坟墓。

　　我始终都是根据这个计划去生活的。有一天，我碰到了伽尔伯约斯（Garbojos）教授，他的成就您是了解的。我们谈起了这个主题，他以自己特有的活跃对我说："男爵阁下，我祝贺您，您是多么伟大的一位哲人！"我回答道："我吗？完全不是！我根本不了解这类人，也从没有读过他们的作品。我的藏书不过寥寥数本，而且不过是诸如《完美农人》、报纸以及历书之类，这些就足够了。"但是他说："尽管如此，您心中却充满了伊壁鸠鲁的原则。如果听到您的如此说法，人们会相信，您经常出入伊壁鸠鲁的菜园。"我回答说："我既不了解伊壁鸠鲁，也不知晓他的菜园，不过，这位伊壁鸠鲁的教诲究竟是什么？请您给我讲一讲。"

　　我的这位教授面色严肃起来，接着说："我明白了，美好心灵的看法都是一致的，男爵阁下也像那位伟大哲人一般在思考。伊壁鸠鲁教导，永远不要介入公干，也不要掺和统治，原因如下：为了保持灵魂的安宁——根据他的学说，幸福即寓于其中——智慧之人不应让自己的灵魂面临操劳和公干必然带来的烦恼、愤怒以及其他激情等危险。因此，最好避免任何窘境及任何引起不适的活动，让俗世如其所发展的那样去发展，集中一切力量于自我保存。"我大声喊道："我的上帝，这位伊壁鸠鲁多么令我着迷！请您借他的书给我一阅。"那位教授回答："我们并没有他完整的学说广厦，而只有散在各处的残篇。卢克莱修曾用美妙的诗行表达了他体系的一部分，另有个别残余见于西塞罗的著作，后者属于另外一个派别，他反驳并摧毁了前者的所有论说。"

您无法想象，我当时多么自豪于凭自身发现了一位古希腊哲人三千年前思考过的东西！这使我在内心愈发强化了我的观点，我庆幸自己的独立，我是自由的，是我自己的主宰、君主、王者。我把欺骗性的伟大梦想留给那些追逐它的大傻瓜们，我嘲笑那些吝啬鬼的贪欲，他们搜求虚妄的财富，死去的时候又不得不弃之而去。我对我所拥有的优越感到自豪，自觉比所有世人都高明。

我期待获得您的赞许，因为我像一位未曾谋面也未曾阅读过其作品的哲人那样思考。一定仅仅是自然造就了观点的这种一致性，它们一定包含着真理。请您发发善心，告诉我您对此是如何思考的。也许我们是一致的。不过，无论如何，没有什么可以减少我对您的尊敬与友好之情。您的阿那匹斯忒蒙。

四　斐洛帕特罗斯回信

亲爱的朋友，我原以为，用自己对公民义务的看法的相关说明，可以满足您的求知欲，可您又提出来一个新问题。我明白，您想让我与伊壁鸠鲁展开辩论。他不是一位粗俗的对手，因此，我不会拒绝这场对决。既然您已经把我引入了围栏，我会尽最大可能跑完赛道。不过，为防引起混乱，我会根据您信中的顺序来回应您的异议。

首先，我要向您指出，对于正派人而言，仅仅遵纪守法还不够，他必须也是品德高尚的人。因为，如果他不违法，那就只不过是避免了惩罚而已。然而，倘若他既不积极，也不勤勉，那他就没有任何功绩，因而也就必须放弃公众对他的尊重。您会承认，您自己的利益促使您没有割开同社会的纽带，而是使您热心参与对社会有益的一切事。为什么？您把祖国之爱看作一种抽象的德性，可历史上那么多的例子证明，祖国之爱使人们从所有属人事物超拔出来，赋予他们力量做出最高贵、最光荣的壮举，从而产生了多少伟大的事迹！社会的福祉也是您自己的福祉。虽然您不知道，但您与祖国以如此强烈的纽带得到维系，以至于您既不能与之剥离，也无法脱离它，否则就会为这个错误付出沉重的代价。倘若统治得幸福，您自己也会亨通；祖国若遭殃，不幸也会临到您头上。公民如果享有有尊严的康乐，君主也会好过；公民若蒙受贫苦灾难，君主的处境也堪忧。

因此，祖国之爱并不是什么纯粹理想性的东西，而是完全实实在在的。我说的祖国并不是这些房屋、城墙、森林、田地，而是您的父母、妻子、子女、朋友，这些人在国家治理的不同分支领域为了您的福祉而劳作，日复一日服侍着您，而不会让您劳力去看顾他们的工作。这就是将您与社会维系起来的纽带，这是您对其负有爱的责任的人们的福祉，是您自己的福祉，是统治的福祉，它们不可分割地联系在一起，构成了所谓的整个共同体。

您说，人们既不可能爱民族，也不可能爱他们全然不了解的某个州省的居民。倘若您在此所理解的是亲密友人的联合，那么您说得有道理，但这里只涉及那种对于民族的好感，民族是我们应该以整个世界来报答的，它也正是那些与我们共同居住在同一片土地、与我们一伙的人。就我们君主国的诸州省而言，难道我们不应对它们尽我们对同胞所负有的义务？假设一位陌生人在您面前掉进了河里，您难道不会救他，叫他不致溺水身亡？当您碰到一位将要被凶徒杀害的旅行者，您难道不会前去施以援手，尽力将其救出？同情感是我们与生俱来的，它让我们不由自主、出自本能地相互帮助，对邻人尽义务。如果说对陌生人我们尚且应该予以帮助，那么，我可以得出，我们恰恰应该把帮助给予我们的同胞，社会契约把我们同他们联系在一起。请允许我再谈谈我们君主国的诸州省，在我看来，您对它们有些冷漠。您难道没有发现，倘若丧失了这些州省，也会削弱政府？倘若缺少了来自这些州省的资源，政府不就没法像现在这样提供您所需要的帮助了吗？亲爱的朋友，您从我的说明里可以看到，国家关系的延伸十分广，人们只有通过更加深入的理解，才能得到相关的正确概念。

现在，我们谈谈您另外一个说法，我不能放过它。为什么？一位像您这样有天赋和思想的男子汉，竟然会说，植物的静默生长要优于动物的自由活动？有头脑的男子汉更倾向于松弛的安闲而不是令人尊敬的劳作，更倾向于软绵绵、女性化、无用的生活而不是品德高尚的行动，而这些行动会令行动之人的大名变得不朽——这可能吗？不错，我们所有人都会走向坟墓，这是一条普遍法则！但是，即便在死人那里，人们也会作出区别。如果说有些人尸骨未寒就已经被遗忘，有些被累累罪行玷污的人遗留下可耻的骂名，而为祖国做出有益服务的品德高尚之人则会有纷至沓来的赞誉和恩赐，且被后世当作榜样，人们对他们的纪念甚至代代相传，那么，您愿意让自己归为这三等人中的哪一等？无疑是最后一等。

将这么多错误的结论推翻之后，您的确不应该期待我敬佩您的伊壁鸠鲁，即便他是个古希腊人。请允许我通过解释他自己的表述来彻底地反驳他。他说："智慧的人永远不要介入公干，也不要掺和统治。"是啊，倘若他独居在某个荒无人烟的岛上。"他无动于衷的灵魂不应该受制于任何激情，无论是坏心情，还是嫉妒心，甚或是愤怒。"这就是伊壁鸠鲁，教诲享乐的教师，却传布着廊下派的不动心！他必须说的不应该是这些，而应该相反。智慧之人最高贵的追求不在于趋避种种事务，而在于，当周遭一切都在激荡并刺激他的激情时，他会毅然保持灵魂的安宁。

一位舵手在平静的海上驾驭着航船，并不算什么功绩，但是，他若面对风暴和恶劣的狂风，幸运地把航船驶入港湾，那才算功绩。人们不会重视轻而易举和毫不费力的事物，而是会认可对种种困难的克服。"让俗世如其所发展的那样去发展，只去想着自己"。噢，伊壁鸠鲁啊，这些是配得上一位哲人的情感吗？您首先应该想到的不是人类的福祉么？您竟胆敢宣称，每个人只应该爱自己？倘若某个不幸的人遵循了您的原则，那他遭到普遍厌恶难道不在情理之中？如果我谁都不爱，又怎能够要求别人的爱呢？您难道没有发现，这样一来，人们就会把我视作危险的怪物，为了公众的安全，人们会除之而后快？倘若友谊消失不见，我们可怜的人类还有什么聊以慰藉的呢？

让我们借助一个比喻，让问题更好理解！就把国家比作人体吧。他的健康、力量、强壮，都来自所有部分的活动及其协同一致。静脉、动脉甚至最细微的神经，都在为其肉身的存在而运作。倘若胃放缓了消化活动，肠道没有有力地蠕动，肺呼吸太弱，心脏没有及时扩张和收缩，脉搏没有根据血液循环的需求张开与闭合，精气没有源源地流向必须收紧以进行活动的肌肉，那么，身体就会萎靡不振，会不知不觉地枯萎，躯体的无所作为会导致它彻底毁掉。这个躯体就是国家。它的关节就是您，是所有依附在它身上的公民。因此，您可以看到，每个人都必须践行自己的使命，来使整体得以繁荣。而您大加赞叹的幸福的无所依赖会带来什么呢——倘若不是这样一种情形，即这种无所依赖会使您成为所依附的躯体上的某一麻木的关节？

请您最好注意到，您的哲学搞混了最为清晰的概念。它标榜懒惰和闲散是美德，而每个人都会承认这些是恶习。怂恿人们消磨最为宝贵的时间——因为它无时无刻不在飞逝、永远不会回头——这称得上是哲人吗？难道要鼓励我们去过懒散的生活，疏忽我们的义务，对他人无用，成为自己的负担？古语有云，闲散是万恶之源。可以给它补充一句：勤劳是一切美德之始。这是一个颠扑不破的真理，已经得到所有时代和国家经验的证明。

关于伊壁鸠鲁就说这么多。我认为这足够了。现在让我们转到您自己的观点。您责备了野心家，在我看来不错。您谴责吝啬者，我也赞成。但是，您会因此而受到未加消化的概念和可怜偏见的误导，拒绝为普遍的福祉服务？您拥有这项工作所要求的一切：思想、正派、天赋。由于自然并没有辜负可以为您带来好名声的一切，倘若您将自己所得的充盈的馈赠弃之不用，那么，您就是不可原谅的。您过分夸张您的无所依赖，您虚假的权柄，您标榜可以享受的自由，是它使您超凡脱俗。不错，倘若您所理解的无所依赖指的是自我克制，您所理解的权柄是对自己激情的支配，那么，我会大为赞同。当对德性炽热的爱令您振奋，当您在生活中日复一日甚至无时无刻都奉献给这种爱，您就能够超越众多同侪。倘若不作上述纠正，您所歌颂的无所依赖就只不过是闲散的倾向，用委婉的言辞去说罢了。您一直在赞扬的、使您在任何事情上都变得无用的懒惰，所产生的自然后果无非是百无聊赖。人们会用正确的名称去称呼您的闲散，天知道他们还会对您报以何种讽刺，来报复您对公共福祉所表露出的冷漠。

倘若这些还不足以说服您，我或许还得引用圣经中的文字："你必汗流满面才得糊口"［译按：根据合和本《圣经·创世记》3：19］。我们来到世上，就是为了劳作。这是再真实不过的了，一百个人中间会有九十八个人在劳作，有两个无所事事地自夸。如果有如此愚蠢的人，以无所事事、终日袖手为荣，那么，辛劳的人们会比他们更幸福，因为，思想需要某种让它得到维系和消遣的东西，需要一些吸引它注意力的对象，否则它就会感到厌烦，它的存在就会成为人难以承受的负担。

我在这里并没有对您做任何保留，因为您是为真理而生的。您配得听取这话，我太过爱您而无法向您隐瞒什么。我唯一的目的是让您的心回归祖国，把您作为一个有用的工具交予它，叫它可以从中得到益处。仅仅这个目的引导着我的行文，促使我对您说明祖国之爱向我启发的一切。对普遍福祉的热忱，是古代和现代所有好统治的原则，是这些统治伟大和繁荣的基础。其毋庸置疑的影响，就是产生了好公民和心志高远以及品德高尚的灵魂，这些灵魂塑造了其同胞的名声和根基。

请您原谅这封信的冗长！我的素材很充分，足以写出数卷之多而仍然难以穷尽。不过，这足够向您说明真理，从而消灭对像您这样的一种头脑来说陌生的谬误和偏见。您的斐洛帕特罗斯。

五　阿那匹斯忒蒙来信

我带着应有的认真阅读了您的书信。您用来打败我的理由之多令我吃惊。您下决心战胜我，并将我的观点拴在您的战车上凯旋。我承认，您试图劝我信从的动机中有很大的说服力，彻底地反驳您要花费太多气力。为了更迅疾地将我击败，您说，我的理智误导了我的心灵，我赞许懒惰，通过节制或者类似的德性为这种恶习贴金。现在，我向您承认，闲散是恶习，人们应该勤勉且积极地对待每个人，即便不能像爱邻人那样爱他的民族，也要为它的安康而操心，或尽可能地有利于它。我也明白了，倘若我所依附的集体遭遇不幸，那么我也不可能不被波及，而当人民受苦时，国家也会因此而有损失。

就上述部分而言，我屈居下风。此外，我也承认，所有参与国家管理的人都分有至高权力。但是这与我何干？我既不虚荣，也没有野心。如果我过得幸福，而从没有想过从事这样的活动，那么我有什么理由让自己负担并不愿承担的累赘，把自己推向公干？您坦陈，无度的野心是恶习。如果我不堕入这种恶习，那您必须对我表示赞同，而不应要求我放弃自己甜蜜的心灵宁静，从而随意地直面机运的一切无常变化。呜呼，亲爱的朋友，在给出上述建议的时候，您在想什么？您热烈地设想了冷酷的枷锁，您意图把它架在我身上，而它会带来多少苦楚，会有多么可恶的后果！我在眼下的处境里，唯有自己为自己的行为辩白。我是自己行动的唯一法官，享受着一份体面的收入，不用大汗淋漓地去养家糊口，如您深信我们的先辈被劝告的那样。我享受我的自由。什么样的愚蠢才会促使我用自己的行为对他人负责？虚荣吗？这对我是陌生的。巴望获得薪俸？我不需要。因此，我没有任何理由掺和到与我毫不相干的公干中，它们既不惬意，又令人难堪，又劳神费力，而且让人如履薄冰。我为何要给自己揽这些辛劳？为了让某个我自己既不愿也不想依赖的领导对我指手画脚？您没有看到，已经有多少人在竞争公干岗位？我为何要去增多这样的数字？无论我服务与否，所有事情都会按部就班地进行。

不过，请允许我为这些理由再补充一个更为有力的理由。请告诉我，欧洲有哪个国家可以始终确保功劳得到回报？！请告诉我，有哪个国家会认可功劳并赋予它以正义？！呜呼，如果把时间、安宁、健康牺牲给公职，把它们置于一边或者不得不忍受令人愤慨的忘恩负义，多么让人恼火！我可以想到大量这种不幸的例子。当您鼓励我去劳作时，这种羁绊总会令我无动于衷。

您可以从我直白的语言看到，我没有任何隐瞒。我作为朋友向您敞开心扉，向您展示所有对我产生影响的理由，因为我们并不是在争吵，而是在各自分析自己的观点，其中最有说服力的才会胜出。我期待您无所保留，可以很快对新的想法给出材料。这样，您就会得到我新的答复。致以诚挚的崇高敬意。您的阿那匹斯忒蒙。

六　斐洛帕特罗斯回信

亲爱的朋友，我很自豪可以消除您的一些偏见。它们在害处上是相同的，再怎么去消灭都不够。您说得不错，我们之间的确不存在争论，而是理由之间存在争论，最有力和最有说服力的会战胜较弱的从而胜出。我们所做的无非是说明一个对象，以便找出真理的所在，并令我们可以亲眼目睹。然而，您还不相信我的理由已经穷尽。再次通读您的书信时，我的脑子里又的确出现一些新的想法。我要做的只是尽可能清晰简洁地把它们呈现给您。

请您允许我首先解释一下我所理解的社会契约（pacte social）。它实质上是所有公民默许的协议，即默许大家会以相同的热情共同参与谋求普遍的福祉。从中产生了每个人的义务，即根据自己的资质、天赋、阶层，为共同的祖国之福祉作贡献。自我保存的必要性和自己的利益对人民的思想产生影响并推动着它，使他们为了自身利益之故而服务于同胞之福祉。因此，才有了耕种、酿酒、园艺、畜牧、制造、贸易。因此，才有了祖国的捍卫者，他们为国家奉献了自己的安宁、健康以及整个生命。如果说自利也是这种高贵行为动力的一部分，那么，还存在更为有力的动机去唤醒并激发他们，尤其是在那些因出身更高贵、思想更高尚而与祖国联系更为紧密的人那里。忠于职守、爱荣耀、爱光荣，是最为强烈的动力，在真正有高尚品德的灵魂里发挥着作用。

我们可以想象，富裕为闲散提供庇护，人们占有的越多，与统治的关联倒越少吗？这样错误的说法是站不住脚的，它们只可能来自某个铁石心肠、某个毫无感情而幽闭着的灵魂，它只懂得自爱，竭力将自己同一切将它与义务、利益、荣耀粘结起来的东西剥离。虽然神话将赫拉克勒斯表现得神乎其神，但是他凭一己之力并不可怕，只有当他的友人帮助他、援助他时，他才会成为他自己。

也许抽象的证明会让您哈欠连天。那就借助一些例子吧。我会给您看几个来自古代，尤其是共和国的例子，在我看来，您似乎特别钟情于后者。我先引用德摩斯梯尼演说中的一些句子作为开始，它们就是著名的《反腓力辞》。

雅典人啊，人们说，腓力已经死了。可是，他是生是死，原因何在呢？我告诉你们，雅典人，是的，我要告诉你们，由于你们在最为重要的事务上漫不经心、懒惰疏忽，你们不久之后会给自己造出另外一位腓力。

您现在至少可以相信，这位作家和我想的不谋而合。不过，我并不满足于这一处。还有另外一处引文。在谈到马其顿国王时，德摩斯梯尼说：

> 人们始终以他为榜样，在他身上可以找到热情和实干。

他接着说道：

> 因此，雅典人，倘若你们同样在思考，至少现在，因为目前你们还没有这么做；倘若你们中的任何一位一旦有必要并且可以使自己变得有用，就应该抛开所有糟糕的借口，做好准备为城邦服务，富人以其财富、青年人以其生命；倘若每个人都愿意行动，就像为了自己，并且不再依赖他人为自己做事而自己却游手好闲——倘若这样，那么，你们就会在诸神的帮助下恢复你们的事业，并且重新获取你们因漫不经心而丧失的东西。

关于统治的演说辞中也有另外一处异曲同工的段落：

> 雅典人，听着！浪费在多余支出上的公共财政应该分配得均衡和有利。这就意味着，你们中间适合拿武器的人应该通过服兵役，超过年龄的人则应该通过在法院或者管理部门或者其他部门任职自力更生，不能向他人让渡自己的公民职责，应该自己组成军队，即所谓的人民武装。你们将以此方式完成祖国对你们的要求。

德摩斯梯尼就是如此要求雅典邦民的。

斯巴达的人们想法也是如此，即便那里的政制是寡头制。思想不谋而合的原因十分简单：倘若公民不协同一致地为维护共同的祖国作贡献，那么，任何国家，无论它的宪法如何，都无法持存。

让我们再看看罗马共和国提供给我们的其他例子。例子的数量之多，让我陷入选择的窘境。我不想对您谈穆修斯·斯卡埃沃拉（Mucius Scaevola）、德西乌斯（Decius）以及大布鲁图斯，后者为了拯救共和国的自由签署了对儿子的死刑判决。但是，我又怎能忘记雷古鲁斯（Atilius Regulus），他将自己的利益奉献给共和国，返回迦太基，在那里遭受了痛苦的死亡。在他之后还有大斯基皮奥（Scipio Africanus），他将汉尼拔在意大利开启的战争引向非洲，并且通过一次对迦太基人的决定性胜利，充满荣光地结束了战争。之后还有审查官老卡图，战胜了马其顿国王珀尔修斯（Perseus）的保卢斯（Amilius Paullus）。还有小卡图，这位古老宪法的积极捍卫者。我难道会遗忘西塞罗？是他将祖国从喀提林阴谋中拯救出来，是他捍卫了共和国濒死的自由并与之一道消亡。

祖国之爱可以对一位好公民刚毅、崇高的灵魂产生如此大的影响。对于被这种幸福的热情所充满的心灵而言，没有什么是不可能的，他会迅速地一跃而成为英雄。人们会用铺天盖地的颂扬来纪念那些伟大的人物，直至当下的所有时代都无法削弱这样的纪念，直至今日，人们仍然满怀崇敬地提及他们的大名。这就是榜样，值得被所有民族并在所有统治中被模仿。然而，这些阳刚的灵魂，这些充满精神和德性的男子汉的种类，似乎灭绝了。取代了热爱荣誉的是柔弱（mollesse），闲散替代了警醒，可怜的自利消灭了祖国之爱。

您不要以为，我只举得出来自共和国的例子。我也必须给您引用一些来自君主国编年史中的例子。法兰西可以矜夸自己曾经产生过伟大的人物，巴亚尔（Bayard）、盖克兰、当布瓦斯主教，拯救了皮卡第的吉斯公爵、亨利四世、黎塞留主教、叙利大公，还有稍早于他的洛必达宰相——此人是一位卓越且有德性的公民，[①]然后还有杜伦尼元帅、孔代亲王、科尔贝、卢森堡和维拉尔元帅，简言之，有一系列闻名于世的大人物，这封信实在无法尽数列举。

让我们现在转向英格兰，略去阿尔弗雷德大王和过去许多世纪大名鼎鼎的人物，以便迅速进入近代。我可以给您找出马尔博罗公爵、切斯特菲尔德伯爵、博灵布鲁克以及皮特，[②]这些名字永远不会归于湮灭。

德意志在三十年战争期间发挥出了能量，魏玛的伯恩哈特、布伦施威克大公[③]以及其他诸侯都凭借自己的勇气脱颖而出，黑

---

① 盖克兰（1320—1380），法兰西陆军统帅；当布瓦斯（1460—1510），路易十二时期的红衣主教即宰相；吉斯公爵即洛林的弗朗茨，他于1558年占领加莱，这标志着英格兰在法兰西领土上占领的终结。[译按]此处应指巴亚尔骑士（Pierre du Terrail, Chevalier de Bayard，1476—1524），法兰西将军，以勇敢无畏著称；另，叙利大公（Maximilien de Béthune, duc de Sully，1559—1641），政治家、军事家，亨利四世的亲信，法兰西元帅。

② 切斯特菲尔德伯爵（Philipp Dormer Stanhope Lord Chesterfield，1694—1773），政治家、作家；皮特，卷4，页122。[译按]博灵布鲁克（Henry St. John, 1. Viscount Bolingbroke，1678—1751），启蒙时期英格兰政治家、哲学家，托利党人；另，此处应是老皮特（William Pitt，1708—1778），曾任首相之职，辉格党政治家。

③ 即小奥古斯特（1635—1666），布伦施威克与吕讷堡大公，布伦施威克家族新的沃尔芬比特一脉的缔造者。

森伯爵夫人[①]这位摄政者表现出高度的坚韧。

不得不承认，我们生活在一个渺小的时代，崇尚伟大和美德的时代已一去不复返。但是，如果在那些对于人类而言如此光荣的时代，这些功勋卓著的人物都在高贵竞争者的推动下成为祖国的栋梁，那么，同样也有功劳的您为什么不去追仿他们的光荣榜样呢？如果您慷慨地放弃懒惰向您灌输的可恶借口，而且您的心灵并非麻木，那么，您就通过自己的服务，来证明您对这个应得到感激的祖国的爱吧。您说，您没有野心。我同意，但是，如果您没有上进心，我则要谴责。因为，在赛道上通过高尚的举动超越我们的竞争者，这是一种美德。出于懒惰而无动于衷的人，就像一尊青铜或者大理石像，总是保持着艺术家赋予它的一种姿势。行动将我们区分开来，使我们超拔于植物王国，闲散则使我们与之接近。

就让我们进一步讨论这个问题，直接攻击您所意图借以为您的无所作为和漠不关心公共福祉进行辩护的动因吧。您说，您担心去负责任何一份公干。说真的，这个托词很不合您的身份！它毋宁是出自某个对自己可怜的天赋不自信的人之口，他意识到自己的无能，或者担心自己的不靠谱会令自己名声败坏。您，一个富有思想见识及良好品格的男子汉哦，会这样说？您找出这么糟糕的借口，世人会对您作出怎样恶劣的评判？您还说，如今您不用向任何人报告您的一举一动。难道您的确可以不为尖锐眼光不放过一切的公众负责？公众会指责您要么懒惰要么麻木，会说您荒废自己的能力、埋没自己的天赋，说对同胞冷漠的您只懂得自

---

① 即阿玛莉娅·伊丽莎白（Amalie Elisabeth，1602—1651），奥兰治的威廉一世之孙女，黑森—卡塞尔的威廉五世伯爵夫人，伯爵作古之后（1637），伯爵夫人执掌大权。

爱。您补充说，由于您富足，所以您无需勉强地去做事。我承认，要维持生活，您无需做小工。但是，恰恰因为您富足，您就比任何人都更有义务凭借热忱与活力去服务祖国，以此证明您对它的忠实和感恩。您越是无需这样做，您的功劳就越大。一些人作贡献是因为自己有匮乏，而另一些人作贡献则不计报酬。

此外，您还用陈腐的老生常谈充塞我的双耳，即功绩几乎得不到承认，而且鲜有回报，人在职司上浪费了长久的操劳和辛苦之后却常常面临被辞退的危险，甚至无辜地蒙冤。对此，我的回答十分简单。我坚信，您是有功绩的，那就让大家都知道吧！您要看到，高贵的举动在我们的时代也会像在过去那样得到赞许。世人都赞同对欧根亲王的嘉许，时至今日，人们仍然为他的天赋、德性以及壮举而赞叹。当萨克森元帅结束了无上光荣的拉夫菲尔德（Laveld）战役（1747）之后，①整个巴黎都对他表示感激。法国人也永远不会忘记他们要感激科尔贝部长什么，对这位伟人的持久纪念要比卢浮宫还要长久。英格兰因牛顿、德意志因莱布尼茨而自豪。您还需要更近的例子吗？普鲁士敬重和尊崇他们的宰相柯采伊，他何其明智地改革了他们的法律。我还需要再谈及那些伟大人物的名字吗？——人们为他们的功绩在柏林的公共广场竖起了功勋碑。②倘若这些死者都像您那样想，那么，后世

———————

① 参卷 3，页 16。［译按］萨克森元帅（Moritz von Sachsen，1696—1750），在法兰西效力的德意志将军和战争理论家，因战功自 1747 年成为法国历史上仅有的法兰西七大元帅（Maréchal général des camps et armées du roi）之一。

② 选帝侯大桥上的大选帝侯骑行像建于 1703 年，威廉广场上的陆军元帅什未林像建于 1769 年，冯·温特菲尔德像建于 1777 年，此后，又有冯·塞德利茨像（1784）、凯特元帅像（1786）、安哈特-德骚侯爵像（1800）。

将永远不会知道他们的存在。

　　您还补充说，有那么多人竞争职位，去加入他们的行列是徒劳无用的。倘若世人都像您一样做此想法，那么，所有的职位必然空缺，继而所有的职司都无人填补。因此，如果您的原则得到普遍遵循，在社会中就会产生令人难以承受的乱象。让我们最后再假设，您忠于职司地行事，却因为某种令人愤慨的不义而蒙冤——有良知的见证可以为您提供一切补偿，对您来说这难道不是很大的安慰吗？更不用说，公共意见终会还您以正义。

　　倘若您愿意，我会引用大量伟大人物的例子，不幸并没有减损反而提升了他们的荣誉。这里试举几个共和国时期的例子。在薛西斯与希腊人的战争中，特米斯托克勒斯（Themistokles）两次拯救了雅典人，他说服他们离开城邦，而且还赢得了著名的萨拉米斯海战。之后，他翻新了父邦的城墙，建设了比雷埃夫斯港。尽管如此，他仍然被陶片放逐令放逐。但他以伟大的灵魂忍受着不幸，他的名声不仅没有受损，反而更大，他的大名在历史上常常与希腊的伟大建国者相提并论。别名为正义者的阿里斯提德（Aristides），他的命运与前者几乎相同。他先是被放逐，后又被召回，但他始终因为他的智慧为人所敬重。甚至在他死后，雅典人还为他潦倒的女儿发放年金。我难道还要向您提起不朽的西塞罗吗？在拯救了祖国之后，他却在他人的阴谋下被逐。我难道还要向您提及他的敌人科洛狄乌斯（Clodius）针对他以及他的亲属所施的暴行吗？尽管经受了这些暴行，罗马人民却一致将他召回。谈到此事，他后来说：

　　　　我并不是孤身一人被召回的。我的同胞仿佛将我扛在肩膀上抬回到罗马，我返回父邦是一次真正的胜利。

不幸并不会打垮智慧之人。因为，不幸既会落在好公民也会落在坏公民头上。使我们有失尊严的只会是我们所犯的罪行。因此，与其将受迫害的德性的例子当成羁绊，妨碍自己脱颖而出，不如在我的鼓励下奋力追求！我鼓舞您，践行自己的义务，将您的良好品行公之于众，用行动去证明您对祖国怀有感恩之心，简言之，去选取您值得踏上的光荣前程。倘若没法说服您相信我的观点比您的更为正确，并且配得上您这样出身的人，我就是在浪费时间和汗水。我全心全意爱着我的祖国。我的教育，我的财富，我的生存，所有这一切都归功于它。倘若我有千条生命，我会欣然将它们全部奉献——如果可以以此服务于它或者表明我的感激。我的朋友西塞罗曾在一封书信中说："我相信，哪怕永远心怀感激都不够。"请允许我像他那样思考和感觉，而且可以期待，您在深思熟虑过上述理由之后，对于正派的行为会与我看法一致，我们将会相互鼓励，去践行好公民的义务，这个好公民怀着温柔的爱意眷恋着祖国，充满炽热的爱国之情。

您所提出的异议令我不得不做出反驳。要用只言片语来压缩过多的内容，不在我的能力范围之内。倘若您认为我的信件冗长，还请见谅。希望您可以看在真挚友情的面子上原谅我。您的斐洛帕特罗斯。

七　阿那匹斯忒蒙来信

亲爱的朋友，不得不承认，您把我折磨得厉害。您没有放过最为细微的细节。为了推翻我试图尽力捍卫的细小结论，您摆出了重武器，在我可怜的论证中打开突破口，直到我破败不堪、崩溃瓦解的防御工事再也没有任何可资打击的目标，您才肯停火。您结论说，我应该全力地热爱我的祖国，为它服务并拥护它，您那么强烈地猛攻，以至于我不知道如何才能躲避。

可是，有人给我讲过某个百科全书分子，根据后者的说法，地球是所有人共同的居所，而智慧之人是世界公民，他在任何地方都过得自如。[①]不久前，我听过一位学者说明过这个主题。我的思想轻而易举地吸纳了他所讲的一切，就好像这是我自己所思考的。这些观念令我的灵魂振奋。我的虚荣因一个想法而欣喜，即从此以后，我可以不再把自己看作某个小国籍籍无名的臣民，而是一位世界公民。只要我愿意，我以后就是中国人、英格兰人、土耳其人、法兰西人或者希腊人。我在思想中一会儿把自己放到这个民族，一会儿把自己放到另外一个民族，并且驻留在那个最令我心仪的民族。

不过，我感觉到您似乎在对我说话。您也想摧毁这个美梦。赶走梦很容易，可我能得到什么呢？难道美好的假象不比令人作呕的悲惨真实更好吗？我知道，要让您改变看法多么困难。您的理据的根基如此稳固，通过诸多的证明立定在您的思想中，我想要将它们连根拔起只会是徒劳。您的生活是一种持续的沉思，而我的生活则缓缓地逝去。我满足于享受，将思考交予他人，每当我成功地得到娱乐和消遣，就心满意足。但是，尤其在涉及需要进行许多思想关联的严肃事务上，您比我更有优势。因此，我做好准备，让您利用您的全副武装来冲击我最后的防御工事。可以

[①]　弗里德里希二世在一封写给达朗贝尔的信中（1779年12月3日）曾说，"我在他们的作品中读到，祖国之爱是一种偏见"，可为这里的提法提供证明。

预见，我将不得不放弃我无所依赖的体系，我曾在其中过得多么闲适。您步步紧逼的证明将迫使我构想新的生活计划，比起此前我所遵循的，它会使我更好地履行我这个阶层的义务。

不过，我的思想中总是一再出现新的疑惑。您是我可以托付来医治我灵魂病痛的医生。您的职司在于诊治这些病痛。您曾对我谈起社会契约，没有人对我讲过它。这份契约产生之时，我并没有在上面签字。按照您的观点，我负有社会义务，但我对这义务一无所知。我得偿还某种欠债，但是还给谁呢？给祖国。多大的资本呢？我不清楚。是谁借给我这一资本？什么时候？在哪里？然而，我承认，倘若世人都闲散着无所事事，我们人类必定会灭亡。不过这并不可怕，因为穷困会迫使穷人去劳作，即使某个富人从中抽身，也不会有什么后果。而根据您的原则，社会中的一切都在积极运作，每个人都在行动，每个人都在劳作。这样的国家就类似于一个蜂巢，每只蜜蜂都有其分工：这个采集花蜜，那个为蜂房注蜡，另外一个则操劳种群的繁衍，除了闲散之外，没有别的不可饶恕的罪。

您看，我多么真诚地在行事。我对您毫无保留，向您承认我所有的疑惑。要迅速摆脱我的偏见——如果有那么一些的话——对我来说很难。习惯，这位蛮横的主宰，教会了一种让我依赖的生活方式。也许我不得不进一步熟悉您向我说明的新观念。我承认，要使自己俯身到您意在为我附加的枷锁下，我多多少少还有些抵触。放弃我的安宁，克服我的懒惰，会让我付出艰难的努力。无休止地处理他人的事务，为公共福祉而辛劳，都让我望而却步。阿里斯提德、特米斯托克勒斯、西塞罗、雷古鲁斯等人，无疑都是世人认可的具有伟大灵魂和心志高远的典范。据说，亚历山大大帝在某次胜利之后大呼："噢，雅典人，倘若你们知道要得到你们的颂扬须付出多少，该多好！"[1]

　　您不会放过这些观察，您会认为它们太过阴柔和女子气。您所要求的统治是，其中的所有公民都是精气和能量，所有人都有力量和行动。我相信，您只会容忍智力不逮者、病人、盲人及老人享有安宁。而我不属于他们中的一分子，因此就得准备好受谴责。

　　我无法向您掩饰，我们所讨论的对象，远比我所认为的广泛得多。要组成一个分支如此之多的躯体，一种有条不紊的统治，得需要多少盘根错节的分支、多少数不清的联系！关于这个主题的书少之又少，即便有也都充满致命的学究气。您探究了一切，使我接受了您的认识。感谢您对我细致入微的教诲，就连暗藏的困难您也不放过。请您继续如此，就像一开始那样。我将您视为我的老师，可以成为您的学生是我的荣幸。

　　公民之间的相互关系，形形色色的社会纽带，对我们义务的要求，所有这些思想不断地在我头脑里蒸腾、发酵。我几乎不再思考其他。如果路遇农人，我就会赞美他为了养活我所承受的辛苦。如果看到鞋匠，我便会衷心感激他为我制鞋所付出的辛劳。如果一位士兵走过，我便会为这勇敢的祖国卫士祈祷。您令我的心懂得同情。现在，我充满感激地拥抱所有同胞，尤其是您，是您向我解释了义务的本质，并由此给了我新的乐趣。您说，对邻人的爱会以神圣的情感充盈我的灵魂。对您致以最崇高的敬意和最完全的感激。您的阿那匹斯忒蒙。

---

　　①　普鲁塔克，《亚历山大传》，第60章。［译按］中译参普鲁塔克，《亚历山大大帝传》，吴奚真译，团结出版社，2005，页90。

八　斐洛帕特罗斯回信

亲爱的朋友，不，我不是在攻击您，而是尊敬和敬佩您。我将您个人与我们所讨论的对象分别开来，我攻击的仅仅是那些会在人和人之间蔓延的偏见和谬误，真理之友难道不应该致力于揭开它们的面纱并令世人看清它们吗？我怀着最大的满足看到，您开始熟悉我的一些看法了。我的体系唯一的目的只是社会的普遍福祉，只想使公民之间的纽带更加紧密，从而更为持久。您不偏不倚理解的利益应该激励每个人真挚地服务于祖国。他们应该以相同的热忱为社会福祉贡献，因为他们做得越多，自己就会越亨通。

不过，在我继续谈我还要对您说的东西之前，我得清除一个新的困难，它是在您谈我们讨论的对象时凸现出来的。

您说，您不懂得社会契约的内涵是什么。注意，它产生于人们之间的互助需要。任何共同体没有淳风良俗（mœurs vertueuses）都无法持存，因此，每个公民都必须把一部分私利奉献给邻人。由此可见，如若您不想被欺骗，自己就不可欺骗他人。您不想被偷盗，自己就不可偷盗。您期待困境中得援助，自己就得始终乐于助人。您不愿意有人无所事事，自己就去劳作。您想让国家护卫您，您就为国家贡献资财，最好是通过您自己。您希望获得公共安全，自己就不要危害它。您想让国家繁荣，自己就振作起来，竭尽全力为它服务！

此外，您还说，没有人向您教授社会契约。这是您的父母和教育者的过错，他们本不应该忽视如此重要的对象。不过，倘若您稍微思考一下，自己就能轻松领会。

您还说，您不知道要给社会偿还什么欠债，也不知道生息的资本在何处。这资本就是您自己、您的教育、您的父母、您的财富。资本就在您手上。您所应偿还的利息就是，您要像爱母亲一样热爱您的祖国，并将自己的禀赋奉献给它。只要您让自己成为有用的人，您就偿还了祖国有权向您索取的一切。我要补充的是，祖国具有怎样的政制并不相干，政制都是属人的造物，都是不完美的。因此，所有的义务都是相同的，无论君主制还是共和国，并无两样。

让我们继续。我想起来，您在信中提及有人告诉您某位百科全书分子的说法。多年以来，这些人的作品大有泛滥之势。人们在其中可以找到一小部分好东西和极少的真理，在我看来，其余的不过是一堆荒唐话和轻率表述的观念，在阐述给公众之前必须先检验并改善这些东西。在特定意义上，不错，地球是人的居所，正如空气之于鸟儿、水之于鱼儿、火之于蝾螈——倘若的确有这样的东西的话。然而，过分强调地宣扬这种陈词滥调，并不值得。

您还说，在百科全书分子看来，智慧者是世界公民。倘若作者指的是人人皆兄弟，必须相互爱戴，那是不错的。可是，倘若他的意图是培养浪荡子，我就无法苟同，因为浪荡子没有依赖，出于无聊在世上浪荡，因为穷困而变成无赖，最后因放荡不羁的生活处处受到惩罚。这样的观念很容易就被轻率的头脑吸纳，在其中生根发芽。其后果总是有违社会的福祉，会导致社会纽带的解体，因为这些观念悄无声息地根除了公民内心的热忱以及他们对祖国的眷恋。

这些百科全书分子甚至极尽所能地嘲讽祖国之爱，而古人则竭力提醒人们爱祖国，这在任何时候都是最高贵行动的源泉。关于祖国这个对象，他们的评判也同样糟糕，一如对其他对象的评价。他们教导说，不存在什么可称为祖国的东西。它是某位立法者的空洞概念，他为了统治公民才发明了这个词语，而我们的爱不能够服务于某种实际上不存在的东西。可我要说，这是可鄙的论证！他们不区分书本知识所教的ens per se［存在者本身］和ens per aggregationem［集合性存在者］。前者指的是某个个别的事物，如人、马、象。后者则将许多个体集合为一个整体，比如巴黎城，人们所理解的即是巴黎的居民；比如军队，则意指大量的士兵；比如王国，则意指人数众多的社会。同样地，我们出生的那个国家就叫作祖国。它是实实在在存在的，而非抽象的事物。它由许许多多公民组成，他们生活在同一种社会纽带、相同的法律和习俗之中。由于我们的利益与他们的紧密相连，我们就应对祖国抱有眷恋之情，热爱它并为它效劳。倘若祖国突然以人格形式出现在这些半心半意、软绵绵的灵魂面前，那么他们会如何作答，所有的百科全书分子会给世人怎样的答案？

你们这些堕落、忘恩负义的子嗣啊，是我给了你们生命，而你们竟然总是麻木不仁地对待我慷慨馈赠的仁慈？你们的先人来自何处？是我生了他们。他们何以果腹？靠着我取之不尽的富饶。他们的教化？归功于我。他们的财富？由我的土地提供。你们自己也出自我的怀抱。简言之，你们、你们的父辈、你们的朋友，你们在世间所珍视的一切，都是我赠予的生命。我的法庭保护你们免受不义，捍卫你们的法权，保护你们的财产。我的警卫守护你们的安全。你们可以安然地穿州过省，既可以避免贼人的袭击，也可以免遭歹人的匕首。我的军队保护你们免于我们共同敌人的暴行、劫掠以及侵袭。你们不仅可以满足自己最直接的需求，还可以为自己营造种种舒适和惬意的生活。你们想要受教育，便可以找到各种类型的教师。你们想要成为有用之人，就有种种职业等着你们。你们生病或者遭遇不幸，我的关切便时刻准备着为你们提供帮助。

对于我日复一日向你们馈赠的仁慈，我不要求任何感恩，除了你们应该全心全意爱同胞，以真诚奉献的精神去支持一切对他们有益的事务。他们是我的肢体，是我本身。你们若不爱你们的祖国，也就不会爱他们。但是你们冷漠而不合群的心灵却不懂得珍视我的仁慈。放荡不羁的虚妄盲目了你们的感官，左右着你们。你们想要与社会分离，将自己与之剥离，摧毁所有将你们与我维系起来的纽带。祖国无微不至为你们好，你们对祖国却没有任何回馈。难道一切都无法动摇和软化你们的铁石心肠？扪心自问吧！让你们亲人的优越、你们自己真切的利益触动你们吧！但愿义务和感恩可以接踵而至，但愿你们此后对待我的方式，正如德性、荣耀与光荣感对你们所要求的那样。

就我自己而言，我会用下面的话来回答祖国：

我的内心充满了爱与感恩。爱你，不需要看到和听到你的说话！我承认，我的一切都归功于你。因此，我心怀温柔难舍难分地眷恋着你。我的爱与感恩至死不渝。我自己的生命也是你的财富。倘若你要索回，我会欣然奉献。为你献身，意味着永久地活在人们的记忆中。倘若没有如此光荣加身，我无法去侍奉你。

亲爱的朋友，请您原谅热忱驱使我表现出的激动。您看到了我未加掩饰的灵魂。我如何向您隐藏我内心如此热烈地感受到的东西？请您权衡我的话，检验我对您所说的一切，我认为，您将会赞同我的说法，即没有什么比真正的祖国之爱更为明智、更富有德性。我们不去考虑那些智力不逮之人以及盲人，他们的无能为力显而易见。而老人与病人，他们即便无法一起贡献于社会的福祉，也会对祖国抱有相同温柔的眷恋之情，如子女之于父亲，他们会分享它的幸福与不幸，并且至少会为它的福祉祈祷。

如果说作为人，我们就有为人行善举的义务，那么，作为公民，我们只有竭尽所能扶助同胞，方才成之为公民。比起我们所知甚少或者完全陌生的异族，我们与同胞更亲近。我们与同胞一同生活。我们的习俗、法律、习惯都相同。我们不仅呼吸相同的空气，而且与他们祸福与共。如果祖国可以要求我们献出生命，那么它当然也可以要求我们用我们的服务来做对它有益的事：学者通过授课，哲学家通过揭示真理，经济学家通过忠诚地管理岁收，法学家通过使形式迁就正义，士兵通过热情勇敢地捍卫祖国，政治家通过明智的联合和正确的推断，神职人员通过传布纯粹的道德学说，农人、工匠、工厂主、商人等通过对各自行当的完善。每个如此思考的公民，都在为普遍福祉劳作。倘若将这些千差万别的分支统一起来，使之致力于相同的目标，就会带来国家的繁荣、幸福、昌盛以及荣光。

亲爱的朋友，我的心灵将这一切付诸了笔端。我并不是像大教授一样在书写这个对象，因为我并没有成为学者的荣幸。我只是在同您闲聊，以便为您分析我所理解的正派、忠诚的公民对于祖国的义务。上述粗略的梗概对您来说已经足够，因为您可以很快领会并吃透这些东西。我向您保证，倘若不是为了讨您欢心和为您服务，我也不至于浪费这么多笔墨。致以诚挚的问候。您的斐洛帕特罗斯。

九　阿那匹斯忒蒙来信

亲爱的朋友，您的上一封来信使我陷入了沉默，我不得不投降。从现在开始，我郑重放弃我的懒惰和冷漠。我放弃百科全书分子以及伊壁鸠鲁的学说，将我生命的每一天都奉献给祖国。未来，我要成为一位公民，一丝不苟地追随您值得称赞的榜样。我坦率地向您承认我的错误，是我满足于不确定的概念，没有充分地思考这个对象，没有深思熟虑。我应受惩罚的无知此前阻碍了我去践行我的义务。您用真理的火炬照亮了我，我的谬误得以消散。我要用我对普遍福祉的热情超越每个人，以此追回蹉跎的时光。我会把古代最伟大的人物当作榜样，他们在对祖国的效劳中脱颖而出。我永远也不会忘记，是您刚毅的臂膀将我引到赛道上来，我会在这里追随您的脚步。我要如何、通过什么来弥补亏欠您的谢忱？请您至少放心，倘若有什么能够超越我对您的崇敬和友爱之情，那就是我对您深深的感激。您永远的阿那匹斯忒蒙。

十　斐洛帕特罗斯回信

亲爱的朋友，您给予了我多大的欢乐！您的上一封信令我陶醉。我从未怀疑过，像您那样正直的灵魂正是接纳所有德性种子的合适土壤。我确信，祖国将会收获最为丰硕的收成。自然把一切都注入在了您身上，您的感情只待萌芽。倘若我给予过帮助，那么我引以为豪，因为替祖国争取到一位好公民，远比边境的扩张更有价值。您的斐洛帕特罗斯。

政治史与王者教育[*]

贝尔奈（A. Berney）

一

弗里德里希二世的历史思维训练首先来自常见的编年史历史课堂。这类教学贯穿古代和中世纪，但是也尤其顾及近代的王朝历史。居斯特林的囚徒（［译按］1730年，因计划逃跑未遂，青年弗里德里希二世曾被囚于此）于1731至1732年所接受的国别史尤其是行政史教导，扩充了这方面的知识。作为太子的他，于1734至1735年以更为广泛的方式重温了上述教导。对史书的阅读，比如伏尔泰的《查理十二世传》，激活并提高了弗里德里希二世的历史兴趣，但是并未使之深化。[①]一种有益的、持续的历

---

[*] 拙文是笔者即将出版的关于弗里德里希二世政治成长史一书的补阙。与专著一样，本文所涵盖的时间是"七年战争"爆发之前。就笔者目力所及，并未见与笔者处理的主题相关的旧文献，各种研究性论文和博士论文也只是从文本批评上处理弗里德里希二世的历史撰述活动，而绝少从类型史出发，并且从未顾及其历史理论基本立场。从没有人系统地追问弗里德里希二世国家观和文化观所使用的历史概念。狄尔泰和梅尼克的研究带来一些独到的认识，笔者会在特定的地方指出。

[①] L. v. Ranke, *Zwölf Bücher Preußischer Geschichte* = Gesamtausgabe d. Deutschen Akademie, II. Bd., Mch. 1930, S. 138f.; Gustav Berthold Volz, *Die Krisis in der Jugend Fchs. d. Gr.* = H. Z. Bd. 118, 1917, S. 394, Anm. 2。对于这些以及其他未经证实的事实，笔者不得不提示读者注意上个注释中提到的拙著。

史观看，直至弗里德里希二世有意识地决心开始自我教育方才产生，就像他在哲学和文学上的努力那样。

自1736年安静的莱茵斯堡岁月起，弗里德里希二世就开始——时不时抱怨自己记忆力的弱点[1]——将历史看作完全"实用的"研究（Fch. an Suhm, 23. Okt. 1736，全集卷16，页290），并且出于内在成长的强烈冲动——受培尔和伏尔泰的鼓舞和引导[2]——理解历史对于君主教育的价值。他当时认同的是那个热心于启蒙的晚期人文主义时代的信念，该时代认为，可以通过洞见和认识改善人天性的缺陷。弗里德里希二世想要"向上穷尽最遥远的古代，以便再次纠正在自身所发现的缺陷"（Fch. an Duhan, 10. Febr. 1738，全集卷17，页279，亦参卷16，页343）。自我认知的努力推动他去接近历史，而历史思想将强化且深化太子已经具备的关于自己的看法（全集卷8［*Réfutation*］，页259，亦参Epître an Hermotime, 29. Nov. 1748，卷10，页65）。

在这样一种直接的关系中，历史对于弗里德里希二世而言，获得了一种主要是值得借鉴的意义。历史成为他政治品性的教育者和扶助者，从太子的整个成长历程来看，历史首先发挥的主要是政治 – 道德影响。历史给成长中的人首先提供的是"卓越和德性之人"的典范。弗里德里希二世曾经热情洋溢地说，史书中的确应该"只留存好君主的大名"（全集卷8［*Réfutation*］，页

---

[1]　*Ode sur l'oubli* vom 22. Januar 1737, Oe. Bd. 14, S. 5.［译按］这里的缩写Oe指《弗里德里希二世全集》（*Œuvres de Frédéric le Grand*），下称"《全集》"。

[2]　Erich Madsack, *Der Antimachiavell* = Eberings Hist. Studien, H. 141, 1920, S. 78; Martha Wertheimer, *Über den Einfluß Fchs. d. Gr. auf Voltaire usw.* phil. Diss.［M. S.］, Frankfurt a. M. 1917, S. 96f.

166）。故而，史家有着极具公共性的使命。弗里德里希二世将史家看作像政治作家一样的homme public［公共人］，他将二者都视为"主权者和君主"一般的人（Fch. an Rollin, 20. Febr. 1737，全集卷16，页232及以下）。曾有一度，弗里德里希二世作为统治者的未来愿望都凝结于philosophe guerrier［尚武哲人］这一思想形象中，此时的他称赞古代史家罗兰是培养人民心向英雄和科学的教育者（同上），并赞颂这位法国人的后古典的英雄热忱和冉森派虔诚的道德主义，认为它们是使君王成为"人"和"公民"的教育。①

弗里德里希二世的信念，即历史尤其可作为伟大人物的传令官，就出自这些根植于早期启蒙运动的开端。不过，从1739年的《驳马基雅维利》，到1746年至1751年间的原则性表述，弗里德里希二世的道德共鸣愈发减少。自从西里西亚战争之后，弗里德里希二世是以生存的整全，而不是以对早期启蒙运动文学政治—道德教义的服从来发出追问。他虽然一再强调历史对君主的道德教育使命，并要求史书描述祖国的父辈值得颂扬的壮举以及专横统治可怕的灾难，②不过，他视所有的历史观看为纯粹的个人经

---

① Fch. an Rollin, 4. Juli 1739, Oe. Bd. 16, S. 239; vgl. auch Publ. (= Publikationen aus den Preußischen Staatsarchiven［译按］下文简称"《档案出版》"）Bd. 81, S. 141f.；弗里德里希二世的其他评价见Fch. an Manteuffel, 19. Aug. 1736, Oe. Bd. 25, S. 473; Fch. an Thiériot, 22. Jan. 1737, Oe. Bd. 16, S. 231; Emil Jacobs, *Briefe Fchs. d. Gr. an Thiériot* = Mitteilungen aus d. Kgl. Bibliothek, H. 1, Bln. 1912, S. 18. Ferner: Eduard Fueter, *Geschichte d. neueren Historiographie*, Mch., Bln. 1911, S. 290; Werner Langer, *Friedrich d. Gr. u. d. geistige Welt Frankreichs* = Hamburger Studien zu Volkstum u. Kultur d. Romanen, H. 11, Hamburg 1932, S. 51ff.

② Oe. Bd. 1 (*Discours* von 1751) S. XLIX; Instruktion für Borcke vom 24. Sept. 1751, Oe. Bd. 9, S. 37; Oe. Bd. 10, S. 242ff.; Test. S. 104.

验的补充。[①]他认识到历史教化对一切公共活动的益处，无论这些活动属于政治家、法学家还是军人（参本文第一个注释）。最后，他希望历史知识可以在人民中间传播祖国制度的知识（全集卷1，页 LI）。此外，他还一再强调历史是习俗和品位的教化者（Fch. an Voltaire, 13. Okt. 1742，档案出版卷 82，页 152）。

当然，太子的英雄观不可能不受一种思想的影响，即历史传说和描述是成问题的。弗里德里希二世了解历史距离的歪曲作用，并且清楚地知道，历史的观察者追求的常常是完美幻象，而这只是观察者自身思想的作品（Fch. an Grumbkow, Okt. 1737，档案出版卷72，页 162 及以下）。在与伏尔泰的通信中，他曾一度将彼得大帝视为"懒散、可怕、凶残"之人，其身后名是"史家恩赐"的效果。[②]他还短暂地对伟大人物的epitheta ornantia［修饰语］感到厌恶，并反问亚历山大大帝是否也不过是"臭名昭著的匪类"（Fch. an Voltaire, 13. Nov. 1737，档案出版卷81，页 102 及以下）。

不过，这里仅仅是情绪上的波动或者法国启蒙运动中皮浪主义浮于表面的影响。[③]这类思考并不能够撼动弗里德里希二世的

---

①　Fch. an Pr. August Wilhelm, 18. Sept. 1746, G. B. Volz, *Briefwechsel Fchs. d. Gr. mit s. Bruder Pr. Aug. Wm.*, Lpzg. 1927, S. 88.

②　Fch. an Voltaire, 13. Nov. 1737, Publ. Bd. 81, S. 102ff.；更为公正的评价见 Publ. Bd. 4 (*Histoire de mon temps*), S. 179; Oe. Bd. 1, S. 103, 117, 153f.；类似的情绪式表达见 Fch. an Algarotti, Sommer 1753, Oe. Bd. 18, S. 89。

③　在这一现代历史批评的早期阶段，伏尔泰对弗里德里希二世产生过直接的影响，不过，后者某些情绪上的怀疑主义也来自培尔以及罗兰的影响。参 Meta Scheele, *Wissen und Glaube in der Geschichtswissenschaft, Studd. z. histor. Pyrrhonismus in Frankreich und Deutschland* = Beitr. z. Philosophie, H. 18, Hdlbg. 1930, S. 30ff., 52ff., 67ff. und hier besonders S. 70f.; zu Rollin: Bogdan Krieger, *Fch. d. Gr. u. seine Bücher*, Bln.-Lpzg. 1914, S. 173.

历史信念。无论何时，他都相信，"在世上鼓噪和引起轰动，不同于真正的光荣"（全集卷8［Réfutation］，页265）。对他而言，未开化的民族"无法很好地尊重光荣"，他憎恶伟大和令人称奇的品质的误导性假象。他健康的灵魂不能长久地容忍空洞的说教，他憎恶"搞混了好的举动和不同寻常的举动，搞混了外在光芒和功绩，搞混了轰动性和精纯性"的粗鄙看法（同上）。他很清楚，"唯独后世决定"什么是真正的光荣，他最终相信的是历史评判的正义性，是功绩和成就的渗透性力量。①

于是，弗里德里希二世一再凭借一种本能力量，即用对比的方式阐明他作为统治者的自我，召唤历史上的大人物，而没有进一步检验他们名声的内在基础。

我们在这里可以不考虑毫无关联的历史相似，弗里德里希二世也不断地记载过它们，比如，查理大帝的城市亚琛（Fch. an Voltaire, 6. Sept. 1742，档案出版卷82，页149）、杰式卡（Ziska）起义地塔波尔（Tabor）（档案出版卷4［*Histoire de mon temps*］，页328，亦参全集卷18，页86），诸如此类。此外，我们还会看到符合时代品味的习惯，即通过引用历史现象或者事件来代替特征描述。比如穆罕默德的狡黠、博尔贾的虚伪（*Discours de la fausseté*, Mai 1740，全集卷11，页82）、伽利略的坚持、斯图亚特

---

① Fch. an Fleury, 28. Juli u. 12. Sept. 1742, P. C. (= Politische Correspondenz Fchs. d. Gr.［译按］下文简称"政治通信"）Bd. 2, S. 239, 270; ferner vgl. u. a. Oe. Bd. 10, S. 9: „Et toujours dans l'auguste histoire / Nous voyons refleurir la gloire / Que l'envieux avait flétri"; Fch. an Voltaire, 18. Dez. 1746, Publ. Bd. 82, S. 225: „... la postérité impartiale "; endlich Oe. Bd. 1 (*Discours* von 1751), S. XLIX.

二世的坚毅（全集卷10，页13及以下，亦参页5及以下，亦参全集卷14，页38；卷10，页13及以下）、斯坦尼斯瓦夫一世的凄凉等描述（Fch. an Podewils, 6. Aug. 1743，政治通信卷2，页396），并未透露出任何历史区分感。这更多是受廊下派影响的启蒙作者的脸谱化举动，他只是将历史现象当作用来表达自己的幌子。一如同时代的造型艺术，历史在这里被矮化为隐喻，每个历史中的年份都可以足够好地说明人们自己的态度，甚至那种基于真实和虚构、强势和卑微的历史人物——就如"数码高的基座"——的时代感觉都可以是有效的。

弗里德里希二世最终的历史思想并不表现在这种类型化的尝试中，而是直到他着迷于接近尾声的法国古典主义，开始强调头等事件和一流名人是独特的历史榜样时，才得到表达。这一点出现在一开始面对马其顿尤其是罗马历史以及路易十四时代的时候。弗里德里希二世对比路易十四的法国和马其顿及罗马，[①]对比普列奥布拉任斯基团与罗马近卫军（Fch. an Mardefeld, 23. Dez. 1741，政治通信卷1，页439），对比父亲的"烟袋委员会"和罗马元老院（Fch. an Grumbkow, 17. März 1733，档案出版卷72，页99），对比勃兰登堡—西里西亚边界与卢比孔河，[②]对比查理六世的去世与罗马历史上的

---

① Oe. Bd. 8 (*Considérations*), S. 19ff., 22ff.; ebenda (Vorrede zur *Henriade*), S. 56; Publ. Bd. 4 (*Histoire de mon temps*), S. 207; vgl. für das Folgende auch Max Posner, *Die Montesquieu-Noten Friedrichs II.* = H. Z. Bd. 47, 1882, S. 252ff., ähnliches: Oe. Bd. 10 [*Die Kriegskunst*], S. 264 f.

② Fch. an Podewils, 16. Dez. 1740, P. C. Bd. 1, S. 147; vgl. auch Fch. an Podewils, 23. Sept. 1746, P. C. Bd. 5, S. 193: "无论如何，必须表现得像汉尼拔已经进了城门……"

大转折,①对比普鲁士人在摩尔维亚撤退时的英勇与斯巴达人的勇敢,对比拜罗伊特龙骑士的霍恩弗里德堡奇袭与罗马人的功绩。②从这些对比中,除了可以看到他对事实和纯粹隐喻常常草率表露的乐趣,③还可以看到他意识到史上记载的古代事件具有卓越的榜样性。即便在布瓦洛影响下,他对古代的回忆和引用延伸到了语言朴实的指令和公告中(参政治通信卷1,页419;卷4,页75;卷5,页192),我们在这些比较中仍然看不清他在"古今之争"中的立场。④

弗里德里希二世虽然径直颂扬"古代的伟大人物"是无法超越的超凡统治者行为的典范(Fch. an Voltaire, 28. März 1738,档案出版卷81,页163),尤其赞赏古代罗马是光荣历史的缩影(参1734年的 *Ode sur la gloire*,全集卷11,页85及以下),但这种观念并不是由古希腊罗马文化具有世界史上的经典意义这样的意识所支撑。弗里德里希二世曾经谈及艺术事物,他不

---

① Fch. an Voltaire, 13. Okt. 1742, Publ. Bd. 82, S. 152; Vorworte der *Histoire de mon temps* von 1743 und 1746 sowie die soviel klügere Formulierung von 1775 am besten in: *Die Werke Fchs. d. Gr. in deutscher Übersetzung*, Bd. 2, Bln. 1913, S. 1ff., 11ff.; Publ. Bd. 4, S. 154; Oe. Bd. 2, S. XXIV.

② Fch. an Jordan, 17. März 1742, Oe. Bd. 17, S. 156; Fch. an Podewils, 4. und 25. Juni 1745, P. C. Bd. 4, S. 181 f.) 198; vgl. außerdem Oe. Bd. 28 (*Generalprinzipien des Krieges*), S. 3, 28, 35, 89; endlich P. C. Bd. 12, S. 125, 465, 473 für viele andere.

③ 他的一些尤其是最早期受教育时引用的东西乃是转引自他人,而不是基于直接阅读重要文献或者描述。比如,烟袋委员会和罗马元老院这个相当不确切的对比无疑是受伏尔泰的激发(Oe. t. 8,[*Henriade*], p. 124)。

④ Hierzu vgl. Karl Borinski, *Die Antike in Poetik und Kunsttheorie*, Bd. 2 hrsg. von R. Newald = Das Erbe der Alten, H. 10, 2, Lpzg. 1924, S. 178ff. sowie unten S. 100f.

心仪的东西对他而言"就没有价值，并且是古老的"。[①]弗里德里希二世根据古代现象来衡量自我力量和兴趣的努力，也服从于同样的主观喜好。因此，他笔下一些历史性的认识和对比，都以讥讽和嬉戏、讽刺性的譬喻或者诙谐的箴言诗告终。不过，弗里德里希二世不只是为了嘲笑和取乐才去搜罗"诸民族的丑事编年"——某个同时代的法国人就如此认为。[②]更为常见的是，历史回忆往往成为他信手拈来用以表达政治生存的手段。

这种个人性的、具有决定性的历史关联，从亚历山大大帝开始。[③]不过，在这里也必须区分他笔下的两种情况，一种是嬉戏式地或者奉承性地提及亚历山大的大名，一种是他清楚无误表达的意思。[④]比如1737年4月7日写给伏尔泰

---

①　Fch. an Wilhelmine, 20. Aug. 1755 ; Volz, Briefwechsel Wilhelmine, Bd. 2, S. 315f.

②　Aus dem Bericht des Marquis de Beauvau, Dez. 1740, G. B. Volz, *Fch. d. Gr. im Spiegel seiner Zeit*, Bln. 1927, Bd. 1, S. 151 f.

③　弗里德里希二世主要是从宗教史的视角观察和评价以色列－犹太史现象。笔者会略过并非深植于弗里德里希二世政治天性的相关表述以及所有（尤其是教会史的）兴趣。这里可以注意一下弗里德里希二世标志性的、军事－政治性的甚至有些新义神学式（neologisch）的评论："摩西太过笨拙，从而令犹太人在一条本可以舒舒服服用六个星期走完的道路上，曲折地走了四十年。他几乎未能利用埃及人的洞见，就此而言，他远远逊色于罗穆卢斯、忒修斯以及其他诸多英雄。"（Oe. Bd. 8［*Réfutation*］p. 186）

④　把迪昂（Duhan）和伏尔泰比作亚里士多德，把威尔海敏比作翁法勒（Omphale），见Fch. an Duhan, 2. Okt. 1736, Oe. Bd. 17, S. 272 ; Fch. an Voltaire, 21. Sept. 1737 u. 6. Aug. 1738, Publ. Bd. 81, S. 82, 201; Fch. an Wilhelmine, Mai 1738; Volz, Briefwechsel Wilhelmine Bd. 1, S. 380; ferner Fch. an Frau v. Châtelet, 20. Aug. 1739, Oe. Bd. 17, S. 30；苏格拉底和阿尔喀比亚德的对比具有更为重要的意义，见Fch. an Voltaire, 7. Nov. 1736, Publ. Bd. 81, S. 5。

的信：[①]

> 亚历山大征服希腊、占领亚洲时，指挥的是完全不同的（按：不同于普鲁士少将弗里德里希二世指挥的）军士。他们的装饰就是刀剑，他们的习惯锻炼使他们久而久之便适应了繁重的工作，他们会忍饥挨饿并忍受任何长期战争带来的不利。严格的风纪将他们团结在一起，使他们可以雷厉风行地完成共同目标，迅速且欢快地实现将领的最伟大行动。

在这些一再重复的观察，[②]而非这个成长时期的直接证据中，他身上未来王者的隐匿本质得到更为强烈的表露。

由格拉古家族开启并由安东尼结束的世纪，也为弗里德里希二世的历史图景嵌入了决定性的国家行为的典范和象征。[③]他终其一生都赞颂小卡图是英雄刚毅性格的典范。[④]尤其在孟德斯鸠影响下，弗里德里希二世在《驳马基雅维利》写成之前始终谴责凯撒是 ambiteux［野心家］的典型，[⑤]然而，自从第一次西里西亚战争

---

① Fch. an Voltaire, 7. April 1737, Publ. Bd. 81, S. 48; die Übersetzung nach Fch. Förster, *Fchs. d. Gr. Jugendjahre, Bildung u. Geist*, Bln. 1823, S. 151 f. 当时的后古典主义文学十分频繁地使用亚历山大的对比。vgl. statt anderer Voltaire, Oe. (= *Oeuvres complètes de Voltaire*, 2. éd. Beuchot, Paris 1878) t. 16 (*Histoire de Charles XII*), p. 228, 258 f.

② Oe. Bd. 16 (Natzmer-Brief), S. 4; Fch. an Voltaire, 20. Aug. 1743, Publ. 82, S. 182; Oe. Bd. 8, S. 19; Bd. 10, S. 38, 244.

③ Walter Wili, *Vergil*, Mch. o. J. (1930), S. 40.

④ Vgl. etwa Epître an Baltimore (1739), Oe. Bd. 14, S. 72 oder Fch. An Frau v. Châtelet, 8. März 1739, Oe. Bd. 17, S. 24; ferner: P. C. Bd. 4, S. 135; Test., S. 106.

⑤ Fch. an Voltaire, 1. Febr. 1738, Publ. Bd. 81, S. 142; Oe. Bd. 8 (*Réfutation*), S. 284f.; Montesquieu, Oe. (= *Oeuvres complètes de Montesquieu* t. II, Paris 1876 = *Chefs d'oeuvre de la littérature française* 41) t. 2 (*Considérations*), p. 211.

之后，这种一根筋式的偏见，越来越让位于对尤利乌斯在军事、政治、人性上持续的榜样意义的认识。①

经过早期粗疏的了解（Fch. an Grumbkow, 26. Jan. 1732，档案出版卷72，页20），晚期罗马的诸皇帝在他心目中也成了开明绝对君主制要求和愿望的写照和对照。对孟德斯鸠《罗马盛衰原因论》的阅读，与伏尔泰的通信，对英国人埃沙尔（Laurent Échard）所著罗马史的彻底研究，②以及后来对罗兰同类作品的研究，都有助于弗里德里希二世罗马历史观念的形成。尽管如此，在观察罗马帝王史的重要人物时，他的个人热情总能发挥影响。他会将"坏的"或"卑鄙的"皇帝与"好"皇帝做对比。提比略、卡里古拉、尼禄③以及残暴和败坏人民的暴君，与提图斯、图拉真、皮乌斯、奥勒琉、尤利安等给人民带来拯救和幸福的皇帝对比，高下立判。④在弗里德里希二世的许多表述中，他们的名字都被用来描述一种审慎、高度纪律性

① Fch. an Voltaire, 8. März 1739, 1. Sept. 1741, 20. Aug. 1743, 13. Febr. 1749, Publ. Bd. 81, S. 258; Bd. 82, S. 108, 182, 247; M. Posner, *Montesquieu-Noten*, a. a. O. , S. 268, 275f.; Oe. Bd. 28 (*Generalprinzipien d. Krieges*), S. 9, 61; Fch. an Wilhelmine, 7. Juli 1755, Volz, *Briefwechsel Wilhelmine* Bd. 2, S. 311f.; ferner; Oe, Bd. 1, S. 76; Bd. 7, S. 18; Bd. 14, S. 71 f.; Fch. Gundolf, *Caesar, Geschichte seines Ruhms*, Bln. 1925, S. 229f.

② Krieger, a. a. O., S. 136. *Histoire romaine depuis la fondation de Rome etc. traduite de l'Anglois de Laurent Échard Paris 1744*。笔者并未见弗里德里希二世所使用的1737年版本。

③ Vgl. das 22. Kapitel der „Réfutation" sowie Fch. an Voltaire, 10. Okt. 1739, Publ. Bd. 81, S. 302; Posner, *Montesquieu-Noten*, a. a. O., S. 279ff.; Echard t. 4, p. 172 s. (Tiberius), p. 183 ss. (Caligula), p. 342 (Nero); Montesquieu, Oe. t. 2 (*Considérations*), p. 229 ss.

④ Fch. an Duhan, 9. Okt. 1737, Oe. Bd. 17, S. 277; VI. Kapitel der *Réfutation*; Epître an Bredow (1750), Oe. Bd. 10, S. 138, 225 f.; Oe. Bd. 1

的或者温和、爱好文艺、敌视任何"狂热主义"的统治。弗里德里希二世对这些君主的观察具有一种专门的内政意义。上述"好"皇帝的对外政治态度,完全不符合开明绝对君主制文学创作的和解性要求,太子对此不仅没有丝毫提及,而且予以默许。他以这些杰出人物为例,表明了自己内心作为王者想要为人民谋幸福的意志,别无其他。

弗里德里希二世就理解近代国王和军事领袖所做的努力,上升为一种清晰的自我理解。这些努力受两种独特兴趣所主导。其中一种是战争史的兴趣——在鲁平和莱茵斯堡时期得到预备,在巴亚德骑士团得到规律的操练,它将历史匿名化,并把历史用作军事技术和战争谋略的武器库。[①]弗里德里希二世毫不在意地列举希腊人、罗马人以及土耳其人的战争,[②]作为战略或者策略的个案,他也一视同仁地援引凯撒、欧根亲王、查理五世的态度(全集卷10[*Die Kriegskunst*],页232、250及以下)。他最终在查理五世的战争中认识到一种战争史转折,[③]即古代英雄精神经中世纪的"黑暗"之后,直至在这些战争中才得以复苏。

(*Discours* von 1751), S. X L V I; Voltaire an Fch., Okt. 1736, Jan. 1737, Publ. Bd. 81, S. 3, 9; Voltaire, Oe. t. 8 (*Henriade*), p. 235; Montesquieu Oe. t. 2 (*Considérations*), p. 243s., 247s.; Echard a.a.O., t. 5, p. 328s.。关于弗里德里希二世对奥古斯都标志性的独特评价,请参笔者的专著。关于尤利安亦参 Käte Philip, *Julianus Apostata in der deutschen Literatur* = Stoff- u. Motivgesch. d. dtsch. Literatur, hrsg. v. P. Merker u. G. Lüdtke, H. 3, 1929, S. 52ff.。

① 关于这一点,尤参弗里德里希二世对战争史描述的捍卫,见 Fch. an Voltaire, 9. u. 22. Februar 1747, Publ. Bd. 82, S. 227, 229。

② Fch. an Wilhelmine, 12. Nov. 1737, Volz, Briefwechsel Wilhelmine, Bd. I, S. 363; ferner: Oe. Bd. 1, S. 37 ff., 245, 266。

③ Oe. Bd. 28 (*Generalprinzipien des Krieges*), S. 39, 61; Oe. Bd. 28 (Vorrede zum Auszug aus den Kommentaren des Chevalier Folard zur Geschichte des Polybios), S. 99ff.

　　16、17世纪西班牙人的攻击力，荷兰人英勇的抵抗，亨利四世和古斯塔夫二世的勇敢，孔代亲王、大选帝侯、蒙特库科利、巴登大公、欧根亲王的战略成就，杜伦尼、维拉尔、德绍人、萨克森元帅的胜利，索别斯基和彼得大帝的军事意义，弗朗茨一世和查理十二世的穷兵黩武，这一切不是作为历史，而只是单纯作为个人态度或者成就，[1]固定在弗里德里希二世的记忆中。它们对于弗里德里希二世自己的将领生涯而言，更多的是随时可用的榜样汇总，以及鼓励、警醒、建议的集合。弗里德里希二世尤常研究并提及在他统治之前的世纪的战役[2]尤其是杜伦尼的胜利。[3]

　　他对历史进程的第二个兴趣，在追问政治家之意义的本质中达到顶峰。尤其在古斯塔夫二世、路易十四以及大选帝侯等杰出人物身上，弗里德里希二世再次发现并弄清了自己作为统治者形象的轮廓。

　　早在1734年，弗里德里希二世就把自己比作古斯塔夫二

---

①　Fch. an Voltaire, 16. Aug. 1737; Dez. 1749, Publ. Bd. 81, S. 75f.; Bd. 82, S. 285; Oe. Bd. 1 (*Discours und Mémoires pour servir* etc.), S. XLV, 37, 86, 106, 108; Oe. Bd. 14 (*Die Schule der Welt*), S. 355 (!); Oe. Bd. 10 (*Die Kriegskunst*), S. 232, 244ff., 273; Oe. Bd. 28 (*Generalprinzipien des Krieges*), S. 8; Epître à mon esprit, 8. Aug. 1749, Oe. Bd. 10, S. 219; Test. S. 52, 73; Fch. an Knyphausen, 16. Febr. 1756, P. C. Bd. 12, S. 120; hierzu vgl. überdies die sittliche Warnung vor Henri IV.: Test. S. 106; Fch. an Pr. Aug. Wilhelm, 13. Nov. 1754 ; Volz, Briefwechsel August Wilhelm, S. 230.

②　Neerwinden, Cremona, Höchstädt, Ramillies, Malplaquet, Villaviciosa, Denain usw.: Fch. an Anhalt-Dessau, 6. Juni 1745, P.C. Bd. 4, S. 182; ferner: Bd. 5, S. 534; Oe. Bd. 28 (*Generalprinzipien des Krieges*), S. 3ff. passim; ebenda (*Gedanken u. allgemeine Regeln* usw.) S. 122; Test. S. 79.

③　Fch. an Kardinal Fleury, 18. Juni 1742, P. C. Bd. 2, S. 208; Fch. an Le Chambrier, 10. März 1744, P. C. Bd. 3, S. 55; Fch. an Louis XV., 9. u. 12. Juli 1744, P. C. Bd. 3, S. 207f.; Oe. Bd. 28 (*Generalprinzipien*), S. 45: ferner Publ. Bd. 82, S. 266; Test. S. 85.

世，①他在父亲弗里德里希一世病重时期试图用侵略性的普法关系取代父亲疲软的对外政策。像俾斯麦那样，②弗里德里希二世在这位瑞典国王身上，看到了服务于帝国君主自由、强力抵抗奥地利专制的最为重要的榜样。③此外，他还称古斯塔夫二世无论在军事还是政治上皆为娴熟的统治者典范（全集卷1，页37，亦参政治通信卷8，页461、498），并以一种自从第一次西里西亚战争结束以来断念式的余光看待不切实际的启蒙君主形象，为瑞典国王过度的野心感到遗憾，认为这是"大多数伟人"令人感到惋惜的特点。④

弗里德里希二世更多是以政治 – 军事批评而不是道德批评的眼光来称颂路易十四的意义。⑤他颂扬后者的王者智慧及其终生的

---

① 这一直是弗里德里希二世喜爱的对比。王位继承者奥古斯特·威廉有时称弗里德里希二世为古斯塔夫二世计划的完成者（Volz, Briefwechsel August Wilhelm, S. 173 f.）。这个奉承性的称呼无疑是基于知道弗里德里希二世的喜好。

② "如果我们1859年让奥地利胜利……那么，我们就会赋予它一个它从未在意大利以及自从《复旧令》以来的德意志土地上所享有过的地位。这样一来，我们就需要一位新的古斯塔夫或者弗里德里希二世，来再次解放我们"，参 E. Brandenburg, *Die Reichsgründung* 2. Bd., Lpzg. 1921, S. 25。

③ Oe. Bd. 1 (*Mémoires pour servir* etc.), S. 37; Oe. Bd. 10 (*Die Kriegskunst*), S. 246.

④ Oe. Bd. 1, S. 42。保罗的判断对于弗里德里希二世多有不公，参 Johs. Paul, *Gustav Adolf in der deutschen Geschichtsschreibung* = Hist. Vierteljahrschr. Jg. 25, 1931, S. 419。

⑤ Fch. an Voltaire, Jan. 1737, Publ. Bd. 81, S. 24; Oe. Bd. 14 [*Epître sur la fermeté*], S. 38; Oe. Bd. 8 [*Réfutation*], S. 207 f., 270, 287; P. C. Bd. 4, S. 331; Pubi. Bd. 4 (*Histoire de mon temps*), S. 204; Oe. Bd. 1 (*Mémoires pour servir usw.*) S. 91 ff.; Epître an Bredow (1750), Oe. Bd. 10, S. 143。因此，Langer 的判断（前揭，页25）需要修正。

坚忍和负责，并通过对比路易十三的受人牵制和黎塞留的政治家天赋，[①]强调路易十四的独立自主。

弗里德里希二世从政治－道德理由上谴责华伦斯坦或者克伦威尔之类的大篡位者，但是作为国王的他又以政治家的理解——然而不带热情地——肯定他们。[②]弗里德里希二世的历史追问首先针对的是王者的功绩和加冕领袖的历史成就。

没有哪个君主像大选帝侯那样如此强烈地激发了弗里德里希二世的惊讶与赞叹。不过，弗里德里希二世的这一独特关系逐渐形成于他整体的勃兰登堡—普鲁士历史观，除此之外，它就只能从弗里德里希二世的国家—民族史观察得到领会了（参本文第三部分第五自然段及以下）。

弗里德里希二世只是带着自己的王者人格所赋予他的独特兴趣观察此前简述过的历史大人物：作为将领与征服者，他会看到那个伟大的马其顿人；作为努力节制的自控者和军人王，他会看到查理十二世、弗朗茨一世甚至凯撒；作为北部德意志帝国君主，他会看到瑞典的军人国王；作为审慎的政治家，他会看到那几个篡位者；作为为人民谋幸福的"内在"王者，他会看到好的与糟糕的罗马皇帝。这种观察方式取消了历史的时间维度，将伟大人物的生平——就如同在一幅"画"中（Oe. Bd. 8 [*Réfutation*]，S. 259）——总结为一种在某个地点可以同时得到

---

① Oe. Bd. 1 (*Mémoires pour servir* etc.), S. 92。亦参弗里德里希二世对黎塞留作出的独立且令人印象深刻的描述：Fch. an Voltaire, 20. Jan. 1750, Publ. Bd. 82, S. 292。

② Fch. an Grumbkow, 29. Okt. 1737, Publ. Bd. 72, S. 165; Oe. Bd. 8 [*Réfutation*], S. 186; Oe. Bd. 1 (*Mémoires pour servir* etc.), S. 91f.; Epître an Finck, 3. Okt. 1749, Oe. Bd. 10, S. 182; Test. S. 73.

概览的"所有机运的交替"的集合，众多"辅助手段和解决途径的有益范例"。路德对"天选之一"所表露的天真－信仰的敬畏心，[①]仍然充斥在新教德意志最乏味的简编历史教材中，它与上述英雄观相去甚远。

波舒哀和费讷隆那种带有严格道德评判的英雄崇拜，以及伏尔泰对重要的王者成就总是半心半意的带有道德性和审美性的赞美，无疑起到更为直接且更为强烈的影响，并且赋予弗里德里希二世的某些表述以那种矫揉造作但又理性的节制努力和实用热情，这种努力和热情以高涨的迫切性主宰着开明绝对君主制的历史书写和君主教育。王者的基本性存在通过所有后古典主义的imitatio［模仿］尤其得到表达。虽然弗里德里希二世实用主义的重要部分来自亚历山大和凯撒、好的和环的皇帝、近代将领和王者在历史上的独特存在，不过，借助自己的政治家和将领天性的原始力量，弗里德里希二世认识并肯定了他们的意义，从而使他们以正当的方式焕发新生。

对于弗里德里希二世而言，研究古代并不是新人文主义意义上的"毕生事务"。但是，在他看来，对古希腊罗马统治者和英雄的观察也并不仅仅意味着"精神性的消遣"。[②]这种观察塑造、强化、反映了基于自身强有力的王者品性的自信，运筹帷幄的将领

---

① Cyrus, Themistokles, Alexander, Hannibal, Augustus, Vespasian und Friedrich der Weise! (zitiert bei Th. Pauls, *Luthers Auffassung von Staat und Volk*, Halle 1927, S. 8, 10).

② 瓦伦丁（Berthold Vallentin）在其《温克尔曼》（*Winckelmann*, Bln. 1930, S. 22f.）一书的导言里清晰、精彩地描述了弗里德里希二世对古希腊和罗马艺术的看法，但是并未区分古代文学和古代历史现象。之所以需要作此区分，因为弗里德里希二世对古代统治者和英雄的看法与其说来自古代文学，毋宁说来自对古典主义历史描述的阅读，并且他独立对其作了改造。

那不倦的求知欲，以及有良知的"内在"王者的忧心操劳。比起温克尔曼对亚历山大这位"至纯粹至高贵的英雄"的仰视，[①]弗里德里希二世对马其顿军队赞叹性的观看——得益于他自己的本性——对于古代的延续发挥着有过之而无不及的影响。弗里德里希二世的历史英雄观享有超越于时代潮流的独特地位。他从自己充盈的本性，而非本性的匮乏或者渴求中，把历史上卓越的个体呈现在自己的政治世界。

二

弗里德里希二世的政治思想并不局限于无处不在的以自我为中心的折中历史观。另一种不同的历史追问，围绕着充满奥秘的民族与国家的生成与消亡展开。这样的追问也是以多年的历史教育和自我教化为前提，[②]不过，弗里德里希二世的这种第二类历史兴趣植根于一种独特的、完全当下的认识意志。自从1731年以来，弗里德里希二世就投入越来越大的力量，致力于认识周围政治世界的有效性、成就、本质以及欧洲国家的均衡和体系。在1738年的《思考》和成熟时期的历史撰述中，尤其在不断出现的"简论"、"感想"或常见的指令——如一条奔流不息、给万物带

[①]　Erich Aron, *Die deutsche Erweckung des Griechentums durch Winckelmann und Herder*, Hdlbg. 1929, S. 33f.

[②]　弗里德里希二世曾在一首教诲诗中极好地说明了他的历史思想的两种形式（Epître an Hermotime, 29. Nov. 1748, Oe. Bd. 10, S. 65）："真理，它将历史的笔触攥在手中/囊括所有时代，向记忆展示/强大的王国，是上天令它们繁荣/人们目睹它们产生、崛起、衰败、消亡。/人们在那里学会不用权力进行统治的技艺，/令心灵服从雄辩的意志，/学会认识自己，作为独立的人，你是自己的王者，倘若战胜了欲望。"

来生机的河流贯穿《政治通信集》——中，弗里德里希二世致力于认识并说明诸国家的利益和立场。他系统地把握周围世界的动态，设法以此描述自己的历史—政治定位。因此，他的那种从方方面面都在警醒着、谋划着的统治者的当下认知渴望，进一步发展至认识西方国家的历史本质。[1]

任何普遍的、具有历史哲学约束性的世界观，都无法使这个冒险变得轻松。弗里德里希二世并不把历史视为人类的历史。当最后一位哈布斯堡家族皇帝去世时，他想到《圣经·但以理书》的预言（Fch. an Voltaire, 26. Okt. 1740，档案出版卷82，页54），但是他并不抱末世论的期待，而是借用这样的隐喻亦庄亦谐地说明大事件的现实政治意义。四个世俗王国的更替对他而言，只不过意味着历史材料的传统划分。把这种普遍国家观发展为共同体的终极目标，[2]这样的思想对他来说完全是陌生的。未来，他也想要把四王国学说用作记忆的支点。就历史哲学式地思考而言，他也认识到，该学说表达了世俗王国之易逝性。[3]因此，他不受"犹太教–教父学有关上帝的人类伟大教育计划的学说"影响，[4]对这种史观的世俗化的、褪去启蒙光泽的变种也并不怎么感兴趣。

---

[1]　这是狄尔泰的一个根本性认识（*Gesammelte Schriften*, III. Bd., Lpzg. -Bln. 1927, S. 180f.）。

[2]　Vgl. hierzu Julius Kaerst, *Studien zur Entwicklung und Bedeutung der universalgeschichtlichen Anschauung* = H. Z. Bd. 106, 1911, S. 484 ff.

[3]　Publ. Bd. 4 (*Histoire de mon temps*), S. 205; Erziehungsinstruktion für Borcke vom 24. Sept. 1751, Oe. Bd. 9, S. 37; Oe. Bd. 1 (*Discours* von 1751), S. L.

[4]　Vgl. Eduard Spranger, *Die Kulturzyklentheorie und das Problem des Kulturverfalls* = Sitzungsber. d. Preuß. Akademie d. Wissenschaften, Jahrg. 1926, phil.-hist. Kl. S. XXXVI .

　　"有关上帝、地上的天国、救恩、千年帝国的基督教概念"，在伏尔泰的进步理念中以世俗化形式继续发挥影响。[①]伏尔泰区分了四个文化时期：伯里克利、奥古斯都、美第奇以及路易十四时代。[②]他的历史问题更多针对的是诸民族在"人类进步"中所取得的持续性成就，而非作为上述黄金时代担纲者的诸民族。天意选定了这些民族，以便通过它们把人类精神引向不断增长的完善。在这些民族的影响下，欧洲文化自查理大帝开始取得了"长足"进步。[③]即使古希腊罗马文学在宗教和艺术方面胜过现代，伏尔泰在政治、军事以及科学方面也会选择佩罗而非拉辛和布瓦洛，因为佩罗在"古今之争"中为现代的优势辩护。

　　弗里德里希二世只是部分地接受了这种世界史观，并且大力地改造了所接受的部分（亦参 Langer，页 19、21）。他对于公元前 5 世纪的古典文化只有粗浅的看法，而不具备真正的知识（全集卷 8［Réfutation］，页 270，全集卷 7［Eloge von 1754］，页 33）。受拉辛和布瓦洛等榜样的影响，他常常赞颂罗马语言艺术的典范性（关于细节和文献，参 Vallentin，页 220 及以下，以及

---

　　① Benedetto Croce, *Theorie u. Geschichte der Historiographie* = Gesammelte philosophische Schriften in deutscher Übertragung, I. Reihe, 4. Bd., Tübingen 1930, S. 207.

　　② Paul Sakmann, *Voltaire über das klassische Altertum* = Neue Jahrbücher f. d. klass. Altertum usw. Bd. 15, 1905, S. 571 ff., 580ff.; ders., *Universalgeschichte in Voltaires Beleuchtung* = Zeitschr. f. französ. Sprache u. Literatur, Bd. 30, 1906, S. 39; Trude Benz, *Die Anthropologie in der Geschichtsschreibung des 18. Jahrhunderts*, phil. Diss., Bonn 1932, S. 28, 33.

　　③ Wm. Lohrengel, *Voltaire u. d. Fortschrittsidee usw.*, phil. Diss. M. S. Leipzig 1923, S. 51.

Langer），并以大量细节说明了罗马历史的独特榜样性。他也强调文艺复兴的文化史意义，[①]而且更多强调了路易十四时代直至他那个时代所取得的进步。[②]

当然，当弗里德里希二世明显反对片面赞叹古代，或当他拒绝过分颂扬过往岁月时，[③]是否心里想的总是人类的进步，常常令人怀疑。当弗里德里希二世赞扬宗教改革是属人精神的进步时（全集卷1［*De la superstition* etc.］，页207，亦参页18及以下），当他称过去几个世纪野蛮和残暴的行为已被克服，人们比起以往感受到"较少的无赖行径、较少的狂热、较多的人道和礼节"时，[④]当他强调宫廷规矩的实用化（档案出版卷4［*Histoire de mon temps*］，页200），并且赞美在美艺术方面开支的提升以及建筑艺术的发展时（同上），他并没有声明信奉人

---

① "我看到我的女神——尊贵的雄辩——把我们从罗马人美好的岁月，带回到唤醒麻木沉默的声响、激发孩童精神的火花的时代，有的地方流淌着诗行，有的地方历史被记下，美好品味再次显现。" Oe. Bd. 10, S. 25; vgl. auch Epître an Hermotime vom 29. Nov. 1748 (Oe. Bd. 10, S. 70).

② Langer（181ff.）尤其认识到弗里德里希二世的如下意识，即后者将路易十四时代看作自己的时代和当下的现实。Langer认为，这种意识在五十年代仍然占有支配地位。

③ 当赫库兰尼姆的发掘令他感到失望时，弗里德里希二世在写给威尔海敏的信中（Volz, Briefwechsel Wilhelmine, Bd. 2, S. 124）为我们成问题的历史概念感到遗憾，并且以稍显隐秘的严肃性赞扬人民，因人民"认为教区的牧师先生是比西塞罗更善辩的人，认为自己的太太比美丽的海伦还要更有魅力……女厨鼓捣的菜蔬比马尔提阿利斯的佳肴更美味……" Epître an Fouqué, 18. Jan. 1750, Oe. Bd. 11, S. 15ff.

④ Oe. Bd. 8, S. 170f., 175, 206f., 243, 254, 262; Publ. Bd. 82, S. 152; Volz, Briefw. Aug. Wm., S. 55.

类的进步，[①]他只是相信西方文化的进步。这种文化是艺术、生活方式、风俗、习惯以及欧洲诸国族"工商业"的缩影（档案出版卷4［*Histoire de mon temps*］，页203，全集卷1［*Des moeurs*］，页214）。所有的欧洲国家都参与了这一文化，它们以不同的力量追求其实现：法国、英格兰、意大利领先德意志一个世纪，而西班牙、波兰、俄罗斯则滞后于德意志几个世纪。

这种（绝非深思熟虑的）"文化"构想虽然不会发展为一种生物学式的文化生活观，但却描述了一种至少对生活方式和民族品味有约束的共同体，由此也描述了一种价值概念，相比伏尔泰的时代（Siècle）思想，它涵盖更广阔的领域和更长的时间段。弗里德里希二世虽然没有足够重视伏尔泰的四黄金时代，但他认可这些时代所取得的"成就"的有效性，[②]如这位法国人一样，他看到统一的欧洲发展，并且——尽管对"黑暗"中世纪极尽轻蔑——把自查理大帝以来的普遍历史置于历史思考的中心。[③]

---

① 笔者承认，弗里德里希二世也有一些表述会让人认为他相信人类的文化进步。但是，这里涉及的是情绪化的或者修辞性的应景表述，它们在弗里德里希二世真正的历史思想中没有影响。因此，笔者反对维甘特（Wm. Wiegand, *Die Vorreden Fchs. d. Gr. zur Histoire de mon temps* = Qu. u. Forschungen z. Sprach- u. Kulturgesch. d. german. Völker, H. 5, Straßburg 1874, S. 85）、狄尔泰（Dilthey, a.a.O., S. 86, 209; auch die Äußerung S. 105f. gibt kein völlig klares Bild）以及瓦伦丁（S. 19）的看法。

② Vgl. Langer S. 22；关于德意志参Volz, Briefw. Wilhelmine Bd. 2, S. 104 f. 以及Seefrid. S. 76。

③ Instruktion für Borcke vom 24. Sept. 1751, Oe. Bd. 9, S. 37；亦参弗里德里希二世整体的帝王史观察Fch. an d. Zarin, 6. Dez. 1744, Oe. Bd. 25, S. 587。

"大欧洲共和国"对于弗里德里希二世来说（档案出版卷4[*Histoire de mon temps*]，页206），意义远不止于路易十四时代文化的地域扩张。他视之为诸民族和国家的自由联合。这些民族和国家通过持续的内部文化竞争相互依赖，但在各自的历史存在上与其说受此滋养，毋宁说受迥异的力量源泉滋养。因此，对于弗里德里希二世而言，欧洲文化具有一种黏合并约束西方诸民族的力量。但是在弗里德里希二世的思想中，这些民族的存在绝不具有纯粹的"普遍人性的代表样本"的意义（此处参Kaerst，前揭，页494）。

因而，西方的诸民族（Völker）、国族（Nationen）以及国家（Staaten），[①]就被视作西方历史的真正承担者。由弗里德里希二世深化和扩展的伏尔泰的文化概念，在这里与对历史—政治民族体十分原初的认识相汇合，这种认识来自政治家直接的当下。西方文化的思想在弗里德里希二世的思想中从未消失，但是，它经常只是像远不可及的天际一样，高耸在诸民族和国家激烈奔腾和翻滚的本质之上。[②]

---

① 从一开始就可以在此语境中看到这些概念的近义用法。

② 欧洲均势的思想也从未发展成为一种有效的黏合诸民族的理念，与同时代的文献相反，该思想在弗里德里希二世思想中从没有形成"一种捍卫和平的规范以及区分正义与非正义战争的原则"。均势概念在弗里德里希二世的政治和历史思想中被用来指称欧洲各个国家权力分布的界限，他并没有真正从中得出一种欧洲的整体利益观念。E. Kaeber, *Die Idee des europ. Gleichgewichts* usw., Bln. 1907, S. 149f.; Hermann v. Caemmerer, *Rankes „Große Mächte" und die Geschichtsschreibung des 18. Jahrhunderts* = Stud. u. Vers, zur neueren Geschichte, Max Lenz gewidmet ... Bln. 1910, S. 270, 274; Fch. Meinecke, *Die Idee der Staatsraison* usw., Bln.-Mch. 1924, S. 389f., 403；具有补充性的是弗里德里希二世于1731年4月11日的表述，见 G. B. Volz, *Fch. d. Gr. im Spiegel seiner Zeit*, Bd. 1, Bln. 1927, S. 28以及 Test. S. 47 f.。

弗里德里希二世的国家史观念受到孟德斯鸠[①]因果性、[②]类比性的历史观察的强烈激发，[③]不过，孟德斯鸠只是给弗里德里希二世一开始的精神—政治立场提供了问题和概念。弗里德里希二世首先转向历史—因果式地解释各个国家的现实利益和趋势，[④]并且——时而不无致命的错觉（此处尤参Meinecke，前揭，页400及以下）——从历史结构的产生和力量中认识这些国家的意义。比如，他从16、17世纪的张力中阐发了法—奥和英—法的对立（档案出版卷4［*Histoire de mon temps*］，页208及以下），从传统

---

①　尽管伏尔泰有时也表现出对国族本性的真正认识（A. v. Martin, *Motive u. Tendenzen in Voltaires Geschichtschreibung* = Hist. Zeitschr. Bd. 118, 1917, S. 27f.），但是需要注意的是，他把认识诸民族生活的物理条件看作一项"棘手的任务"（P. Sakmann, *Universalgeschichte in Voltaires Beleuchtung* = Zeitschr. f. französ. Sprache u. Literatur Bd. 30, 1906, S. 11），把eprit des nations［国族精神］——不去管它本体性的本源——主要看作"自然和社会状况的产物"（"气候、宗教、统治"）（Croce, a. a. O. I, 4, S. 215），这样的学说对弗里德里希二世没有产生影响。

②　Viktor Klemperer, *Montesquieu* = Beiträge zur neueren Literaturgeschichte, Bd. 6, Hdlbg. 1914. S. 167 f.。因此，就因果思想的训练而言，沃尔夫的影响并不是唯一的。

③　M. Posner, *Montesquieu-Noten*, S. 254; Dilthey, Bd. 3, S. 233.

④　此处尤参Meinecke，前揭，页391及以下。因此，弗里德里希二世实际上受到国家利益学说的影响，但是他没有明确提及直接的影响（比如Rousset的）。不过，如笔者所见，我们必须避免用笔者在上文提到的诸如tempérament［性情］、fond［内核］或者caractère［性格］学说去混同于利益学说。对弗里德里希二世而言，利益学说无异于国家和民族体的时间－空间关联性之后果的学说。"牢不可破的自主力量"（Caractère indelèbile）学说，其意义目前还未得到认识，它指向国事的本体性根基，将成为发展学说、诸民族史完美实现之学说的预备阶段，这一阶段从18世纪的学说中可以得到远比克罗齐所愿意承认的（Croce, *Gesammelte Schriften*, I, 4, S. 224f.）更为深刻的论证。

的利益平衡来解释法国与德意志帝国统治阶层（Reichsstände）的联系（尤参Fch. an Andrié, 24. April 1746，政治通信卷5，页69及以下），并且一再致力于从某段具有相似性的历史的悬而未决的结果来理解被遮蔽的当下事件。[①] 法权史的论证在这里常常被套用在政治史上。正如作为选帝侯的弗里德里希二世不惧于对比自己在约瑟夫二世选王之争中的政策与萨克森选帝侯的立场（Fch. an Valory, 20. April 1750，政治通信卷7，页346），他也尝试从历史先例和国家内部历史的表面上的相似性，来理解或者认识当下或未来的行为。

弗里德里希二世经过好几个阶段方才认识到不变的人民本体。这个认识在国家史思考方面具有关键意义。弗里德里希二世首先在1738年的第一部国家论著《思考》中，通过选取和对比史例而认识到属人精神之不变性，而这一认识与进步思想相悖。[②] 当时，他将人的国家和社会行为视作"在所有国度和时代"都相似的东西，他认识到权力扩张的野心是所有政治现象的 primum movens［第一因］，差异只在属人意志力的差别（全集卷8［*Considérations*］，页19）。不过，弗里德里希二世并没有止步于这个思想，该思想虽然反映了万物复返学说的持续影响，[③] 却未能

---

① 比如尤其在对待奥地利家族的普遍政治和帝国政治方面。（除了政治作品和历史著作中的大量出处之外）可参Fch. an Podewils, 3. Dez. 1748, P. C. Bd. 6, S. 304, P. C. Bd. 9, S. 286, 289 sowie unten S. 113, Anm. 7.

② 这个观点他早在1737年10月29日（Fch. an Grumbkow, Publ. Bd. 72, S. 164）就以唯物主义论证方式表达过，并且再没有改变，参Wertheimer, 前揭，页106。

③ Fch. Meinecke, *Montesquieu, Boulainvilliers, Dubos* usw. = H. Z. Bd. 145, 1931, S. 63.

深入追问国族精神（Nationalgeist）的区别。①受认识国族和国家意志力的渴望，并受认识génie des nations［国族精神］的意志的推动（全集卷8［*Réfutation*］，页177、215，亦参全集卷1［*Des moeurs etc.*］，页213），弗里德里希二世在后来对比了大量的说法。《思考》、《论立法或废除法律的诸缘由》（全集卷9，页11及以下）以及弗里德里希二世的所有历史书写，都证明了这个意图。

通过发挥莱布尼茨的单子论，弗里德里希二世的历史—政治思想从诸民族"牢不可破的自主力量"（Caractère indelèbile）起步。这种力量决定了"艺术、生活方式"和"工商业"，以独特的乡土气息（goût du terroir）深刻影响了大量的民族杰出人物（全集卷1［*Des moeurs etc.*］，页214及以下）。与具有普遍冲动的人类精神一样，将诸民族和国家区别开来的国族精神也是"不变的"。思想发展至成熟时期的弗里德里希二世认为，②

> 任何民族都有自己的性格，虽然经过它所接受的或多或少的教化，这种性格可能会得到改变，但是其内核（fond）永远不会消失。

---

① 君泽尔（Gg. Küntzel, *Der junge Friedrich und die Anfänge seiner Geschichtsschreibung* = Festgabe Feh. v. Bezold dargebracht usw., Bonn, Lpzg. 1921, S. 244ff.）已经看到这一点，但是鉴于其处理的主题的限制而未能深入。笔者虽然同意君泽尔的结论（页249），但仍试图在上文表明，弗里德里希二世的历史观尤其是在1740年以后才以多样的、在辩证法上更为丰富的方式发挥开来。

② 《道德、风俗以及手工业：艺术和科学中人类精神的进步》（*Des moeurs, des coutumes, de l'industrie, des progrès de l'esprit humain dans les arts et dans les sciences*）一文也许写于1749年上半年（此处参全集卷1，页XLI）。

　　这种意义上不变的东西，就是寓于普遍基本特征中的思维方式，是某些突出的"德性"和"恶习"。而尤其因战争和迁徙（比如荷兰人和法国人迁徙到勃兰登堡—普鲁士）会发生变化的，则是最广泛意义上的"习俗"（同上）。不过，根据弗里德里希二世的信念，从整体来看，无论立法的影响，科学思维的影响，还是更为精致的生活方式的榜样，都改变不了"事物的本质"（essence des choses）。① 在弗里德里希二世看来，只有殖民性的移民才会带来完全的变化。然而，根据培尔和孟德斯鸠的观点，需要考虑的还有土地、食物、气候等的影响。因此，弗里德里希二世认为"牢不可破的自主力量"产生于民族性和风土。民族的成就由民族性和风土决定，无论是"一般的"发展，还是"宏伟的"崛起或急速的衰亡（档案出版卷4［*Histoire de mon temps*］，页203）。

　　就如蛹破茧而出，化身蝴蝶（全集卷1［*Des moeurs etc.*］，页214），就如家族和世代以无数的形式经历命定的寿数（同上，页238），国族也要经历从"明显的愚钝"（stupidité grossière）到完全文明化再到自然终结这一行星法则式的发展过程（同上，页214）。在这个语境下，弗里德里希二世一再阐述了如下清晰的洞见，与其他某些属于早期启蒙运动思想的表述一样，该洞见透露出与先辈们的基督教生命感觉——即便只是思想上——的关系：

---

　　① 不难理解，这种基本观念绝不会禁止对各阶层以及个人的管教和教化。弗里德里希二世在这里用fond、essence des choses、caractère indélébile所指称的东西，对应于他的"璞玉"比喻，他在自己的教育学说中用这个比喻来勾勒教育的主要任务（Vgl. Dilthey, a. a. O., Bd. 3, S. 164）。

一切事物皆有其时，一切帝国，即便最大的君主国的命数也只是有限的。世上没有不服从变迁和衰亡法则的事物……根据国力，有些共和国可以持续得比其他共和国更长久……（全集卷8［*Réfutation*］，页204，亦参档案出版卷4［*Histoire de mon temps*］，页205）

每个国族注定要达到自己独有的"至高的完善程度"，[①]有的是在军事领域，有的是在政治领域，有的则是在贸易政策领域，不一而足（同上，页238）。

凭借上述思考，弗里德里希二世跳脱出莱布尼茨和孟德斯鸠的激发，从自己作为统治者的天性的努力和计划、从行动的政治世界的本质中，创造出并清晰说明了历史—政治发展的观念——在维科之后而在赫尔德之前，独立于二者之间（此处尤参Kaerst，前揭，页491、523）。

三

因此，弗里德里希二世的国家史观察，至少得出了一种即便不是听天由命的也是宿命论的诸民族历史观的基本特征。不过，这种基本观念在他的历史—政治思想领域中没有发挥任何约束性的影响，尽管无论是他还是伏尔泰，都经常把la fortune、la fatalité、le destin、la destinée, le ciel［机运、运命］当作对历史进

---

① Oe. Bd. 1 (*Des moeurs* etc.), S. 214, 238。关于法国的"完善性"尤参同上，页206。如笔者在其他地方将证明的那样，这个完善性概念同样一方面出自沃尔夫哲学，另一方面出自布瓦洛艺术学说的启发。

程负责的因素。① 弗里德里希二世以实干统治者的力量思考。每当他可能对神秘机运的实现表示屈服的时候，具有实干意志的政治家的裁断性和强制性的言辞就会发出呼声。于是，对罪责的追问就会取代认识命定进程的意愿，比如1738年的"小册子"就会谴责所有时代的世界大国，认为"在诸事中无度的野心和松垮的麻木大意，招致了所有时代一切王国的崩坏和世界的鼎革"；② 于是，黎塞留、马萨林、路易十四的时代就会被不知疲倦地描述为指明方向、奠定标准的时期；于是，作者就会严厉地让路易十五身边法国大陆政策的学步者回忆这些时期；③ 于是，查理六世的战争政策就会让他回想起蒂利、蒙特库科利、欧根亲王等人的壮举（全集卷8 [*Considérations*]，页 18)；于是，作者就会对比瑞典威望的回落与古斯塔夫二世和查理十二世的壮举，④ 就会对比软弱的荷兰政治与奥兰治亲王的伟大传统，⑤ 就会对比那不勒斯的波旁王国

---

① Anstatt vieler anderer Einzelstellen: Oe. Bd. 1 (*Mémoires pour servir* etc.), S. 45, 47, 49, 90, 104, 110f., 115f., 127, 167.

② Oe. Bd. 8 (*Considération*s), S. 26; ähnlich schon Fch. an Grumbkow, 24. März 1737, Publ. Bd. 72, S. 154.

③ Oe. Bd. 8 (*Considérations*), S. 18; Fch. an Voltaire, 24. Juli 1743, Publ. Bd. 90, S. 54; Fch. an Louis XV., 9. u. 12. Juli 1744, P. C. Bd. 3, S. 207f.; „ Critique" des Königs etwa vom 16. Mai 1745, P. C. Bd. 4, S. 164; Fch. An Klinggräffen, 15. Aug. 1747; Fch. an Knyphausen, 21. Febr. 1756, P. C. Bd. 4, S. 164; Bd. 5, S. 462f.; Bd. 9, S. 62, 74; Bd. 12, S. 130.

④ Fch. an Voltaire, 24. Juli 1743, Publ. Bd. 90, S. 54; Publ. Bd. 4 (*Histoire de mon temps*), S. 178; Epître an Stille (1749), Oe. Bd. 10, S. I27f.

⑤ Oe. Bd. 8 (*Considérations*), S. 18; Fch. an Wilhelm IV. von Oranien, 13. Nov. 1739; Ranke, Sämtl. Werke, Bd. 24, S. 213（关于英格兰当下的政治这里有个类似的表达）; Epître an Stille (1749), Oe. Bd. 10, S. 127 f.。

与罗马传统。[①]

在任何民族中，始终占据历史之法官席位的，都是那些曾经通过国家统治和战争行为，确立了祖国的地位、扩张以及优势的统治者和英雄。他们由此出发，对后人经手的各个领域予以认可、鼓励、责备或严厉的谴责。当弗里德里希二世呼召这些人的时候，关于国家和诸民族的有机生死的认识似乎消失不见，从英雄永生的形象就迸发出永恒光辉和不竭力量，腐败和疲劳不起作用，强有力的政治和社会存在似乎能够始终不断地从时代的怀抱中得以成长。

并不是在其有机国家观中，而是在这里，在民族历史观和原初的热爱英雄、崇敬英雄的联系中，弗里德里希二世的历史思想才受到他的时代意识和生命感觉的力量排挤，尽管不是被取代。早已笼罩了法国古典主义晚期优秀思想家的颓废感，[②]在弗里德里希二世的政治—精神个性的成长和成熟时期没有位置。他在过高程度上是一个亟待勃发的新国家机体的关节，此外，生命本身用当下的紧张和热血以过高的程度包围着他的精神，以至于有关此世所有产物根据法则必将衰败的思想无法主宰他。

弗里德里希二世人格的历史性最为强烈地体现在这种活生生的无能为力中。当历史丧失了距离感，当政治家的自我意识——始终以粗暴即非学术的方式理解历史使命为其题中之意——耗尽，历史观察的清晰无误就会遭到败坏。不过，弗里德里希二世

[①]　Fch. an Wilhelmine, 17. Mai u. 7. Juli 1755; Volz, Briefwechsel Wilhelmine, Bd. 2, S. 301 f., 311ff.；类似的思路参 Oe., Bd. 14, S. 72; Publ. Bd. 4, S. 198; Test. S. 47。

[②]　Vgl. Walter Rehm, *Der Untergang Roms im abendländischen Denken* usw., Lpzg. 1930, S. 82ff.

也未能幸免于衰败思想的影响（参Rehm，前揭，页108），这并非因为他预见到德意志必将崛起，而是因为他依据的是一种朝代式的和个人性的生命法则，这一法则迫使他为勃兰登堡—普鲁士所做的努力和行动，处于时刻警醒、愈发强化、不断增多之中。他通过行动和思想，强烈地肯定了这个政治世界的本质。属人的激情一刻也不止息地迫使政治情形发生改变。[①]果敢的冒险精神会获得因软弱而丧失的东西。共和国会落入拥有凯撒式天性之人的手中。政治手腕会战胜头脑简单。倘若没有弗里德里希二世以原始的兴趣所肯定的巨大变革，世界还会在原地踏步，如此，世界也就不会有改变，而只会是漫无目的、停滞不前。他若观察到世界政治的冲突，就会感受到自己处在崛起的、占取的、增长的一方。这一点为理解命运的观察和认识国家史过程设定了目标。

从弗里德里希二世的朝代史思考中，可以尤为清晰地看到这种历史思想的巨大局限。在这里，尤其在这里，他所思考的素材也是由历史教科书所提供的（参本文开头）。此外，家庭、宫廷、军队、宫殿、城市、风土从历史氛围所呈现和让他感受到的，则可想而知。无论如何，朝代史思考很早便促使他显示出一种原始而强烈的君主威严感。这种自豪完全不是植根于理所当然的君主特权地位的意识。在这个正当二十岁的年轻人眼里，"家族"已经被看作朝代史的成就、效力以及荣耀的缩影。[②]对于弗里德里希

---

① 接下来的内容对应于 *Des moeurs* 中的表述，参 Oe. Bd. 1, S. 239。

② Fch. an Grumbkow, 7. Mai 1732, Publ. Bd. 72, S. 48；其他的例子见 P. C. Bd. 1, S. 298; Bd. 4, S. 134; Publ. Bd. 4 (*Histoire de mon temps*), S. 369。在这个语境下需要注意的是，梅尼克（前揭，页346及以下）正确认识到的弗里德里希在"家族性的君主本能"上的缺乏，不仅由国家理性的要求，而且也由这种强烈的、与朝代历史成就有关的自豪得到补充。

二世而言，传统的君主身份，即古老贵族的血脉毫无价值——倘若它没有用切切实实君主功绩的力量和影响使自己正当化的话。因此，对他而言，只有当"家族"历史开始形成一种超越朝代、超越领土的意义时，它才真正值得被纪念。

在弗里德里希二世富于观察力的眼光里，大选帝侯很早就是具有特殊的属人和政治意涵的大人物。早在1731年的纳茨梅尔（Natzmer）通信中，[①]弗里德里希·威廉就被他称作勃兰登堡—普鲁士权力史的开创者。而他后期的表述证明，在这样的评价中起作用的不只是历史教科书，还有内在的亲缘性。不过，这位祖先宏大且灵活的天性不只是以血腥的方式在弗里德里希二世身上延续，其成就和壮举的荣光，其构想和指令中思想之清晰，都对弗里德里希二世产生了深刻影响。在莱茵斯堡时期开始之前，弗里德里希二世就已经阅读过普芬道夫的《大选帝侯生平》。[②]他自己尤其受到弗里德里希·威廉的战功的影响，1737年他在一位老战友的陪同下视察了费尔贝林战场，并根据曾祖父的一份计划制定出向西里西亚进军的计划。

随着时间的推移，弗里德里希二世越来越清楚地认识到，其他勃兰登堡选帝侯也是令人尊敬的独特品质的承载者。比如，"阿尔布莱希特·阿喀琉斯"是因其勇气，"约阿希姆·涅斯托尔"是因其智慧，"约翰·西塞罗"是因其雄辩。[③]无疑，使用这些符号的弗里德里希二世深受时代流行的颂扬模式的影响，他歌唱朝

---

① Oe. Bd. 16, S. 5; vgl. ferner Oe. Bd. 8 (*Réfutation*), S. 267f.; Oe. Bd. 10, S. 57 f.; Ranke, Akademieausgabe 1930, Bd. 2, S. 367.

② C. Troeger, *Aus den Anfängen Fchs. d. Gr.* = 26. Jahresbericht d. Landwirtschaftsschule zu Liegnitz 1901, S. 5, Anm. 7.

③ Oe. Bd. 10, S. 57 f. ; Volz, Briefwechsel Aug. Wilhelm, S. 30.

代"英雄世系"的方式也许受伏尔泰《亨利亚特》第七歌的激发，法国伟大的国王和英雄在那里都获得了在政治—道德上给予训导的发言权。不过，他随即表现出一种非常个人的批评能力，即对政治诉求和实际力量的区分。弗里德里希二世早在1737年就轻蔑地评判了豪奢、夸夸其谈但几乎一无所成的第一位普鲁士国王。①

十年之后，弗里德里希二世更为清晰地——在《勃兰登堡家族史备忘录》(*Mémoires pour servir à l'histoire de la maison de Brandebourg*)中——以自己的政治家理想，衡量了先辈的形象并对其做了对比。在这里他以丰富、有效的理解，再次将大选帝侯视为家族的荣耀和光荣，祖国的捍卫者和革新者（全集卷1，页50、64、90及以下，亦参卷10，页247及以下），"绝不滥用其英雄德性"的战士，智慧、有教养、勤劳、博爱、宽厚大度、审慎的君主。在这里，历史真理的伟大路线也与弗里德里希二世的统治者理想多有重合。弗里德里希二世以相同的态度谴责了［他的祖父］弗里德里希一世的不近人情，并通过小心地略过外交失败，描述了［父亲］弗里德里希·威廉一世卓越的"内部"成就和道德上堪称榜样的人品（全集卷1［*Mémoires pour servir* etc.］，页123、126）。

当然，弗里德里希二世无从清晰认识勃兰登堡－普鲁士历史的动力。他也许知道，家族历史使命如何以愈发强烈的张力在帝国变得显而易见。当弗里德里希二世谈到大选帝侯时——认为他集伟大王者的功绩和选帝侯普通的命运于一身——人们可以看出

---

① Fch. an Voltaire, 6. Juli 1737, 27. Juli 1739, Publ. Bd. 81, S. yol., 284; vgl. ferner Oe. Bd. 1, S. 100; Test. S. 46f.; Volz, Spiegel Bd. 1, S. 236f.

他意识到了家族的历史目标。他的另外一处说明（1751）则让人们看到他对勃兰登堡势力发展史的更为宏大的理解。他写道："有些历史如河流一般，在可以行船的地方便开始重要起来。勃兰登堡家族的历史只是从约翰·西吉斯蒙德开始才变得有趣。"（全集卷1［*Discours* von 1751］，页LIV）。因此，大选帝侯祖父于17世纪初成功获取克莱弗和东普鲁士，被弗里德里希二世视为突破领土框架，因而激起历史观察者兴趣的发展的开端。而且，写作1731年的纳茨梅尔书信和1752年的第一《政治遗嘱》期间的弗里德里希二世，让人们看到的所有权力—政治未来憧憬，都产生于一种选帝侯—勃兰登堡和普鲁士王国的历史意识，而绝非来自有关自己家族和自身权力的德意志使命的知识。

　　弗里德里希二世对整个德意志史只具有十分含混的概念。[①]对他而言，日耳曼人，这些"好掠夺的"罗马毁灭者，固然因"力量和勇气"闻名，但也因缺乏文雅的道德而闻名。他（出于宽容政治的缘故）捍卫他们的异教，反对查理大帝的改宗政策（全集卷1，页199及以下；Fch. an Algarotti, 26.［April 1754］，全集卷18，页97）。从整体上理解查理大帝以来的欧洲史只停留在他的计划里。弗里德里希二世对罗马帝国的转移和延续只有极少的印象（全集卷9［*Dissertation* etc.］，页22）。十字军东征在中世纪的"黑暗"[②]中显得像虔敬和不安的浪游者的漫长漂泊（档案出版卷4［*Histoire de mon temps*］，页175）。普鲁士国王弗里德里希二世对

---

①　Z. B. Epitre an Maupertuis, Dez. 1746, Oe. Bd. 11, S. 38; ferner: P.C. Bd. 4, S. 376,［Attila］; Oe. Bd. 1, S. 216f.; Oe. Bd. 10, S. 231f.

②　Vgl. Lucie Varga, *Das Schlagwort vom „Finsteren Mittelalter"* = Veröff. d. Sein. f. Wirtschafte- und Kulturgesch. a. d. Univ. Wien, H. 8, Baden 1932, S. 113ff.; 弗里德里希二世的其他相关的粗略说明，见Oe. Bd. 1, S. 6, 12, 206。

［神圣罗马帝国］皇帝弗里德里希二世所知甚少，只是说他"迷失在不幸中"（1749年8月14日 *Epître sur les voeux* etc.，全集卷10，页124）。这是培尔和伏尔泰的中世纪观，在这里得到模糊、不精确的反映，这种观点并非来自任何学校的知识，一开始还无法被任何读物所改变。

直到查理五世和两位斐迪南皇帝的出现，[1]德意志皇帝史对于弗里德里希二世而言，才获得一种真正显而易见的普遍意义和一种真正切身的帝国内部—专制的意义。尤其自威斯特伐利亚和约以来，选帝侯家族的独特使命和独特权利才从这一结果中产生。弗里德里希二世认为自己的家族就从中发迹，并认为他自己也出身于这个整体，这个反对奥地利霸权和强权的帝国君主社会整体。他从更为强大的同阶层如英格兰—汉诺威的乔治二世、萨克森—波兰的奥古斯特三世那里感受到的迫切嫉妒心，就植根于此（笔者在此再次提请读者注意即将出版的拙著）。弗里德里希二世对自己国家和家族正在发展并崛起的那种悄然甚至无意识的感觉，也笼罩在这种历史回忆之中。这位伟人以自主的力量生存。他虽然肯定熟悉政治家的自我克制，却不熟悉面向普鲁士历史未来"目标"的自我克制。弗里德里希二世生活在事件具有多种发生可能的独特广度上，这种广度只受发挥作用的力量的实体所限制。与其说一切都源自、出自并受制于原初的自然力量和统治者的能力，不如说都源自、出自并受制于他们民族的 fond［内核］和 tempérament［性情］。

---

[1]　Haus Österreich: Publ. Bd. 4, S. 161 f.; Test. S. 66, 104; Koser, Festrede, S. 75; H. Z. Bd. 96, 1906, S. 222 ff.; germanische „Freiheiten": P. C. Bd. 3, S. 244; Oe. Bd. 1, S. 224 u. a.; 30jähr. Krieg: Oe. Bd. 1, S. LIVf., 29, 210; Oe. Bd. 10, S. 199.

正如大国的存在、伟大君主和将领的生平、他们光荣的壮举和武功、他们不光彩的暴政或失误，以始终现实的形象围绕着他，正如他一再将自己渴望荣光的思想和行为与过往伟大人物最为严格的要求做对比，他也致力于达成影响未来历史学说的效果。弗里德里希二世讨厌"乏味的科学和文物"（C. O. vom 23. Nov. 1743, A. B. B. O. Bd. 6, 2, S. 658）。为了鼓励持续充满活力的政治生存，他对青年军官宣讲勃兰登堡—普鲁士史（Instruktion vom 30. Juni 1740，全集卷30，页5及以下），请人对未来的王位继承者讲授尤其是马其顿和罗马史强势崛起时期的历史（Instruktion für Borcke vom 24. Sept. 1751，全集卷9，页37；Test，页78），并为同时代的读者撰写了自己的勃兰登堡—普鲁士史简编。

不过，历史对于弗里德里希二世而言，除了有助于达成这些一般的实用政治目的之外，还是一种无限辽阔的政治想象空间。这种想象，他在历史认知和现实行动中能够一再克制或者控制，但又以一种理性永远无法克制的方式在他的政治生存中暗流涌动。在他看来，去接近过往岁月可以确保自身充满力量的生命多样化。"跨越数世纪、突进未来的"想象，[①]可以从受制于病痛、死亡的肉体超拔出来。真正的教化意味着征服时间（Zeit），利用时代（Zeiten），"生活于所有的世纪，成为所有地域和国度的邦民"（全集卷1［*Discours* von 1751］，页L）。

历史在这里上升并具有了一种疗治性、启发性的使命。它使倏忽即逝的感觉止息，为奋力向前的行动提供养分。它将属人生

---

① Fch. an Wilhelmine, 2. März 1747; Volz, Briefwechsel Wilhelmine, Bd. 2, S. 109.

存在此岸无望的有限性，扩展为诸民族、国家、文化的超越于生命而不断持续的世界。弗里德里希二世在其生命的高峰几乎没有感受到那种曾经困扰着其父亲和祖父的自我意识的衰败感。倘若有一丝凉彻骨髓的倏忽即逝感侵袭而来，他也不再是通过信仰，而是通过坚忍的、涵括了曾经存在的世界的充盈和伟大的那种观看，寻找有效的慰藉，为自己的生存——通过真正且持续身体力行地远离上帝，以坚定、防御的方式忍耐并坚持着——寻找到宽慰和超越。

图书在版编目(CIP)数据

驳马基雅维利／(德)弗里德里希二世著;温玉伟译.
—— 北京:华夏出版社有限公司,2022.9
(西方传统:经典与解释)
ISBN 978 – 7 – 5222 – 0318 – 8

Ⅰ.①驳… Ⅱ.①弗… ②温… Ⅲ.①君主制 – 研究
Ⅳ.①D033.2

中国版本图书馆 CIP 数据核字(2022)第 053378 号

驳马基雅维利

作 者	[德]弗里德里希二世	
译 者	温玉伟	
责任编辑	李安琴	
责任印制	刘 洋	
出版发行	华夏出版社有限公司	
经 销	新华书店	
印 装	三河市少明印务有限公司	
版 次	2022 年 9 月北京第 1 版	
	2022 年 9 月北京第 1 次印刷	
开 本	880 ×1230 1/32	
印 张	10.5	
字 数	240 千字	
定 价	78.00 元	

华夏出版社有限公司　地址:北京市东直门外香河园北里 4 号　　邮编:100028
网址:www.hxph.com.cn　　电话:(010)64663331(转)
若发现本版图书有印装质量问题,请与我社营销中心联系调换。

驯服欲望 [法]科耶夫 等著

施特劳斯讲学录

斯宾诺莎的政治哲学

施米特集

宪法专政 [美]罗斯托 著

施米特对自由主义的批判 [美]约翰·麦考米克 著

伯纳德特集

古典诗学之路（第二版） [美]伯格 编

弓与琴（重订本） [美]伯纳德特 著

神圣的罪业 [美]伯纳德特 著

布鲁姆集

巨人与侏儒（1960-1990）

人应该如何生活——柏拉图《王制》释义

爱的设计——卢梭与浪漫派

爱的戏剧——莎士比亚与自然

爱的阶梯——柏拉图的《会饮》

伊索克拉底的政治哲学

沃格林集

自传体反思录 [美]沃格林 著

朗佩特集

哲学与哲学之诗

尼采与现时代

尼采的使命

哲学如何成为苏格拉底式的

施特劳斯的持久重要性

迈尔集

施米特的教训

何为尼采的扎拉图斯特拉

政治哲学与启示宗教的挑战

隐匿的对话

论哲学生活的幸福

大学素质教育读本

古典诗文绎读 西学卷·古代编（上、下）

古典诗文绎读 西学卷·现代编（上、下）